Este libro debe ser leíd  consejeros, seminarista _ _ y ~~~~~ ~~~ cristianos, los cuales tienen por misión principal amar eternamente a sus hijos, a sus ovejas, a quienes aconsejan, y a todos los que no conocen a Cristo o a los que creen conocerlo, pero no se someten a su señorío. Joe Owen en una forma magistral enseña cómo evangelizar a todos, pero especialmente a los miembros del movimiento LGBTQ+. Esta presentación del evangelio se hace con amor, respeto, dignidad, compasión y con conocimiento de las falacias de este movimiento en contraste con la Biblia, la ciencia, la apologética, la historia, la medicina, la lógica, la psicología, sociología, las leyes naturales y los mandatos divinos. La información presentada en este libro es invaluable. Sin crear controversias, Joel corrige información, creencias y argumentos falsos de los promotores de este movimiento y demuestra que el objetivo principal no es solamente el cambio de conducta sexual sino la conformación a la imagen de Cristo que produce una transformación de carácter eterno.

Dr. Noé S. Acosta, Chancellor del Seminario Reformado
Latinoamericano (SRL), Medellín, Colombia

Una vez más, el pastor Joe Owen nos saca de nuestra comodidad y confort y en una forma apasionada, clara y sobre todo fundamentada en la Palabra de Dios, nos motiva a ser defensores de las verdades divinas en tiempos donde abiertamente se afecta la esencia de la familia como Dios lo ha establecido. Todos los pastores o líderes espirituales de las iglesias que quieren tomar en serio los retos que está enfrentando y enfrentará la Iglesia, deben tener a la mano este libro que les indicará el camino y los inspirará a ser defensores del evangelio de nuestro Señor Jesucristo.

Mario Pérez, Presidente Alianza Cristiana y
Misionera para Perú

Las cuestiones de la sexualidad, el género y el matrimonio son temas candentes en el mundo actual. Lamentablemente, las voces que hablan más fuerte sobre estos temas y los estilos de vida más populares promueven un gran conflicto con la cosmovisión bíblica. Los jóvenes son especialmente susceptibles a estos valores cambiantes. Joe Owen, en su libro *Autonomía Sexual en el Mundo Posmoderno*, brinda un gran servicio a la Iglesia hispana. El libro construye una defensa clara y sólida de la sexualidad bíblica. Equipa a los padres y a los líderes de la Iglesia para hablar con confianza sobre estos temas. Más importante, el libro señala al lector a Cristo como el único remedio para la confusión y la única satisfacción para los anhelos del corazón humano.

Dr. Bruce Burkholder, Director General
del Editorial Bautista Independiente (EBI)

Aunque el tema particular que se toca en este libro es la sexualidad, los principios sobre qué es el evangelio y cómo se desarrolla la vida de santificación en el creyente, se expanden a todas las áreas de la vida. Por lo cual, este libro será útil, no solo para los que buscan respuestas sobre la sexualidad, sino para todos los que quieren tener una cosmovisión bíblica clara sobre el evangelio y el discipulado.

Nathan Díaz, Anciano Iglesia Evangélica de
Cuajimalpa, MX y Director de Radio Clasificación A

Actualmente, la fe cristiana es la que más ataques recibe en el mundo, en donde la enseñanza del evangelio es reemplazada por ideologías y leyes que denominan bueno a aquello que es corrupto y pervertido. Debido a ello, la sociedad mundial está cayendo en una espiral sin fin de degradación en el ámbito sexual, en donde los que más sufren las consecuencias son las familias, los niños y los adolescentes.

Joe Owen en este libro nos regresa a las firmes verdades bíblicas, abordando la sexualidad humana según el modelo que Dios estableció en su Palabra, refiriéndose con denuedo y claridad a temáticas muy relevantes como lo son el diseño y propósito original del matrimonio, la crianza de los hijos para una presente y futura sexualidad bíblica, entre otros interesantes temas. Owen escribe con valentía y coraje, sabiendo que se enfrenta a una fuerte corriente en contra de la corriente anticristiana del mundo actual. Este valioso libro aporta excelentes herramientas, basadas en una fuerte base bíblica, que le permiten al creyente volver a poner su mirada solamente en Cristo y su poder redentor y purificador. El autor nos recuerda que "a nosotros nos toca hablar la verdad y defenderla, derribando argumentos que promueven la mentira, pero todo hecho con gracia y poder de Dios".

Dr. Ricardo Bravo, Biólogo, Catedrático Universitario y
Decano de Ciencias del Mar

Joe presenta dos retos. El primero para el cristiano y el legado de fe que desea dejar para futuras generaciones. El segundo para aquel con confusión sexual que en cada momento esta desafiando la gloria de Dios con su manera de vivir. Esto es un tema de primera importancia para la próxima generación y ya es tiempo que la iglesia tenga claridad en el asunto. El análisis de la situación cultural actual y la respuesta a esa situación por medio de los lentes de la Palabra de Dios hacen que este libro deba formar parte de la librería personal de todo cristiano.

David Casas, PhD, Profesor Asociado de Literatura del
Antiguo Testamento, Luther Rice College & Seminary,
Atlanta, GA, EE. UU.

Este libro llega como un grito de urgencia en medio de una América latina que se hunde en la inmoralidad sexual, académica, familiar, matrimonial y religiosa. El Señor lo use para su gloria como una herramienta para crear una cosmovisión bíblica en esta generación y las futuras.

Si fueren destruidos los fundamentos, ¿Qué ha de hacer el justo?
Salmo 11:3
Luis Soto, Pastor general, Iglesia Bautista Sin Muros,
Guayama, Puerto Rico

En esta época donde la verdad está siendo escondida o cambiada por el mejor postor y los cimientos de la Iglesia se están fracturando, llega en el mejor momento el presente escrito donde el autor con toda firmeza, pero sin hacer a un lado la sensibilidad, nos sumerge en temas controversiales pero necesarios para que la Iglesia reclame su posición de *columna y baluarte* de la verdad además nos proporciona argumentos para que la verdad nunca más esté caída como rehén del error. Recomiendo ampliamente su lectura y avivo el fuego para que la compartan con los sedientes de la verdad de la Palabra de Dios.

Héctor Villanueva, Pastor, Iglesia Bíblica Vida Nueva en
Querétaro, México

El nacimiento de un nuevo libro es muy parecido al de una nueva criatura porque demanda de muncha entrega y de tiempo, de manera muy especial si es uno que llega para marcarnos e impulsarnos en momentos de confusión y desesperanza.

Este nuevo libro, de mi amigo y consiervo Joe Owen, es uno desafiante porque nos invita a enfrentar los retos de la confusión sexual superándonos, creciendo en la comprensión y el manejo del tema con las herramientas apologéticas y profundizando en la Palabra de Dios. Es esperanzador porque ante el desafío de la ideología de género nos recuerda que no hay que temer si discipulamos a nuestros hijos y congregaciones de manera bíblica y ejemplar, y creo que con la crianza de sus seis hijos nos esta modelando que es posible.

Esta nueva obra nos refresca el entendimiento del diseño divino y nos da luz par ver más allá del presente. Recomiendo entusiastamente la lectura de este banquete para afinar el intelecto y edificar el alma con uno de los mejores apologistas que en el presente tenemos en nuestra Latinoamérica.

> Víctor Tiburcio, Pastor, Aliento de Vida, Corona, NY, presidente y fundador del canal Aliento Visión, la Cadena Global de TV para la vida abundante

Si alguien encarna, en los últimos años, la defensa de la fe en América Latina ese es Joe Owen. Y hoy coloca por escrito, con claridad y sencillez, una defensa al diseño original del matrimonio y a la sexualidad tal cual fue establecida por Dios en los inicios de la humanidad. La valiente argumentación bíblica que hace sobre estos temas debe servirnos de base para que todo cristiano enfrente las nuevas formas de liberalismo familiar y sexual que nuestra sociedad "moderna" propugna. Si estás buscando un recurso que apele al evangelio para defender la verdad de Dios sobre el matrimonio, la familia y la sexualidad no busques más.

Rev. Fernando Hidalgo, Director Regional de Lima al Encuentro con Dios, Pastor Titular de la Iglesia Alianza Cristiana y Misionera Los Olivos, Lima Perú

Autonomía Sexual del Mundo Postmoderno por Joe Owen es sin duda una respuesta y una herramienta fundamental en estos momentos para el cuerpo de Cristo en general pero también para cada familia con hijos, frente a los tiempos que estamos viviendo por las filosofías del movimiento LGBTQ y la ideología de género, desde mi trinchera como educador sin duda, provee de una base bíblica centrada en Cristo para dar razón de nuestra fe pero sobre todo para dar esperanza, siempre buscando la gloria de Dios. Lo recomiendo ampliamente y agradezco el privilegio ser tomado en cuenta para brindar mi humilde opinión.

Rubén Luna Reyes, Director de Instituto Gracia Dei (ACE), Querétaro, México

En este libro, Joe Owen va a dar en el clavo en uno de los temas más tocados y delicados de nuestro contexto reciente. En la actualidad muchos buscan la solución más rápida y superficial a problemas que demandan una respuesta profunda y honesta; si está buscando una respuesta superficial y vaga, este libro no es para usted; pero si está buscando una respuesta Bíblica y honesta que toca las raíces en cuanto al pecado del hombre, su necesidad de redención, su vida a la luz del evangelio, el discipulado como mecanismo dado por Dios para la transformación en semejanza de Cristo y el diseño de Dios en la sexualidad como medio para su honra y gloria, entonces le animo a que tome este libro y lo estudie a detalle.

Richard Ramírez, director del Instituto Teológico de Querétaro, México.

Autonomía sexual en un mundo posmoderno de Joe Owen proporciona una profunda claridad sobre un tema tan controvertido y sensible en nuestra cultura actual. Él presenta y defiende magistralmente la tesis (de la Palabra de Dios), expone la antítesis y llama a la iglesia a permanecer fiel en su enseñanza y testimonio. Esta publicación es un recurso apologético bienvenido no solo para los líderes cristianos, sino también para los laicos de la iglesia, particularmente en un momento en que la iglesia ha sido cada vez más criticada por sus convicciones bíblicas.

Steven R. Martins, director y fundador del Cántaro Institute; Pastor y fundador de Sevilla Chapel, Ontario, Canadá

Sin duda este libro es un recurso indispensable para la iglesia de nuestros días. Pienso que todas las familias, líderes y consejeros cristianos deben leerlo. Es un texto bien documentado, con una teología bíblica bien definida. Disfruté en gran manera leer la esperanza del evangelio en cada una de sus páginas. Muchos autores cristianos han escrito sobre la sexualidad y las batallas que todos tenemos en común, influenciados por la cultura que les rodea y por su propia experiencia. En este libro encontrarás que cada capítulo tiene la autoridad de la Palabra de Dios y la luz que sólo Cristo nos puede dar/

Yoshimi Horiuchi, Pastor Calvary Norte, Mérida, México

El mundo ha cambiado vertiginosamente. La época post COVID que estamos viviendo ha potencializado que los cambios que ya se daban aceleren su proceso. Y, sin embargo, los principios bíblicos siguen igual. Inamovibles. Nuestro admirado Joe Owen aborda magistralmente sobre temas trascendentes como la familia, el discipulado y una respuesta apologética que hace frente a un mundo perdido. Lo hace desde una perspectiva bíblica y teológica, exhortándonos a pelear la buena batalla de la fe a través de argumentos sólidos y posiciones firmes. Sin duda, es un libro que deben leer los padres de familia, los maestros de Escuela Dominical y sobre todo los pastores que enfrentan grandes desafíos en esta generación.

Aarón Cortés Herrera, director de la librería Papiro 52, CDMX, México

La ebullición social que genera el tema de la homosexualidad requiere que los cristianos tengamos una perspectiva bíblica y científica al respecto. Joe Owen aborda este tópico de manera integral, haciendo un recorrido por la teología bíblica y aportando datos científicos necesarios para una comprensión correcta. Mientras lees este libro podrás ver el corazón de un padre, pastor, y apologista, quien no habla con un tono condenatorio, sino que te guía continuamente al Evangelio de Gracia y Verdad. Este libro es apto para los que enfrentan la lucha contra homosexualidad, pero también es para todo cristiano.

Luis Barlay Zepeda, Pastor titular de la Iglesia Bautista Genesaret en Monterrey, México, y el director académico de la Universidad Cristiana de las Américas.

Este libro llega a Latinoamérica y la iglesia Hispanoparlante de una manera muy puntual. Presenta fundamentos bíblicos y verdades eternas de Dios respecto al matrimonio, la familia, y la sexualidad.

Miguel Esperaza, Vicepresidente de Operaciones y
Alcance de Living Waters

Más allá de una respuesta como reacción a los postulados postmodernistas, este libro nos regresa a los fundamentos bíblicos como normas de vida para las cuestiones de diseño del hombre y mujer, matrimonio, sexualidad y temas asociados. Su lectura profunda y reflexiva nos lleva a conclusiones inequívocas de que el mundo cambia sus ideas y preferencias para acomodar sus pasiones y justificar pecados, pero los principios de Dios que son inamovibles nos dan la seguridad, certeza y confianza al saber que lo que hizo Dios es bueno y bueno en gran manera. A Él sea la gloria.

Mario J Villanueva Jiménez, Pastor Iglesia Bíblica Vida
Nueva, Querétaro, México

Un gran libro, una excelente aportación a la comunidad cristiana bíblica hispanoparlante. Los temas desarrollados por Joe Owen son sin lugar a duda cuestiones que necesitan hablarse, pero sobre todo documentarse. Las referencias científicas y bíblicas proporcionadas por el autor nos ayudan a tener una opinión más sólida, y así poder informar y educar a nuestros hijos sobre estos temas que no mencionamos como debiéramos hacerlo.

Creo que este libro lo debemos leer, y tener en nuestra biblioteca para consulta y también como guía de estudio.

Joe hace un análisis del diseño original del matrimonio, así como su función y su propósito, tocando temas de la familia; educación de los hijos en los caminos de Dios, la necesidad de estar recordando nuestra responsabilidad delante de Dios y los hombres, así como nuestra posición frente a la verdad.

Ciertamente la naturaleza del libro es apologética, pero para cumplir su propósito el autor nos lleva de la mano desde la creación, a través de la historia del pensamiento, y nos ubica en el contexto del "mercado de las ideas". Nuestra mente es el objetivo de muchas corrientes de pensamiento, y Joe nos recuerda, que debemos ordenar nuestros pensamientos y entender que la libertad es nuestro objetivo, y esto solo lo conseguiremos si conocemos la verdad y la verdad solo la obtendremos si somos discípulos de Jesucristo.

"Dijo entonces Jesús a los judíos que habían creído en él: Si vosotros permaneciereis en mi palabra, seréis verdaderamente mis discípulos; y conoceréis la verdad, y la verdad os hará libres". (Jn 8:31-32)

Alberto Solano Soto, Ingeniero,
Pastor y Educador en el Hogar

Necesario y claro, el libro Autonomía Sexual en un Mundo Posmoderno escrito por Joe Owen, ofrece profundidad teológica y a la vez recomendaciones prácticas para enfrentar, con base bíblica, la realidad de los movimientos de ideología de género que están atacando la identidad de la iglesia, el diseño divino de la familia y la esencia de la doctrina bíblica del evangelio. Este libro es necesario que sea leído no solo por los ministros de Dios, sino por los padres de familia, lo recomiendo con gusto.

Roy Dalolio, Director Palabra de Vida México, profesor de Teología Bíblica en el Instituto Bíblico Palabra de Vida para México, Centroamérica y El Caribe, vicepresidente del Comité Regional del Instituto Bíblico Palabra de Vida.

En este libro Joe Owen nos presenta principios bíblicos que hoy más que nunca son relevantes para el pueblo de Dios y la sociedad en la que vivimos. Como las mismas Escrituras enseñan, debemos defender la verdad con mansedumbre y es lo que Joe se ha propuesto hacer en este material. Estamos frente a una conversación bíblica, honesta y que cada día se vuelve más necesaria frente a la generación en la que Dios nos ha puesto como testigos.

Carlos García, Técnico administrativo de música, Ministerio de Educación de la Republica Dominicana

La ideología de género es una avalancha que amenaza con llevarse a la iglesia por delante. Sin fundamento bíblico e intimidados por la posibilidad del rechazo y la persecución, iglesias y cristianos se verán arrastrados por esta ideología y adoptarán sus enseñanzas. Joe Owen no solo demuestra que los argumentos de la ideología de género no son bíblicos, sino que, demuestra, no tienen fundamento científico ni filosófico. Joe comparte una visión bíblica y Cristocéntrica sobre la sexualidad y la familia. En este libro encontrarás respuesta al movimiento LGBTQ+ y pasos prácticos para criar a tus hijos con una perspectiva bíblica de la sexualidad. ¡Qué Dios ayude a la iglesia a reflejar la relación de Cristo y su iglesia!

Mateo Bixby, director de la Facultad de Teología, Universidad Cristiana de las Américas, Monterrey, México

Este libro es una contestación a una de las peticiones más importantes que la iglesia de Cristo ha levantado al cielo en estos días tan peligrosos. Es que, ¡estamos en medio de una guerra mortal! Una guerra que, aunque es tan antigua como la historia de los hombres, ruge desafiante con un renovado ímpetu en nuestros días. La soberbia y la necedad del hombre no tienen límites y los reclamos de la comunidad LBGTQ+ y la ideología de género, son la lamentable evidencia de eso. A través de este libro, Joe Owen nos ha provisto de una herramienta de gran valor, que se presenta ante nosotros en forma de una invitación sensible y humilde que convida al lector a pensar, pero en un lenguaje muy directo, claro y valiente, que le obliga a tomar una decisión. Una de las cosas que más valoro de esta obra, es el espíritu no conformista de su autor con respecto a la metodología contemporánea pragmática; en su lugar, lo primero que hace es llevar al lector al meollo doctrinal de este problema cultural y moral, exponiendo con claridad lo que la Biblia dice del matrimonio y de la relación entre el hombre y la mujer. Luego, desde una perspectiva pastoral, lleva esta verdad teológica a su aplicación en las circunstancias más prácticas de la vida como la crianza de los hijos y aprender a utilizar la Palabra de Dios para uno mismo. Finalmente, se enfoca en la problemática contemporánea levantando el estandarte de la verdad sobre una estructura doctrinal sólida para defenderla en contra de sus enemigos. ¡Que Dios utilice este libro para vindicar Su verdad en medio de esta generación en tinieblas!

Jorge A. Rodríguez Vega, Pastor titular de la Iglesia Bautista Gracia Soberana, Ecuador y director ejecutivo de la Editorial Legado Bautista Confesional y del Seminario Bautista Confesional del Ecuador

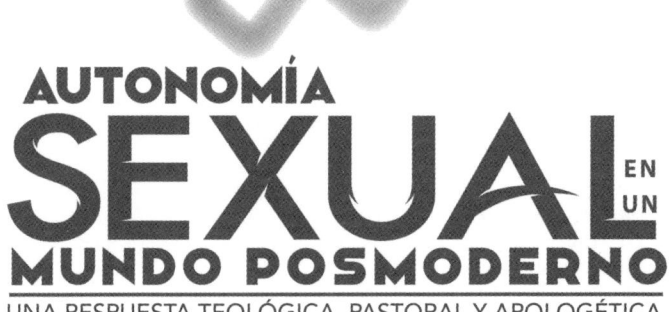

AUTONOMÍA
SEXUAL EN UN
MUNDO POSMODERNO

UNA RESPUESTA TEOLÓGICA, PASTORAL Y APOLOGÉTICA

JOE OWEN

CENTRO DE LITERATURA CRISTIANA
Centro de Literatura Cristiana

Colombia:	ventasint@clccolombia.com
	editorial@clccolombia.com
	Bogotá, D.C.
Chile:	Cruzada de Literatura Cristiana
	santiago@clcchile.com
	Santiago de Chile
Ecuador:	Centro de Literatura Cristiana
	ventasbodega@clcecuador.com
	Quito
México:	www.clcmexicodistribuciones.com
	directora@clc-mexico.com - 015526032588
	editorial@clccolombia.com
Panamá:	Centro de Literatura Cristiana
	viaespana@clcpanama.net - 2298100
	Panamá
Perú:	Jr. Pachitea 264
	Lima, 15001 - +51 991914716
	libreria1_clcperu@yahoo.com
Uruguay:	Centro de Literatura Cristiana
	libros@clcuruguay.com
	Montevideo
USA:	CLC Ministries International
	churd@clcpublications.com
	Fort Washington, PA
Venezuela:	Centro de Literatura Cristiana
	distribucion@clcvenezuela.com
	Valencia

EDITORIAL CLC
Diagonal 61D Bis No. 24-50
Bogotá, D.C., Colombia
editorial@clccolombia.com

www.clccolombia.com

Autonomía sexual en un mundo posmoderno por Joe Owen

ISBN: 978-958-5163-08-9

Edición final y Diseño Técnico: Editorial CLC Colombia

Impreso en Colombia
Printed in Colombia

Somos miembros de la Red Letraviva: www.letraviva.com

Para mi fiel y piadosa esposa María Elizabeth Montes Rodarte de Owen, quien ha dado, y sigue dando, su vida a su esposo y familia para la gloria de Cristo. Tu vida es una constante y congruente lección de la teología del matrimonio, eres un ejemplo para mí y para nuestros seis hijos.

Contenido

Prólogo

Por más de cuarenta años he estado enseñando sobre la autoridad bíblica, enfatizando que debemos creer y defender la autoridad de la Palabra de Dios desde el primer versículo. La manera en que vemos y nos sometemos a la autoridad de la Palabra de Dios importa –determina cuál es el rumbo que la iglesia, y ultimadamente la sociedad, tomarán. ¿Nos someteremos a la autoridad de la Palabra de Dios en todas las áreas, o nos pondremos a nosotros mismos como autoridad sobre la Palabra de Dios?

Nuestra sociedad actual es descrita acertadamente en Jueces 21:25, "cada uno hacía lo que bien le parecía." Esto es claramente visible en la "revolución sexual" que se ha transformado en la revolución homosexual y de género, la cual está barriendo al mundo. Y nuestra sociedad está mandando un mensaje claro a la iglesia: "únase a la revolución, o si no..." La legislación restrictiva, la censura e intolerancia contra la iglesia y la enseñanza bíblica están expandiéndose, incluso en Latinoamérica. Esta ideología socava por completo la institución del matrimonio y a la unidad familiar. Tristemente, muchos pastores, líderes e instituciones cristianos han abdicado la clara enseñanza de la Escritura en cuanto al matrimonio, género y sexualidad, rindiéndose al "espíritu de nuestra era". Pero esto no comenzó ahí.

Muchos de estos mismos pastores, líderes e instituciones primero abandonaron la autoridad de la Palabra de Dios en Génesis. En lugar de tomar Génesis como historia, reinterpretaron la clara Palabra de Dios con ideas humanas de millones de años y evolución. Sin embargo, agregar ideas humanas a la Escritura socava la autoridad Bíblica y rechazar Génesis como historia literal socava el fundamento para toda la doctrina cristiana que está, directa o indirectamente, fundamentada en la historia de Génesis 1-11. Y eso incluye la doctrina del matrimonio.

Ahora, ¿quién no ha escuchado o leído argumentos como «Dios es amor, entonces cualquiera que rechace la homosexualidad no representa a mi Dios», «Dios quiere que seamos felices sin importar con quién estamos», «¿Cómo podría un Dios bueno rechazar a personas que nacen *gays*?», «¿Quién eres para juzgar lo que hago en mi habitación?», y muchos otros? ¿Cómo debemos responder a estos argumentos con las buenas nuevas del Evangelio y la verdad de la Palabra de Dios?

Bueno, no podemos basar nuestra teología, doctrinas, posturas y argumentación en frases breves de las redes sociales. No podemos decidir cuál es la verdad para nuestras familias e iglesias basados en argumentos emocionales y amenazas deshonestas para vivir cómodamente en un mundo perdido y moribundo. En Cristo, nosotros somos "la luz del mundo" para brillar en la oscuridad, y necesitamos recursos que profundicen en estos asuntos y nos reten con la Palabra de Dios.

Me emociona que Joe Owen ha escrito este libro oportuno para ayudar a la iglesia a tomar una postura audaz y bíblica. La primera mitad de este libro es una apología sobre el fundamento, el diseño y la teología de la sexualidad y el matrimonio bíblico. Si vamos a defender el matrimonio y la sexualidad, ¡necesitamos conocer (o que se nos recuerde) qué es lo que estamos defendiendo! La segunda mitad del libro responde a los argumentos usados por aquellos que promueven LGBTQ+ y la ideología de género tal como se oponen a la Escritura. Después, aborda el tema del movimiento "Cristiano Gay" -el cual se está expandiendo rápidamente en Latinoamérica- que intenta peligrosamente reconciliar a las Escrituras con la homosexualidad.

Si vamos a ser la iglesia de Cristo obediente, y así, fieles a la Palabra de Dios, debemos aprender estas verdades, arrepentirnos donde hemos hecho concesiones antibíblicas, y tomar una postura audaz y duradera basada en la autoridad bíblica para todas las áreas, incluyendo las doctrinas bíblicas del matrimonio y la sexualidad. Muchos hablan hoy sobre "estar en el lado correcto de la historia" pero ¿quién define cuál es el "lado correcto", sino Dios? Como cristianos, nosotros no pertenecemos al reino caído de este mundo; que pertenecemos a otro Reino que es eterno, justo y santo. Somos llamados a estar en el lado correcto de la historia, de acuerdo con la voluntad de Dios revelada sin importar lo que sea popular hoy (lo cual seguramente cambiará mañana). Por lo tanto, podemos y debemos tomar una posición basada en la autoridad de la Palabra de Dios para que podamos enseñar claramente el diseño de Dios y Su voluntad para la sexualidad y el matrimonio, y oponernos sin vergüenza a los puntos de vista que se imponen en nuestros días que desafían Su Palabra. Esta será la única manera de poder resistir el ataque de ideas antibíblicas que intentan entrar en nuestras iglesias y hogares. Y es también el único modo de que podamos responder con gracia, verdad y el Evangelio a aquellos que batallan con confusión sexual. Pero no podremos hacer esto a menos que invirtamos tiempo, energía, oración y preparación bíblica para "estar siempre preparados para presentar defensa con mansedumbre y reverencia ante todo el que os demande razón de la esperanza que hay en vosotros." (1 Pedro 3:15). Este libro está diseñado para apuntarle en esa dirección.

Es mi oración que este libro le desafíe a someter su propio corazón y vida a la verdad de la Palabra de Dios y de Su voluntad para su sexualidad, así como Su diseño para el matrimonio, de tal manera que le ayude a animar a su familia y su iglesia a hacer lo mismo, y para que así mismo usted sea desafiado a someterse a la autoridad bíblica en todas las áreas, empezando desde el primer versículo.

Ken Ham

CEO, Respuestas en Génesis; Museo de la Creación;

Ark Encounter EE. UU.

INTRODUCCIÓN

Esto te escribo, aunque tengo la esperanza de ir pronto a verte, para que si tardo, sepas cómo debes conducirte en la casa de Dios, que es la iglesia del Dios viviente, columna y baluarte de la verdad.

1 Timoteo 3:15 RVR60

"La diferencia entre nosotros y los papistas es que ellos no creen que la iglesia pueda ser 'la columna de la verdad' a menos que presida por encima de la palabra de Dios. Nosotros, por otro lado, afirmamos que es [columna de la verdad] porque ella se somete a la Palabra de Dios con reverencia, que preserva la verdad y la transmite a los demás por sus manos."[1]

Juan Calvino (1509-1564)

"Sin absolutos revelados desde el exterior por Dios mismo, nos quedamos sin timón en un mar de ideas conflictivas acerca de los modales, la justicia, el bien y el mal, los cuales se emiten de una multitud de pensadores auto-testarudos."[2]

John Owen (1616-1683)

Hoy nos encontramos entrando en una nueva era de la historia de la iglesia. Mis estudiantes suelen maravillarse por los héroes del pasado que han entregado todo para vivir y defender las eternas verdades de Dios ante los feroces golpes anticristos y antibíblicos del mundo -y a veces de la misma iglesia-. No obstante, si uno viviera en su contexto

---

1   Calvin, John, Calv. Scand., (traducido por el autor del presente libro), Barth-Niesel 2:234-35.
2   Owen, John, https://johnowen.org/quotes/, (traducido por el autor del presente libro), accedido el 14 de enero, 2021.

histórico podría ver la confusión del conflicto ya que pocos son considerados héroes del evangelio hasta después de que fallecen. Hoy en día nos encontramos envueltos en una controversia para el mismo corazón del evangelio. Los argumentos tratan con palabras claves como "tolerancia" y "amor", las cuales se convierten en acusaciones en contra de los cristianos que no se doblan ante las presiones de movimientos como LGBTQ+ e ideología de género. ¿Cómo hemos de responder para la gloria de Dios, de acuerdo con la Palabra de Dios, sin ceder ante acusaciones de odio, pero a la vez proteger nuestros propios corazones y la misión del evangelio en el proceso? El presente libro es un humilde intento de responder a esta pregunta. A menudo para responder a un argumento que empezó antes de que nosotros llegáramos al escenario, lo más prudente no es simplemente elegir de cuál lado del debate nos identificaremos, porque ambos suelen tener lagunas y prejuicios que no debemos adoptar. Lo más sabio es tomar un paso atrás y empezar desde cero al volver a un estudio profundo y sistemático de las Escrituras, investigar los argumentos y premisas del debate y someternos a lo que las Escrituras nos presentan como la santa y eterna voluntad de Dios. El debate actual sobre el matrimonio, la sexualidad y lo que significa ser hombre y mujer es uno que trata entre la vida y la muerte tanto del progreso societario como el de nuestros hogares e iglesias. Pero realmente lo que está en juego es la gloria de Dios en Cristo y la glorificación de Dios en Cristo por medio de su iglesia. Con dicho fin en mente, estudiaremos el tópico de la sexualidad y el matrimonio en tres partes.

PARTE I

La primera parte del presente libro contiene tres capítulos. Primero estudiaremos un poco acerca del diseño y la teología del matrimonio bíblico desde sus orígenes. Este estudio contiene un vistazo a lo que Dios diseñó en la hombría bíblica y la feminidad bíblica con respecto a lo que significan cuando los dos se hacen una sola carne. Además, veremos que Dios siempre tuvo el plan de que cada matrimonio (como se define en las Escrituras) anunciara en parte el misterio entre Cristo y su iglesia. En el segundo capítulo, veremos los resultados de la caída y la manera en que Génesis 3 y el Apóstol Pablo nos enseñan cómo las funciones originales pasan a través de dicha traición, aunque ahora estén manchados por disfunción, sólo para ser redimidas en Cristo. En el tercer capítulo, veremos un breve resumen del pensamiento humano (occidental) a través de los siglos y cómo ha producido tales movimientos que luchan en contra del diseño y propósito original de Dios.

PARTE II

La segunda parte del presente libro nos aterriza en enseñanzas prácticas con el fin de que seamos proactivos con respecto a una enseñanza sobre la sexualidad según la Biblia en nuestros hogares e iglesias. El primer capítulo es antecedente al siguiente. Trata con tres errores comunes en cuanto a la crianza de los hijos, los cuales impiden en gran manera la centralidad de Cristo en el hogar y en los corazones de los hijos. El segundo capítulo nos ofrece pasos palpables y prácticos para criar a los hijos con respecto a una sexualidad presente y futura que no sólo agrada a Dios, sino que le da mayor gloria. El tercer capítulo ofrece pasos bíblicos que uno puede tomar con alguien que lucha con la confusión sexual. Si tiene un hijo o persona en la iglesia que lucha con la tentación homosexual o confusión de género, este capítulo le apoyará mucho como guía para encaminarlos en Cristo al reemplazar mentiras con las verdades de la Palabra de Dios, y todo en un ambiente que promueve el rendimiento de cuentas. Uno de los pasos para el discipulado trata con la auto predicación. En el cuarto capítulo, verá un ejemplo al hacer una exégesis del Salmo 62 con el fin de aprender de manera didáctica y práctica cómo predicarse la Palabra a sí mismo.

Parte iii

La tercera y última parte trata con la apologética. Las dos partes anteriores están diseñadas para forjar en el lector una apreciación bíblica para la teología del matrimonio y el diseño de Dios para la sexualidad dentro del pacto complementario. Además, son para apoyar de manera pastoral con el fin de poner en práctica estas verdades en el hogar y la iglesia. La tercera parte del libro ahonda al lector en la apologética. Una vez que estas verdades son aprendidas y aplicadas, han de ser defendidas ante los ataques de sus oponentes con el fin de que no se pierda de vista el evangelio de Cristo.

El primer capítulo hace una breve apologética para entablar una estrecha relación entre la apologética y la Biblia. En otras palabras, el fundamento de la apologética es la autoridad de las Escrituras y es de suma importancia tenerla como punto de partida. El siguiente capítulo estudia el génesis y desarrollo de los movimientos LGBTQ+, nacido gay e ideología de género interrelacionados entre sí. Se abordarán sus premisas y afirmaciones a la luz de estudios científicos y las Escrituras. El tercer capítulo responderá extensivamente a los argumentos populares del creciente movimiento "cristiano gay". Dicho movimiento pretende utilizar las mismas Escrituras para promover su agenda, y se goza actualmente de tener demasiado éxito en varias iglesias. El cuarto y final capítulo se enfoca en el evangelio, según Dios. Una de las mayores razones por las que el movimiento LGBTQ+ encuentra audiencia en nuestras iglesias, especialmente ante nuestros jóvenes, es sólo el resultado de un flácido y débil evangelio que tiene décadas promoviéndose en la búsqueda de crecimiento eclesiástico. En este capítulo veremos una explicación bíblica y teológica del evangelio y el reino de Dios.

Le pido a Dios que la Iglesia de nuestro Señor y Salvador, Cristo Jesús, esté preparada para ser el baluarte fiel ante los presentes torrentes que son persistentes y tempestuosos. Mi oración es que imitemos a Cristo, siendo llenos de gracia y verdad (Juan 1:14). La dirección de la iglesia no es revelada a ella por presiones societarias que contradicen a Dios, sino que proviene y se recibe de la misma Palabra de Dios.

También le pido a Dios que el lector pueda considerar el contenido del libro con mente y corazón abiertos. Todos llegamos a todo con prejuicios. Lo más prudente es reconocer los nuestros y evaluarlos a la luz de la verdad. Y, por supuesto, nuestra meta es que respondamos a este tópico, al igual que todo, para la gloria de Dios en Cristo.

Soli Deo gloria

Parte 1

LA BIBLIA
Y LA HISTORIA

Capítulo 1

EL DISEÑO Y PROPÓSITO ORIGINAL DEL MATRIMONIO

Antes de reaccionar

No es una crítica sin base que los cristianos de hoy solemos reaccionar con respuestas negativas frente a los que el mundo nos presenta. Según el parecer del mundo, somos herederos de un dañino ascetismo del cristianismo medieval, que nos presenta como un conjunto de personas encerradas y aisladas en una cámara de eco o caja de resonancia, donde nos ponemos de acuerdo sobre lo malévolo de la situación del mundo exterior y su dicha de la "libre expresión", mientras nos gloriamos por nuestra abstinencia y santidad sin igual. ¿Quién realmente quisiera unirse a este grupo escrupuloso que pierde los mejores años de su vida felicitándose entre sí por su falta de felicidad, sólo para apaciguar a una deidad anticuada?, ¿Quién querría pertenecer del terco remanente de homo sapiens sapiens que no ha podido abrazar la ilustración europea? Dirán: ¿Por qué sus dichos supersticiosos y miedosos de un espectro de hadas, siguen negando que existe el placer o, al menos, por qué no dejan que se desarrolle la libre expresión de ésta en otros?

Por supuesto, dicho resumen de los cristianos sólo es una caricatura u hombre de paja, pero lamentablemente se edificó en parte por nuestra culpa. El perpetuo pueblo redimido de Cristo debe consistir en aquellos que tienen una respuesta al placer, principalmente a vivirlo por su legitimidad tanto física como espiritualmente. Deben ser aquellos que se sacian en el manantial de Cristo, cuyas aguas de vida rebosan sobre sus vidas y matrimonios ante un mundo que sólo va a tientas por gotas huyentes de vasijas rotas. Pero tanto una gran parte de la iglesia como el mundo no suelen ver el lado positivo del placer por los que enseñan y predican sobre este asunto. ¿Por qué? Una gran parte de la razón parece ser la trayectoria que hemos trazado una y otra vez, marcada por forjar estilos de vida con base en reacciones ante la abierta perversidad que se celebra sin vergüenza por nuestras sociedades.

Existe una plétora de maneras en que el mundo busca saciarse sin Dios, y como iglesia hemos de reconocerlas, cada una siendo un pobre sustituto por el cual se están perdiendo sin Cristo. No obstante, con el fin de aproximarnos al tema en cuestión, de aquí para adelante nos enfocaremos en el tópico de la sexualidad. Desde la llamada "revolución sexual" del siglo anterior (se tratará en otro capítulo), me atrevo a generalizar al notar que la respuesta de la iglesia ha sido más una defensa frontal en vez de un avance. Por forjar un frente de batalla reaccionario en vez de promotor, somos muchos los que hemos confundido la hierba con la maleza. Por supuesto, una defensa es obligatoria y se tratará con amplitud en este libro, sin embargo, no puede y no debe ser la punta de la lanza. Cuando en lugar de la promoción del reino de Dios, la defensa se convierte en nuestra preocupación primordial, nos encerramos en un estado de mera supervivencia. Hemos de tomar en cuenta que nuestros hijos no nacen en ese reino divino y, por ende, nuestra agrupación cerrada no parece tener una puerta abierta para ellos y así se pierde una generación. De hecho, lamentablemente, en vez de ser un silogismo profético, es más una observación acertada de lo que ya hemos sufrido. Estamos perdiendo generaciones, no sólo de la sociedad fuera de nuestras paredes sino de nuestros propios hogares.

El reino de Dios es una invitación a saciarnos en Cristo. Hemos de morir al viejo hombre o mujer con sus pasiones mal puestas. ¡Pero ahí no termina la historia! Cristo nos infunde, como nuevas criaturas, un corazón nuevo que aún busca satisfacción. Sin embargo, la santificación del creyente se basa mucho en aprender a saciarse en Cristo, produciendo un gozo eterno que no sólo le deja con la esperanza futura, sino que rebosa sobre la vida actual. No pretendo decir que Dios quiere que todos sean ricos, como varios enseñan hoy. El punto es que, en Cristo, aunque esperamos y añoramos gozo eterno en Él, hasta cierto punto dicho gozo puede, y debe, infundir nuestras vidas sexuales ahora al volvernos al diseño original del placer que abarca tanto el ámbito espiritual como material dentro del pacto matrimonial. En otras palabras, nuestros matrimonios actuales no sólo tienen que ser un mediocre referente mientras esperamos las bodas del Cordero, sino que en ellos podemos volver a soñar, añorar, e incluso disfrutar a plenitud de la intimidad de una manera que provoque la envidia del mundo que vive encadenado bajo su cruel amo de "libertad sexual".

Los humanos fuimos creados como seres sexuales. Si no ofrecemos un contexto para vivir de acuerdo con esta naturaleza, no podremos culpar al mundo, e incluso a nuestros hijos, por vivirla de una manera que no agrada a Dios. Y si no enseñamos, y mucho menos entendemos, la función y diseño original de la sexualidad en el matrimonio, no tenemos el derecho ni la plataforma para exhortar a un mundo que se exhibe revolcándose en perversidad sexual. Es hora de promover la línea de batalla en el reino de Dios, y sólo ahí podremos dar una defensa ante los ataques que vendrán. Me pregunto cuántas generaciones tendremos que perder hasta aprender esta lección.

¿POR DÓNDE EMPEZAR?

Una importante interrogante nos reta ahora. ¿Por dónde se empieza? La respuesta es más simple de lo que muchos pueden pensar. Charles Dickens, el renombrado novelista británico hace dos siglos, escribió *The Christmas Carol* (El cuento o canto de Navidad) en el que Ebenezer Scrooge, el antagonista, se vuelve protagonista en cuestión de una sola noche. Scrooge es un hombre rico, tacaño y miserable. Aborrece la Navidad y en especial, la generosidad que se espera de él por una sociedad sentimentalista. En la Nochebuena de un año no especificado, lo visitan tres espíritus, uno a la vez. Con el fin de arrancarlo y sacudir al viejo renegado por la persistencia de su frialdad hacia el mundo. El primer espíritu lo vuelve a la primera etapa de su vida como espectador para observar cómo había empezado bien. Sin darse cuenta, el arrugado Scrooge, por primera vez en años, sonríe y se goza al ver desde la perspectiva de tercera persona unos escenarios de su pasado. Se observa a sí mismo: un joven enamorado, lleno de vida y sueños. Pero la historia no termina ahí, ya que sus guías lo llevan de escenario a escenario, mostrándole cómo su materialismo poco a poco lo extravió de sus sueños y lo alejó de todos los que amaba. Finalmente, el último espíritu, uno feo y misterioso, lo lleva a una triste y olvidada lápida que lleva su nombre. No hay quien se lamente; no hay quien llore por su partida.

Un viejo hombre desdichado se pudrirá de la memoria de este mundo, solo. En un momento de llanto y arrepentimiento, se despierta Scrooge abrazando su almohada quejumbroso sólo para darse cuenta de que es la mañana de la Navidad y le es dada otra oportunidad de empezar una nueva vida. Esta novela clásica nos ofrece muchas enseñanzas y de manera más realista y piadosa, pido al Espíritu Santo que nos sea de guía al principio. Que seamos espectadores del gozo y plenitud del diseño de Dios en la consumación matrimonial. Mi oración es que al ver de dónde venimos, se vuelva a capturar la estética, pasión, seriedad y llenura del pacto matrimonial que ahora podemos experimentar en Cristo y de ahí tener algo que enseñar a este mundo y a nuestros hijos. La Biblia realmente ofrece un escenario que secuestra nuevamente nuestros anhelos y añoros para arraigarnos en el manantial de vida eterna. La primera parada en este viaje será el principio. ¿Cómo empezó todo y cuál fue el diseño y función original del matrimonio?

El libro de Génesis es el primer pergamino/libro de lo que hoy se conoce como el Pentateuco (Génesis, Éxodo, Levítico, Números y Deuteronomio). El autor humano, según la Biblia e incluso reconocido por Jesús mismo[3], es Moisés. Aquí, el Eterno Creador visitará a su pueblo escogido saliendo de varios siglos de esclavitud bajo los egipcios y se revelará a ellos por lo que se ha acuñado "Revelación Especial". El Creador nos ha hecho a su imagen y semejanza de tal manera que la misma creación y nuestras conciencias dan testimonio del Creador (Salmo 19:1; Romanos 1-2). Sin embargo, Dios de-

---

3   Mateo 19:8; Juan 5:45-47; 7:19; Marcos 12:26 y por otros autores del Nuevo Testamento: Hechos 3:22; Romanos 10:5.

sea revelarse de manera más directa y autoritativa por una muestra más excelente en condescendencia íntima al relacionarse con nosotros por medio de palabras. Dicho pueblo fue criado entre el paganismo egipcio y, al igual que nosotros hoy en día, tenían preguntas existenciales por responder. Orígenes: ¿de dónde venimos? Significado: ¿cuál es el propósito de la vida? Moralidad/ética: ¿Qué debemos hacer durante la trayectoria de esta vida? Y finalmente, destino: ¿cuál es el fin de todo? ¿Hacia qué nos dirigimos? ¿Qué nos espera después? En medio del viaje, relativamente corto en cuanto a geografía, pero largo en tiempo, Dios se revela a su pueblo.

AD FONTES: VOLVER A LAS FUENTES

> *Y te acordarás de todo el camino por donde te ha traído Jehová tu Dios estos cuarenta años en el desierto, para afligirte, para probarte, para saber lo que había en tu corazón, si habías de guardar o no sus mandamientos. Y te afligió, y te hizo tener hambre, y te sustentó con maná, comida que no conocías tú, ni tus padres la habían conocido, para hacerte saber que no sólo de pan vivirá el hombre, mas de todo lo que sale de la boca de Jehová vivirá el hombre.*
>
> Deuteronomio 8:2-3 RVR60

El pueblo de Dios no sólo recibirá la Palabra de Dios, sino que tendrá que aprender a través de sufrimiento y aflicción que esta Palabra es el alimento más sustancial del hombre. Así que, en medio del desierto, Dios se revela y responde con las siguientes palabras: "En el principio..." Los lleva, y a nosotros también, al principio para responder a los orígenes. ¿Por qué empezar ahí? Toda pregunta existencial depende de los orígenes como base fundamental. Al igual que una casa, Dios empieza la edificación por la construcción de los cimientos, y es ahí donde encontraremos la base o el fundamento histórico de todas las preguntas pertenecientes a la experiencia humana y sobre nuestro Creador, de manera directa o indirecta.

> *Porque en seis días hizo Jehová los cielos y la tierra, el mar, y todas las cosas que en ellos hay, y reposó en el séptimo día.*
>
> Éxodo 20:11 RVR60

Si volvemos a Génesis 1-2, observaremos el surgimiento de un patrón repetitivo sobre los seis días de la creación que ofrecen un vistazo privilegiado al lector, de la mente de Dios al ver el desarrollo de su obra creativa.

GÉNESIS 1: ASPECTO ESTRUCTURAL DEL *IMAGO DEI*

Vs. 1 -Dios creó los cielos y la tierra
Vs. 2 -La tierra estaba desordenada (sin forma ni orden) y vacía (cielos sin astros ni planetas, tierra sin vida), y no había luz
Vs. 3 -Creó Dios una luz cuya fuente no es revelada y Dios vio que la luz era buena.

Nos preguntamos: ¿qué de bueno tuvo la luz? ¿Acaso Dios quiso decir simplemente que la luz no era mala? La respuesta es no y, a partir de aquí, somos desafiados a dejar de ver todo lo "bueno" simplemente como una respuesta a lo malo. Dios por toda la eternidad pasada ha sido bueno sin la existencia de la maldad. La maldad en sí es contingente a la existencia de la bondad, pero no viceversa. Ya que la maldad tampoco había entrado en la creación para la semana de la creación, nos vemos obligados a entender la bondad de manera más allá de una simple (y simplista) reacción, como ya habíamos visto en el comienzo del capítulo.

¿Cómo es que la maldad es contingente de la existencia de la bondad, pero no viceversa?

La maldad no es algo creado en sí; es solamente la depravación o la perversión de lo bueno. Consideremos por ejemplo la execrable violación sexual. Es una "violación" de una ley moral universal. Es una perversión de un estándar respecto de la dignidad y sexualidad de una persona. Por ende, la violación no existe como categoría sin que primero exista el estándar universal sobre la sexualidad por diseño. Si no existe dicho estándar, entonces ¿cuál realmente sería la queja de la víctima de tal abuso? Su derecho de entregarse sexualmente en vez de ser tomado a la fuerza se tiene que basar en algo objetivo. Por ende, la violación es contingente de un estándar de bondad respecto a la sexualidad y dignidad. Por el contrario, la bondad respecto a la sexualidad y la dignidad no es contingente a la depravación para hallar su identidad. La bondad no es una perversión de la maldad, sino al revés.

Por lo tanto, cuando Dios dice que la luz es buena, no quiere decir que es buena comparada con algo malo. La luz es buena porque al cumplir con su función y propósito original (brillar sobre la tierra), así refleja, en parte, la misma bondad de su Creador. Dios vio que la luz cumplía la función y propósito de acuerdo con su intención original al crearla.

Vs. 9 -Dios toma parte de los materiales que había creado en el primer día (tierra), que desde el principio ya tenía agua y minerales (ver vs. 2), y los separa y sortea al unir las aguas y llamarlas "mar" y al unir los materiales y alzarlos, de acuerdo con lo que podemos entender de la descripción, y los llama "tierra". Y, nuevamente, surge el patrón que Dios vio que eran buenos. El mar, con su composición de elementos, al igual que la tierra cumplirían ahora con el diseño y la función original para los que fueron creados.

Vs. 11 -Dios creó la hierba y fruto para que diera más fruto.

Vs. 12 -Dios creó la hierba que da semilla y árbol de fruto que da semilla.

Nuevamente, Dios vio que esta hierba, fruto, hierba que produce semilla y árbol de fruto eran buenos. No sólo existían, sino que ya estaban dando el fruto y las semillas de acuerdo con su función original que procedía de la mente creativa de Dios.

Vs. 14-18 -Dios llenó los cielos de estrellas, galaxias, planetas, etc., con el propósito de alumbrar sobre la tierra, separar el día de la noche, ser señales, y separar las estaciones, días y años. Al colocarlos en sus lugares, conociendo cada cuerpo celeste por su nombre, Dios vio que eran buenos. El texto indica su función y propósito y, por lo que parece, desde el día de su creación ya estaban cumpliendo con tal función y por ende Dios nota su bondad.

Vs. 21-25 -Dios creó la vida marina y las aves del cielo, y vio que eran buenos. Al día siguiente (6°) Dios creó los animales terrestres. Considerando la enorme complejidad de cada aspecto de su composición biológica y anatómica, con su función en el entorno con la flora y fauna, Dios vio que estaban cumpliendo con su plan original para la creación.

> *Y creó Dios al hombre a su imagen, a imagen de Dios lo creó;* ***varón*** *y* ***hembra*** *los creó. Y los bendijo Dios, y les dijo: Fructificad y multiplicaos; llenad la tierra, y sojuzgadla, y señoread en los peces del mar, en las aves de los cielos, y en todas las bestias que se mueven sobre la tierra.*
>
> Génesis 1:27-28 RVR60

Al seguir el mismo patrón, de manera no aleatoria ni improvista, Dios creó al hombre. La palabra usada aquí para hombre en hebreo es אָדָם (A-D-M o *Adám*). Nos vemos obligados a tomar una necesaria pausa de los puntos previos con su trayectoria para resaltar unos puntos valiosos y aclaradores. *Adám*, o Adán, tiene tres significados. Primero: el nombre de Adán, del cual no se hace mención específica en nuestro texto (Génesis 1). Segundo: significa "hombre" de manera general, y tercero: significa "humanidad". La intención indicada en Génesis 1 es el tercer significado: "humanidad". No pretendo decir que Adán no fue el primer hombre. Por ejemplo, cuando Jesús (Mateo 19:4-6) y el Apóstol Pablo (Efesios 5:31-32) citan a Génesis 2, explícitamente nos enseñan que Adán fue el primer hombre. No obstante, tal no es el enfoque de Génesis 1. El texto en cuestión presenta un aspecto de la humanidad en sí que no podemos perder. "Adám" fue creado a la imagen y semejanza de Dios. Si fuese solo Adán, entonces se pudiera concluir que la mujer no es portadora de la misma imagen, disminuyendo así su valor intrínseco al compararla con el hombre. Pero el texto indica "Adám" y no Adán. ¿Cómo se puede saber eso? Debido a que Dios nos ofrece dos subcategorías de "Adám" en el mismo versículo: "varón y hembra". Por lo tanto, tanto el hombre como la mujer, ambos siendo "Adám" o "humanidad", son hechos a la imagen y semejanza de este Dios creador. Aquí, en Génesis 1, se hace referencia al hombre Adán con "varón" ya que la manera progresiva de revelación que es característica de toda la Biblia se ve en marcha aquí. Primero, Dios nos dice que el varón y hembra constituyen "Adám" o humanidad. Y ambos son hechos a su imagen y semejanza. En Génesis 2 y 3 nos ofrece incluso sus nombres y el orden en que los creó.

Imago Dei

¿En qué consiste el *imago Dei* (imagen de Dios)? Algunos creen que Dios se ve como nosotros, con cabeza, cabello, torso, brazos y piernas. Sin embargo, si eso fuera parte de la imagen, también tendríamos que decir que los animales son en parte la imagen de Dios ya que comparten, en general, lo mismo. Pero la Biblia nos aclara explícitamente que Dios es espíritu (Juan 4:24). De hecho, los brazos, el cabello, etc. son diseñados para sobrevivir en un mundo material bajo las leyes gravitatorias y alimenticias respecto a la materia y la energía, e incluso la entropía[4], a diferencia del mundo espi-

---

4 Muchos creacionistas han creído que la segunda ley de la termodinámica sólo entró o se efectuó en el cosmos a partir de la caída, sin embargo, el mismo diseño que vemos en la creación fue para incluir entropía y es contingente de ésta. Puede leer más sobre este punto en el siguiente enlace: https://answersingenesis.org/physics/thoughts-on-the-goodness-of-creation-in-what-sense-was-creation-perfect/

ritual. Pero ¿qué haremos con los versículos que hablan sobre aspectos anatómicos de Dios, como 2 Crónicas 16:9 que menciona los ojos de Dios? Ya que Dios existe y reina desde la trascendencia, y nuestras palabras son confinadas a la experiencia humana, la Biblia hace uso de herramientas lingüísticas, al igual que una parábola, desde nuestro contexto para apuntarnos hacia lo trascendental. Una manera en que nos expresa lo inexplicable de Dios es con *antropopatismos*, utilizando emociones humanas para expresar un sentir de Dios y también *antropomorfismos*, utilizando características mayormente materiales de los humanos para expresar algo que Dios hace. Dios nos abraza, pero no con brazos de tejidos, vasos sanguíneos, tendones, etc. A Dios le pesó haber hecho al hombre antes del Diluvio, pero no como a nosotros que las cosas nos toman por sorpresa y salen de nuestras manos.

Hay varias obras académicas que superan cualquier intervención que podría ofrecer el autor de este libro sobre lo que es el *imago Dei* y lo que no es, pero para nuestros usos aquí, haremos una definición resumida. Primero que nada, no solo somos hechos a la imagen de Dios, sino *somos* la imagen de Dios (1 Corintios 11:7). Nosotros reflejamos ante la creación, incluyendo ante los ángeles, algo de los atributos de Dios. Algunos separan los atributos de Dios entre comunicables, o sea los que comparte con el hombre, y los incomunicables, los que no comparte con el hombre. Por ejemplo, Dios es santo, por eso debemos ser santos (comunicable), pero Dios también es omnipresente, pero eso no significa que nosotros debemos serlo también (incomunicable). Creo que esta dicotomía se presta para categorías simplistas. Las Escrituras nos ofrecen una gama entre lo incomunicable y lo comunicable, más que blanco y negro. Por ejemplo, Dios es omnipotente (todopoderoso). Nosotros no lo somos, pero eso no significa que es un atributo incomunicable. Hemos de ser mayordomos de su creación, por ende, aunque no somos todopoderosos, nos fue otorgado un cierto poder sobre la creación por el cual somos responsables.

Ser imágenes de Dios significa que, en general, estructuralmente los hombres y mujeres tenemos un valor, propósito y responsabilidad intrínseca sólo por existir. Nuestro valor no es contingente a lo que podemos contribuir a la sociedad, sino que se basa en la misma imagen de la cual somos hechos. Por eso, una persona que sufre de incontinencia y está en silla de ruedas, cuya vida utilizará recursos, energía y tiempo de la sociedad tiene el mismo valor inherente que una persona que descubre la cura para el cáncer porque ambos son *imago Dei*. El plan original de Dios para llevar a cabo la imagen es procrear, fructificar, llenar la tierra y sujetarla, gobernando sobre la creación como vice regentes de Dios, siempre en obediencia a Él.

La semana de la creación termina concluyendo el patrón acerca de cómo Dios había visto a lo largo de la semana, que lo que había creado fue bueno, con una exclamación reveladora. "Y vio Dios todo lo que había hecho, y he aquí que era bueno en gran manera. Y fue la tarde y la mañana el día sexto". (Génesis 1:31 RVR60). Para el final del sexto día de la creación, todo aspecto de la creación de Dios estaba cumpliendo con su función y propósito original de manera que reflejaba la misma bondad de Dios. Los mares fluían, se movían, y sustentaban la vida marina. La tierra fue sostén para sus criaturas, la atmósfera sostenía las aves y transportaba oxígeno de las plantas a los animales y humanos, y dióxido de carbono de la vida biológica a las plantas. Las abejas polinizaban plantas por medio de su transportación entre ellas. Los animales sólo actuaban de acuerdo con su función y hubo hombre y mujer en el pacto matrimonial. Todo reflejaba un gran Creador.

GÉNESIS 2: ASPECTO FUNCIONAL DEL *IMAGO DEI*

Hay otro aspecto de la imagen de Dios en los humanos de igual importancia. Génesis 2 nos presenta el aspecto *funcional*. No hemos de confundirnos. Génesis 2 sólo es un vistazo menos panorámico y más específico y cronológico del mismo sexto día de Génesis 1. Con el fin de desarrollar este aspecto, nos es revelado que Dios creó el hombre. Le dio la función de labrar y guardar la tierra a partir del huerto edénico (Gen 2:5,15). Muchos reconocen aquí una función de rey y sacerdote. Pero no nos perdamos de la ironía. Antes de que se acabara el sexto día de la creación para que Dios exclamara sobre la bondad de la creación, algo no era bueno. Por primera vez, Dios expresa que algo no está cumpliendo con su función y diseño. ¿Cuál fue?

> *Y dijo Jehová Dios: No es bueno que el hombre esté solo; le haré ayuda idónea para él.*
>
> Génesis 2:18 RVR60

Irónicamente, Dios no hizo a la mujer en el mismo instante en que hizo el hombre. Primero, después de hacer el hombre en el día sexto, Dios puso al hombre a nombrar tanto los animales terrestres como las aves e implícito en el texto podemos ver que, una razón fue para que se diera cuenta por sí mismo de que los animales tenían pareja del sexo opuesto y vio Adán que ningún animal le servía para tomar ese rol (vs. 20) como ayuda idónea. Una vez que Adán se dio cuenta de esta triste realidad para sí, Dios lo puso a dormir, y esta vez, no de la tierra como lo hizo con él, Dios hizo a la mujer de su costilla. Cuando Adán se despierta, la ve y ahora, a diferencia de los animales, observa que ella es "ahora hueso de mis huesos y carne de mi carne". (vs. 23) Y ya que cada mujer de ahí en adelante no será tomada del hombre y el hombre tomado de la tierra, somos presentados a la reproducción sexual. El versículo 24 nos prescribe "dejará el hombre a su padre y a su madre, y se unirá a su mujer, y serán una sola carne". Vemos que la unión sexual es para un pacto que no se separa, al igual que un humano no se corta por la mitad. Los dos se hacen una sola carne. Eva fue extraída de Adán quien es una sola carne, por ende, cuando se reúnen en este pacto que incluye la intimidad sexual, incluso como medio para hacer una familia bajo dicho pacto, la mujer de alguna manera vuelve al hombre para que sean uno otra vez.

Ayuda idónea

Ya vimos las funciones del hombre, pero ¿qué significa esta función de la mujer? A diferencia de la estructura del *imago Dei* en Génesis 1, la función de éste no es igual para el hombre y la mujer. En vez de ser funcionalmente gemelos, o iguales, sus roles se complementan. Consideremos un engranaje.

Estructuralmente los engranajes tienen el mismo valor y son hechos del mismo material. Sin embargo, sólo funcionan si cooperan para generar un solo movimiento si giran de manera complementaria. Si obligamos a los dos engranajes a tener la misma función, sus dientes se muelen y se desgastan, dejando a ambas ruedas inútiles[5].

Veamos la palabra "ayuda idónea". El Dr. Miguel Núñez es médico infectólogo y su esposa también es médica. A la vez, el Dr. Núñez es pastor en la República Dominicana. Él y su esposa escribieron un gran libro bajo el título *Revolución Sexual: Una exposición y un análisis médico* en el que describen aguda y precisamente este término: ayuda idónea.

Primero, la palabra "ayuda" para la mujer:

> En la Escritura, el vocablo *ézer*, que aparece 21 veces en el Antiguo Testamento, se usa en la mayoría de los casos para referirse a Dios como Ayudador... Por consiguiente, es evidente que el concepto de ayuda idónea no tiene una implicación de inferioridad, sino que se refiere a alguien que trabaja al lado de la persona a quien

---

5   Engranajes, https://es.wikipedia.org/wiki/Engranaje, accedido 25 de noviembre, 2020.

ayuda para llevar a cabo la labor que el Señor le ha encomendado.[6]

Segundo, la palabra "idónea" para la mujer:

La palabra traducida al español como "idónea" es el término hebreo *k'enegdo*... Algunas de las fuentes consultadas mencionan que esta palabra proviene del hebreo *nokakj* que significa estar "en frente de" o estar "opuesto a". La igualdad entre ambos sexos está relacionada con su dignidad y su valor ante Dios. Sin embargo, son opuestos, pero no como si fueran enemigos, sino porque son diferentes en género, en diseño, en su forma de ver la vida y reaccionar ante ella, etc.[7]

Creo que esta explicación es bastante clara y fiel al texto. La mujer tiene una función de alto valor. Una en la que se puede relacionar con Dios de una excelente manera, ya que Dios es descrito como nuestro Ayudador en tantos textos. Además, su rol es opuesto al rol del hombre. Su rol, o función, complementa al del hombre. Cuando los dos, en pacto como una sola carne, realizan sus funciones cada uno como *imago Dei*, el matrimonio tiene un solo movimiento en armonía y amor, reflejando la gloria de nuestro Dios creador.

---

6   Cathy Scheraldi de Núñez y Miguel Núñez, *Revolución Sexual: Una exposición y un análisis médico*, B&H Publishing Group, Nashville, TN, 2018, pg 46.
7   Ibid.

Implicaciones respecto al comportamiento humano

Porque escrito está: Sed santos, porque yo soy santo.

1 Pedro 1:16 RVR60

Ya que el hombre y la mujer no solo son portadores de la imagen de Dios, sino que son imágenes de Dios que caminan, respiran, hablan, piensan, razonan, hacen, deshacen y adoran, hemos de considerar brevemente las implicaciones. Todo lo que hacemos como humanos de una manera u otra proclama quién es Dios. Con cada palabra, pensamiento, motivo y acción, toda la creación, tanto material como huestes espirituales, deben ver un reflejo de algunos atributos de Dios (algunos atributos más que otros por supuesto). Por ende, cualquier desviación de nuestras acciones, pensamientos, palabras y motivos del carácter de Dios resultaría en tragedia inmedible. Los dos polos de una pila con potencia macro nuclear se tocarían, provocando una explosión cuyas ramificaciones se extenderían por todo el cosmos natural y la dimensión espiritual.

El matrimonio, como veremos en el siguiente capítulo, no es un acuerdo meramente horizontal para compañerismo o procreación dentro de un sistema darwiniano en busca de supervivencia pragmática. Toda la Biblia, no sólo Génesis, nos revela grandes misterios y como veremos, ahí en el huerto del Edén, el Soberano diseñó un pacto "hetero-relacional" infundido con misterio para apuntar y representar un pacto mayor y eterno cuyo desarrollo se realizaría en el tiempo. El mismo matrimonio entre un solo hombre y una sola mujer convirtiéndose en una sola carne se desplegaría en el mejor sermón predicado en toda la historia. Aunque muchos dicen que la historia se repite, difiero un poco al adoptar lo que suele ser atribuido al renombrado autor Mark Twain (aunque hay mucha evidencia, fue acuñado por John Robert Colombo en su poema "Neo Poems", o nuevos poemas). Lo que fue dicho es que la historia no se repite, sino rima. Consideremos un poema en el que sus líneas no se repiten en contenido, sino en métrica y rima. Así es la historia. El punto es el siguiente: una de las primeras herejías que la iglesia enfrentó durante el primer siglo trataba con intentos sincretistas entre doctrina bíblica y sistemas dualistas. Uno de los más notables se conocería luego con el nombre de *docetismo*. En dicho sistema existen dos categorías de existencia en dualidad: el bien y el mal. Toda consistencia material es intrínsecamente mala y toda consistencia espiritual, buena. Las dos se oponen de manera fatalista, en la que una se conforma de manera pesimista ante la idea de que la materia siempre ha sido y siempre será mala. En dicho sistema, se adopta una brecha irreconciliable o una dicotomía entre las dos y hay evidencia abrumadora de su influencia en la iglesia y de la necesidad de contrarrestar esa influencia. Esto se ve especialmente en la segunda carta de Juan y luego la persistencia del pensamiento dualista en los llamados "evangelios" seudoepígrafos de Pedro, Tomás y otros, en los siguientes siglos, de los gnósticos.

El debate de nuestro siglo no repite tal error, sin embargo, se puede discernir una métrica y rima en algunos puntos. Nuestra sociedad ve al matrimonio en términos materiales y no considera la verdad de que nuestra existencia espiritual y material están entretejidos. Todo lo que hacemos, pensamos y decimos en el ámbito material incluye lo espiritual. Además, ser imágenes de Dios conlleva grandes implicaciones teológicas. Debido a eso, el Dr. Sam Waldron expresa con tanta agudeza que la muerte es la separación violenta y antinatural del cuerpo y el espíritu. Y debido a la falsa dicotomía entre lo material y lo espiritual de nuestros días, muchos cristianos añoramos tanto el día en que estaremos en el cielo (lo cual en sí no es malo), sin tomar ni siquiera un momento para añorar la resurrección. El plan de Dios para su pueblo es reunir lo material con lo espiritual (al perdonar, restaurar y glorificar a ambos) en nuevos cielos y nueva tierra. Ya que seguimos, en parte, basando nuestras esperanzas futuristas en las pinturas medievales en vez del texto bíblico, solemos ser escapistas, buscando flotar con arpas sobre nubes en vez de añorar la futura glorificación tanto de nuestros cuerpos materiales como de los cielos y la tierra.

Conclusión

El matrimonio hetero-relacional y monógamo no puede considerarse sólo con base en emociones, necesidades físicas y procreación. La familia no es simplemente una unidad de preparación psicológica o una estructura social para techar, alimentar y entrenar micro rebaños para incluirse en el macro rebaño de manera más productiva y feliz. Todo, pero todo respecto a nuestra existencia actual, nuestras relaciones, familias, etc. anuncian... no... ¡claman ante la creación: "Así es la condescendencia amorosa del Creador"! Es hora de que lo vivamos así, pero lamentablemente, no es posible. Sucedió en el huerto una tragedia cuya destrucción afectó y sigue afectando la teología de la humanidad. Pero, gracias a Dios, no existimos en un sistema dualista, sino bajo el Creador soberano cuya trascendencia superó incluso la maldad, y todo terminará para su mayor gloria.

Capítulo 2

LA FUNCIÓN Y PROPÓSITO DEL MATRIMONIO A TRAVÉS DE LA CAÍDA Y RESTAURADO EN CRISTO

Nunca digas: ¿Cuál es la causa de que los tiempos pasados fueron mejores que estos? Porque nunca de esto preguntarás con sabiduría.

Eclesiastés 7:10 RVR60

Muchos hablamos de volver a tales días, cuando todo era mejor. Romantizamos sobre una época de oro de la cual hemos caído. Sin embargo, es de suma importancia reconocer la soberanía de nuestro Creador. No debemos querer volver al huerto y vivir con Adán y Eva antes de la rebelión. Tenemos que tomar en cuenta que Adán, aunque creado inocente, también fue creado inestable y falible. Todo el plan de Dios en Cristo va en pos del siglo/mundo venidero donde morará la justicia para siempre, en la eterna Ciudad de Dios donde adoraremos al Dios trino, siendo trofeos de su gracia y no habrá más muerte; tampoco la inestabilidad y falibilidad que tuvieron Adán y Eva, ya que Dios terminará lo que empezó, la formación de Cristo en nosotros, para el día de la resurrección (Filipenses 1:6; Romanos 8:29). En otras palabras, veamos la gran tragedia de la caída por lo que fue, terrible. Pero no podemos caer en teísmo abierto, un sistema parecido en parte al panenteísmo en el que Dios crece en sabiduría con el universo; por ende, las cosas se pueden salir de su control, así forzando a Dios a reaccionar y pensar en plan B, C, D, etc. hasta que se resuelva todo. Entre los escombros de la caída de Génesis 3, démonos cuenta de que el mismo matrimonio fue diseñado con la caída en mente y como una mira a la hetero-relación entre Cristo y su iglesia que se manifestará en parte en nuestros matrimonios.

Génesis 3: el imago dei y la caida

La caída del hombre en Génesis 3 nos pinta un cuadro con colores oscuros. La amenaza anterior de Dios sobre pena de muerte aún se llevará a cabo de alguna manera, sin embargo, se mostrará gracia. Satanás tomó forma (de alguna manera) de una serpiente (Apocalipsis 12:9) e intentó exitosamente deshacer el orden de la creación. El hombre tenía que ser rey y sacerdote sobre la creación, y también cabeza de su hogar, todo con la ayuda de la mujer, dentro de sus roles complementarios, amos sobre la creación. Satanás tomó una criatura e hizo todo al revés. El animal que debe estar bajo la humanidad se acercó a la ayuda idónea, la mujer, la engañó y ella mandó a su esposo. Satanás es bastante astuto y sabe robar la gloria de Dios al confundir el orden de la creación. Ahora hay pecado, rebelión y mediante lo que parece venir de Dios, destruir a su creación. Pero si nos enfocamos en el centro del cuadro pintado veremos un color brillante de esperanza. En vez de dejar toda su creación en cenizas, Dios promete que un descendiente de la mujer vencerá a Satanás y sus descendientes (Gen 3:15; Juan 8:44) pero por ahora, habrá una introducción de la disfunción. Ahora bien, la función original permanece; sin embargo, tendrá que llevarse a cabo a través de la disfunción como un constante recordatorio de los efectos del pecado y también como algo que nos provoca añorar a Cristo y nuestra parte en los nuevos cielos y la nueva tierra del Siglo venidero (Hebreos 2:5-10).

Es fascinante ver cómo Dios juzga en Génesis 3 en el mismo orden en que Satanás engañó. Primero la criatura, después la mujer y finalmente el hombre. Primero a la serpiente le otorga un estado humillado y a Satanás le promete su condenación por un descendiente (simiente) de la mujer, como ya habíamos visto. A la mujer, cuya función como ayuda idónea habría de ser mamá y tener un rol que complementa a su esposo, ahora seguirá el plan para procrear por su vientre, sin embargo, a través de la disfunción del dolor. También, respecto del orden de rol (no valor por supuesto) su función original conllevaba sumisión al hombre; sin embargo, su sumisión de aquí en adelante será a través de la disfunción de querer adquirir dominio sobre el hombre. La función del hombre permanece, como proveedor y protector como había dicho en Génesis 2, sin embargo, a partir de la caída, Dios le pronuncia que la misma tierra estará en contra suya con espinos y cardos, complicando su tarea y la tarea sería exageradamente laboriosa (Gen 3:18-19).

La introducción de la muerte

He aquí que no se ha acortado la mano de Jehová para salvar, ni se ha agravado su oído para oír; pero vuestras iniquidades han hecho división entre vosotros y vuestro Dios, y vuestros pecados han hecho ocultar de vosotros su rostro para no oír.

Isaías 59:1-2

De alguna manera, en aquel día murieron Adán y Eva. La muerte en su implicación más drástica y duradera trata con la separación de Dios. De hecho, llegó tal separación que implícito en la Biblia está la pérdida de relación entre Padre e hijo para Adán. De acuerdo con la genealogía de Jesús en Lucas 3, Adán fue creado "hijo de Dios", pero ahora sabemos que, para nosotros pecadores, solo podemos ser *hechos* hijos de Dios, adoptados por la redención en Cristo (Juan 1:13). Con un simple paso de razonamiento bíblico, deduciremos que la caída cortó con dicha relación. Pero no solo eso, Adán y Eva, al igual que sus descendientes serían víctimas de entropía, enfermedades, violencia, y vejez. Por tanto, la muerte entró por su rebelión, pero no de manera final. Ahora seguiremos llevando a cabo las ordenanzas de la creación, a través de luchar con la disfunción, siendo la mayor disfunción nuestros corazones pecaminosos. Dicho eso, no permanece alguna manera de reconciliarnos con Dios. En Adán, hemos roto una vez para siempre el pacto (Romanos 5:12-21) y dejado por nosotros mismos, no hay remedio. La única manera de perdón sería si Dios otorga una manera de reconciliarnos con Él.

Nuestra situación como hijos de Adán es irreparable. Por ende, si hay esperanza de reconciliación, necesitamos otro Adán. Pero el nuevo Adán tendría que cumplir en total obediencia donde Adán y nosotros hemos fallado. No solo eso, sino de alguna manera tendríamos que morir a nuestra raza adánica y nacer injertados bajo el nuevo.

Así también está escrito: Fue hecho el primer hombre Adán alma viviente; el postrer Adán, espíritu vivificante.

1 Corintios 15:45 RVR60

Con Cristo estoy juntamente crucificado, y ya no vivo yo, mas vive Cristo en mí; y lo que ahora vivo en la carne, lo vivo en la fe del Hijo de Dios, el cual me amó y se entregó a sí mismo por mí.

Gálatas 2:20 RVR60

Respondió Jesús y le dijo: De cierto, de cierto te digo, que el que no naciere de nuevo, no puede ver el reino de Dios.

Juan 3:3 RVR60

Mas a todos los que le recibieron, a los que creen en su nombre, les dio potestad de ser hechos hijos de Dios; los cuales no son engendrados de sangre, ni de voluntad de carne, ni de voluntad de varón, sino de Dios.

Juan 1:12-13 RVR60

Jesús, el Cordero de Dios, *vera homo, vera Deus* (verdaderamente hombre, verdaderamente Dios) tomó el rol del segundo o postrer Adán. En su vida terrenal, cumplió la obediencia activa donde Adán y nosotros en Adán fallamos y en la cruz, a través de su obediencia pasiva, tomó la culpa, la pena y la vergüenza de su pueblo sobre sí mismo. Por la vida de Cristo, su obediencia es imputada a nuestra cuenta y por la muerte de Cristo, nuestra maldad fue imputada a la suya. No existe filosofía o religión humana que ofrezca algo parecido. Es el acto más hermoso y terrible a la vez que ha sucedido tanto en la eternidad pasada como la futura y nosotros somos los beneficiaros. ¡Cuán inmensa es la gracia de Dios en Cristo que ha elegido en su diseño original del matrimonio proyectarlo para su gloria!

Efesios 5: el misterio de Cristo revelado a través las funciones del imago dei

Nuevamente somos enfrentados con la soberanía de Dios. Desde antes de la caída, implícito en el texto, Dios diseñó el matrimonio con Cristo (y explícitamente en Efesios 5) y su pueblo redimido en mente y lo empieza a expresar explícitamente en la promesa de la simiente que aplastará la cabeza de la simiente de la serpiente. La simiente de la mujer nació en Belén hace 2 mil años y ahora, en Él, nos hace nuevas criaturas. En Cristo, nuestros pactos matrimoniales hallan el corazón nuevo para amarnos y la santificación continua para ser fieles los unos con los otros y dentro del techado del pacto, criar a una familia.

Volviendo a Génesis 2, y su vista anticipada de Cristo, existe algo intrínseco e inseparable en el matrimonio bíblico que es dejado en misterio por siglos desde la creación y solo revelado en Cristo. En Efesios 5, el Apóstol Pablo cita a Génesis 2 respecto del matrimonio y hace un comentario:

> *Por esto dejará el hombre a su padre y a su madre, y se unirá a su mujer, y los dos serán una sola carne. Grande es este misterio; mas yo digo esto respecto de Cristo y de la iglesia.*
>
> Efesios 5:31-32

Creo que la traducción más clara del griego en el vs. 32 se encuentra en la traducción ESV (inglés): *This mystery is profound, and I am saying that it refers to Christ and the church.* (Este misterio es profundo, y yo digo que se refiere a Cristo y la iglesia).

Pablo nos sorprende con la revelación del misterio acerca de cómo el mismo aspecto *hetero* de dos personas del sexo opuesto se hace una sola carne en el pacto matrimonial. El misterio que Dios quiere revelar por la manera en que diseñó el matrimonio fue para tipificar a Cristo y su iglesia, un pacto inseparable de amor y compromiso.

¡Qué hermoso! Solo con tratar a mi esposa con lealtad, respetarla, disfrutarla y ser su protector y proveedor, mi pobre vida muestra ante toda la tierra, las estrellas, los ángeles, etc., el amor sacrificial que tiene Cristo para su iglesia. ¡Qué privilegio y honor! Y la mujer, al someterse a su esposo, ayudarlo en su rol de una manera complementaria, puede usar sus dones y reflejar a una iglesia comprada, restaurada y amada por Cristo. ¡Qué privilegio y honor!

Cada momento de compañerismo; cada momento íntimo; cada momento de sonrisas y comunión; cada momento de ser papás, -los que han podido serlo-; cada momento de lealtad y fidelidad a través de los años entre un hombre y una mujer, brillan ante un mundo perdido como símbolo del pacto entre Cristo y su pueblo redimido. Considerémoslo a un nivel práctico. Desde el amanecer hasta el anochecer tenemos la oportunidad de mostrar a Cristo incluso con solo glorificar a Dios a través de vivir en obediencia al aspecto funcional del *imago Dei*.

Cobremos memoria de la última conversación que tuvimos con nuestro cónyuge. Consideremos las actitudes que tuvimos, el trato, e incluso la última vez que tuvimos intimidad. Sabiendo cuál es nuestro respectivo rol (para el hombre,

Cristo y para la mujer, la iglesia), ¿tendremos algo de qué arrepentirnos? ¿Nos hemos enfocado, incluso en la iglesia, más que en nuestras necesidades, o incluso en las necesidades de él o ella, en vez de si nuestro matrimonio está reflejando la gracia, el perdón, el sacrificio, y la sumisión que debe mostrarse entre Cristo y su iglesia, cada uno sirviendo en su respectivo rol? Quizá es hora de dejar de considerar tanto si ella o él está cumpliendo con nuestras necesidades. Quizá es hora de arrepentirnos de nuestra idolatría matrimonial. El verdadero gozo que sacia el alma de todas sus necesidades solo se encuentra en Cristo. Una vez que un hombre y una mujer en el pacto matrimonial hallan la plenitud de gozo a la diestra de Dios (Salmo 16:11), dicho gozo se rebosa sobre el matrimonio. Nuevamente, ningún ser humano, incluso en un matrimonio bíblico, puede saciarnos. Varones, amen a sus esposas como Cristo ama a su iglesia, de tal manera que se entregó por una iglesia, aun cuando responda de manera caprichosa, desleal, de doble ánimo, egoísta y rebelde. Laven a sus esposas con la Palabra. Sean pastores en sus hogares y dejen de buscar en una mujer solo maneras de suplir sus necesidades. Mujeres, amen a sus esposos. Su inteligencia y dones no son termómetro para ver quién es la cabeza. Sométanse no porque ellos siempre tengan razón, sino porque la iglesia se somete a Cristo, quien siempre tiene la razón. Por supuesto eso no significa que la mujer debe ciegamente callarse y obedecer cada palabra de su esposo. Acuérdense de Ester, quien usó mayor sabiduría e inteligencia para mostrar al rey, su esposo, que había un problema. Acuérdense que hay más poder y sabiduría en mostrar y convencer que en rebelarse. Para entender cómo se revela el misterio de Cristo y su iglesia a través de nuestras funciones complementarias, veamos los antecedentes a Efesios 5:31-32.

> *Las casadas estén sujetas a sus propios maridos, como al Señor; porque el marido es cabeza de la mujer, así como Cristo es cabeza de la iglesia, la cual es su cuerpo, y él es su Salvador. Así que, como la iglesia está sujeta a Cristo, así también las casadas lo estén a sus maridos en todo. Maridos, amad a vuestras mujeres, así como Cristo amó a la iglesia, y se entregó a sí mismo por ella, para santificarla, habiéndola purificado en el lavamiento del agua por la palabra, a fin de presentársela a sí mismo, una iglesia gloriosa, que no tuviese mancha ni arruga ni cosa semejante, sino que fuese santa y sin mancha. Así también los maridos deben amar a sus mujeres como a sus mismos cuerpos. El que ama a su mujer, a sí mismo se ama. Porque nadie aborreció jamás a su propia carne, sino que la sustenta y la cuida, como también Cristo a la iglesia, porque somos miembros de su cuerpo, de su carne y de sus huesos.*
>
> Efesios 5:22-30 RVR60

Nosotros no tomamos nuestras funciones, o roles, en el matrimonio por razones pragmáticas. Hay varias mujeres que son más inteligentes que los hombres y saben tomar buenas decisiones. Pero eso no es el punto. Dios quiere que, al igual que hay roles distintos en la misma Trinidad que no se basan en capacidades distintas[8], sino en la manera en que Dios ha decidido glorificarse y de manera parecida, Dios ha reve-

---

8   Los roles de sumisión y liderazgo entre la misma Trinidad se discutirán en otro capítulo.

lado en su Palabra que se quiere glorificar por la naturaleza complementaria de nuestros matrimonios también.

Algunas objeciones surgen debido al versículo 21, "Someteos unos a otros en el temor de Dios". Así concluyen que la Biblia nos manda a sujetarnos a todos por igual. Primero, eso no puede ser el significado porque los versículos 22-30 serían una contradicción. Segundo, el versículo 21 encabeza los versículos 22-30 en que nos amonesta a que todos nos sometamos a aquellos que Dios ha puesto sobre nosotros y luego da el ejemplo del matrimonio donde la mujer se somete al hombre y el hombre a Cristo. Acordémonos que los capítulos y versículos enumerados no son parte del texto inspirado e incluso no fueron añadidos hasta el Siglo XVI d.C. Pablo sigue el mismo argumento en Efesios 6, todo encabezado por el versículo 21 de Efesios 5 acerca de cada uno sometiéndose a los que Dios ha puesto sobre ellos en rol o función (no en valor). El primer versículo de Efesios 6 amonesta a los hijos a que obedezcan a sus padres, a los siervos a que obedezcan a sus amos. Si todos hemos de someternos por igual a todos, entonces tuviéramos que concluir que los padres han de someterse a sus hijos y los amos a sus siervos.

A la luz del machismo y el feminismo, ambos siendo un lamentable abuso pecaminoso de roles bíblicos, estoy seguro de que lo último haya provocado incomodidad para algunos lectores. Cuando lleguemos a los capítulos sobre LGBTQ+ e ideología de género, indagaremos más sobre este punto. Pero por ahora, sepamos que el humanismo de nuestros últimos siglos ha provocado unas falacias categóricas sobre la relación entre roles y valor incluso entre los cristianos.

Debemos reconocer los abusos de ambos lados del debate, pero no caer en polarizarnos sobre roles entre el hombre y la mujer. Como miembros del reino de Dios, en Cristo nuestra única opción es obedecer los mandatos bíblicos y dejar las consecuencias a Dios. No obstante, existen algunos parámetros condicionales en la sumisión y el liderazgo, los cuales exploraremos después.

Conclusión

He aquí, el matrimonio bíblico. Nos guste o no, así es y escrito está. Y si no partimos de aquí para enfrentar la depravación sexual de nuestro siglo, nos meterán metafóricamente en un monasterio, lejos del alcance de este mundo mientras sigue en su vana trayectoria hacia su final perdición, llevando con ellos a nuestros hijos. Si no aprendemos y enseñamos el gozo de glorificar a Dios a través de nuestras distintas funciones en el matrimonio, ¿cómo hemos de culparlos por abandonar el matrimonio bíblico? La lucha en la misma iglesia hoy día sobre las funciones complementarias entre el hombre y la mujer se trata realmente de nuestro egoísmo. ¿Buscamos lo nuestro o la gloria de Dios en Cristo? ¿Realmente creemos que verán a Cristo en nuestros matrimonios si no nos ven saciados en Cristo de manera que rebosa sobre nuestros matrimonios, cada uno felizmente llevando a cabo sus funciones para mostrar a Cristo?

Hay tanto más que se puede escribir sobre este tópico, sin embargo, por dos razones lo dejaré para su investigación. Primera razón: este libro no tiene como objetivo ser un libro de ayuda matrimonial. Hay bastantes libros de autores más preparados que el autor presente. Este libro tiene el fin de definir la sexualidad y el pacto matrimonial según Dios, y presentar una defensa en contra de las perversidades que la contradicen en nuestra sociedad actual. También este libro tiene el fin de ser práctico y veremos cómo criar a nuestros hijos con una visión bíblica sobre el matrimonio, el discipulado ante la confusión sexual, un análisis científico y bíblico sobre movimientos LGBTQ+ e ideología de género y finalmente una respuesta al movimiento creciente "Cristiano Gay". Segunda razón: no escribo más en este capítulo porque a la luz de lo mencionado sobre cada palabra, trato, etc. como mi esposa debe representar a Cristo y su trato con su iglesia, creo que debo tomar una pausa y hablar con ella y le animo, estimado lector, a que haga lo mismo con la persona que Dios le ha presentado en pacto matrimonial.

Capítulo 3

LA HISTORIA DEL PENSAMIENTO

¿Qué es lo que fue? Lo mismo que será. ¿Qué es lo que ha sido hecho? Lo mismo que se hará; y nada hay nuevo debajo del sol.

Rey Salomón (Eclesiastés 1:9 RVR60)

La historia no se repite, pero a menudo rima.

Mark Twain

No hay realmente nada nuevo bajo el sol. El renombrado autor norteamericano conocido bajo el pseudónimo Mark Twain (su nombre real fue Samuel Langhorne Clemens), expresó lo mismo desde otra perspectiva. Los detalles más específicos, nombres, y fechas de los eventos en la historia son únicos, sin embargo, la suma de la historia tiene mucho parecido con las líneas de poesía, en que comparten métrica y riman. El observador perspicaz de la historia notará las corrientes cíclicas en movimiento y el pensamiento que avanza como un péndulo, cada uno reaccionando para corregir o contradecir las lagunas del anterior, sólo para producir sus propias carencias, provocando así la necesidad de otra reacción distinta y opuesta. ¿Por qué la humanidad, y la sociedad, no ha podido aterrizar este péndulo? ¿Por qué hay revolución social tras revolución social opuesta?

Un péndulo incluye lo que es llamado una barra sin masa y una pesa masiva. La barra se conecta a la pesa masiva, cuyo movimiento dirige la barra. ¿Cómo podemos expandir nuestro entendimiento para no caer simplemente en el giro actual de la barra sin masa que sigue ciegamente el ritmo de la pesa masiva que la mueve? Nos serviría echar un breve vistazo al movimiento histórico del pensamiento para discernir mejor dónde nos encontramos en la presente trayectoria del péndulo y así saber cómo volver al pensamiento bíblico primeramente revelado a Adán y Eva en el huerto, y desarrollado por la revelación progresiva del reino de Dios en el resto de la Biblia.

El diseño del hombre pensante

Adán fue creado tanto un ser material como espiritual. El diseño de su ser estaba entretejido con el fin de ser inseparable. Le fue otorgado el privilegio de ser hecho a imagen y semejanza de Dios y sub-señorear sobre la creación bajo Dios. Sus pensamientos, actitudes, anhelos del corazón, labor y trato debían reflejar su adoración a Dios extendida hacia cómo vivía su vida en el mundo material. Así que su vida espiritual y adoración vertical siempre tenía que manifestarse también en su vida material y horizontal en perfecta armonía. Su identidad y esencia, tanto espiritual como material, se habría de hallar específicamente en el diseño, intento, y comunión con y de su Creador.

En la caída vemos una violenta brecha espiritual entre él y Dios. La santa comunión con Dios como Padre (Lucas 3:38) por lo que parece se perdió (Juan 1:13) para sólo ser reestablecida desde Adán hasta Cristo por fe en las promesas de Dios que apuntaban a la certeza de la crucifixión y la resurrección de Jesús, y desde Cristo para adelante, por el cumplimiento de ella (Romanos 3-4). En Cristo, hemos de someter nuestro razonamiento errado y "*apendulado*" a lo revelado por Dios, "llevando cautivo todo pensamiento a la obediencia a Cristo" (2 Corintios 10:5b RVR60).

Veamos brevemente unos acontecimientos en orden cronológico del razonamiento humano en el mundo occidental. Esta breve trayectoria es resumen de una materia que tomé recientemente y espero que nos ayude para ver el génesis y desarrollo de los movimientos sociales en la actualidad y al menos empatizar con sus deseos y metas. Sólo así podremos ver el poder y la necesidad de regeneración y la iluminación para poder ver la vida a través de la perspectiva de Dios.

Filósofos pre-socráticos

Algunos postulan que la filosofía occidental inició el 28 de mayo del año 585 a.C. cuando el científico Tales, de Jonia (ahora la costa occidental de Anatolia, Grecia) predijo un eclipse solar. Tales ha sido considerado ser el fundador de la filosofía de los griegos antiguos. Intentaba conciliar la relación entre la unidad y la diversidad. Nosotros podemos identificar la diversidad de las partes del cosmos, como estrellas, planetas, plantas, insectos, humanos, animales, agua, tierra, etc. Hemos de preguntarnos: ¿Es lo que tenemos un conjunto de caos o un cosmos de orden? Si hay orden, ¿qué es la esencia, ley o sustancia que le da el orden? Dicha tarea de Tales fue descubrir la realidad última o metafísica, la cual trasciende el mundo material y otorga armonía y unidad.

Si se puede saber cuál es la realidad última que mueve todo en unidad, permanece la pregunta del por qué. ¿Cuál es el fin, propósito o "*telos*"? Y, ¿de dónde viene todo originalmente? Tales llegó a la conclusión que dicho "*arche/arque*" u origen de todo fue el agua en sus tres formas: sólido, líquido y gaseoso. Esto se debe en parte a que el agua tiene la capacidad de existir en las tres formas y todo lo que tiene vida depende de ella para sobrevivir. Por ende, concluyó con la hipótesis de que el agua da origen a todo. Ya que todo permanece en movimiento o reposo a menos que una fuerza foránea actúe sobre él (después conocido como la primera ley de Newton), ¿cuál es el motor inmóvil que dio movimiento a todo? Su respuesta: el agua. Tales percibió que el agua parece moverse en ríos sin originador. Obviamente, con lo que sabemos hoy, fuerzas gravitatorias y otros aspectos dan movimiento al agua, pero al menos pudo formar estas ideas con lo que podía observar en sus días.

Otros filósofos presocráticos siguieron la búsqueda de Tales, sustituyendo partes de su hipótesis. Anaxímenes sustituyó el agua con el aire para explicar la realidad última. Otros concluyeron que todo está compuesto de tierra, aire, fuego y agua. Pero nos quedamos aún con el elemento que unifica a estos componentes, o sea, la quintaesencia. Anaxímenes pensó en lo que llamaba *ápeiron*. El *ápeiron* debe ser una esencia eterna e infinita para unificar la esfera de existencia. Esta eterna esencia debe ser una fuerza o idea abstracta.

Dicho consenso en la búsqueda de lo eterno e infinito provocó desacuerdos en la composición de su esencia. Los monistas buscaban una sola sustancia o realidad que produce la diversidad, y los pluralistas, como Demócrito que habló en términos de la diversidad infinita de átomos (no debemos confundirnos con los átomos como los entendemos hoy). Además, siguió la lucha de ideas para concluir si la naturaleza de la esencia era monista o pluralista, fuese material (corporal) o inmaterial (incorporal).

También, estos filósofos se interesaban en la cuestión del "ser". Heráclito, un monista, concluía que todo existe en forma de flujo en el que todo lo que es, está en constante cambio. La actualidad es lo que somos y la potencialidad es en lo que nos convertiremos. Pero Parménides opinaba que lo que es, simplemente es. Si algo existe en la realidad, siempre lo es y no puede estar cambiando porque así nunca puede ser y todo lo que constantemente cambia tiene que ser una ilusión. Zenón, uno de los discípulos de Parménides, tomó el debate en otra dirección. Usó lo llamado *reductio ad absurdom*, en que adoptaba la tesis del oponente para ver si llegaba a la conclusión lógica o a lo absurdo. Zenón usaba este método para atacar tanto al monismo como el pluralismo, convirtiéndose en escéptico del todo. Estos filósofos se encontraban en un callejón sin salida y hacía falta un personaje para arrojar el péndulo del pensamiento de dónde se encontraba estancada.

Notemos el ejercicio fútil (fool's errand en inglés) de conciliar la existencia sin Dios. El consenso de hoy será la burla de mañana. La Biblia responde a esta paradoja con el "monismo" de la esencia de Dios, quien dio movimiento a todo, y el "pluralismo" de sus personas. Sin la Palabra revelada del Dios trino quien creó *ex nihilo* (de la nada) cuya esencia carece de contingencia (aseidad) en otro ser para su existencia, la humanidad sólo tiene la opción de aferrarse a donde el péndulo se ha estancado o columpiarse con el movimiento del péndulo cuando nace otro quien señala las discrepancias, sólo para quedarse estancado en el polo opuesto con sus respectivas discrepancias. La habilidad del hombre para cuestionar la existencia es de asombrarse, pero su falta de llegar a una sólida conclusión es humillante. El Creador es mucho más que un simple Motor Inmovible y nos ha resuelto la paradoja en su Palabra y la ha finalizado plantándonos sobre la Roca, Cristo Jesús.

Sócrates

Debido a que el péndulo se había estancado entre los monistas y pluralistas, se produjo una temporada de escepticismo respecto a la filosofía, especialmente en cuanto a su productividad en la vida cotidiana. Sólo fue cuestión de tiempo para que entrara en el escenario otro personaje para desatorarlo con otra perspectiva.

Sócrates nació en 468 a.C. y, aunque hubo guerras entre las ciudades estados de Atenas y Esparta, vivía en el tiempo de más éxito y poder entre los griegos que habían experimentado hasta entonces. Cuando Esparta derrocó a los atenienses, la cultura concluyó que sus dioses les habían defraudado, provocando más un sentir de escepticismo. En tal ambiente, hubo la necesidad de reenfocarse en lo concreto del pragmatismo. Como consecuencia, surgieron los sofistas. Este grupo se constituía de maestros profesionales porque fueron itinerantes, cobrando tarifas por sus enseñanzas donde viajaban. También, en Atenas, se forjaba un movimiento político en forma de democracia y un sistema jurídico en las cortes. Nació la necesidad de exposición pública y persuasión (retórica). Por ende, el enfoque de la filosofía se centraba en aquello que funciona en vez de la verdad absoluta sin considerar si convenía o no.

Sócrates se preocupaba por dicho sofismo que fue dañino para la ciencia, la búsqueda de la verdad, y la integridad del sistema jurídico. Sócrates se paseaba por la ciudad buscando conversaciones profundas sobre la virtud, lo que más se había perdido por el escepticismo y el sofismo. Debido a que rechazaba las deidades paganas, fue acusado de ateo y asesinado. Uno de los testigos de su ejecución fue su estudiante Platón, cuyas escrituras forjan lo único que sabemos hoy de Sócrates.

El hecho de que somos hechos a imagen de Dios no nos permite por mucho tiempo ignorar las categorías de virtud, honestidad y la verdad en sí. Sólo era una cuestión de tiempo hasta que el mundo se despertara del pragmatismo animalista. Lamentablemente, hoy en día nos hemos vuelto a una clase de sofismo. El mundo materialista busca la supervivencia y comodidad a todo costo. El aborto es el resultado del escepticismo y pragmatismo. Si la sociedad tuviera menos casos de niños no deseados y de familias que luchan en bajos niveles socioeconómicos, habrá menos bocas para alimentar y menos problemas para la suma de la civilización. El mundo de hoy ve a la humanidad como un rebaño de animales en vez de imágenes de Dios entretejidos entre lo material y espiritual. El valor intrínseco del humano con base en su Diseñador está en cuestión, pero no se puede ignorar la verdad por mucho tiempo. Pronto el péndulo se girará nuevamente, pero sin la intervención de Dios, sólo se quedará estancada en una posición errónea y seguirá la rima y la métrica del poema de la historia.

Platón

El nombre Platón es simplemente un apodo dado a este filósofo por su entrenador durante su juventud como gimnasta. La palabra "plato" significa "hombros anchos". Platón es conocido por ser el fundador de la escuela "Academia" en Atenas. Platón fue tanto idealista como realista en el hecho de que consideraba toda idea humana como un arquetipo de lo que existe en el mundo espiritual. Reconocemos ideas como "humanidad" entre la pluralidad de humanos debido a una realidad transcendental sobre lo que significa ser humano. En su sistema, Platón nos presenta con la teoría de la reminiscencia. Pensaba que toda alma es eterna, procede de la esfera de ideas y llega al mundo material con ideas innatas. Sin embargo, el cuerpo oscurece el conocimiento y se restaura por razonar, dialogar y debatir.

En su libro *Menón* (o el *Diálogo de Menón* o *Virtud*), Platón presenta su renombrada ilustración de la cueva. En esta cueva hay personas que han nacido, separados los unos de los otros, y sólo conocen su ambiente. Sólo experimentan sombras en la pared, producidas por un incendio atrás de ellos. En resumen, el punto es que todos intentamos conciliar lo que percibimos con nuestros sentidos de la realidad. Al formar leyes y teorías sobre lo que vemos, siempre habrá anomalías que desafían nuestras conclusiones. Si se acumulan demasiadas anomalías para reconciliar, habrá la necesidad de un cambio paradigmático y así pasaremos los siglos en este ciclo ya que nadie podrá desencadenarse y salir a la objetividad y ver las cosas tal y como son.

Platón también enseñaba la existencia de la idea de la bondad siendo el "autor universal" de todo lo bello y recto, del razonamiento y la verdad. Lamentablemente, aunque la revelación general de Dios a través de la creación y la consciencia de Platón (Salmo 19:1-2, Romanos 1:18-2:16) lo apuntaban a las realidades espirituales y algunos atributos de Dios, no fue lo suficiente. Cuando los cristianos consideran la filosofía, deben siempre reconocer dónde el razonamiento humano nos deja cortos. Pero gracias a Dios que se ha revelado en su Palabra y en Cristo para la redención. Solo así tendremos la mente de Cristo (1 Corintios 2:16) para conciliar las brechas y lagunas que milenios de pensamiento humano no han podido lograr.

ARISTÓTELES

Aristóteles fue estudiante (no muy querido) de Platón. Después de dos veces en que Platón no le asignó como su sucesor de la Academia, Aristóteles fundó la escuela Licio. Platón no concordaba con la alta estimación de Aristóteles respecto a la lectura en contraste con el enfoque de ideas. Platón se aferraba a su teoría sobre la reminiscencia de ideas innatas de la vida espiritual y eterna.

Aristóteles desarrolló la teoría de sustancia, en la que toda entidad individual existe como sustancia primaria. Estas entidades reales están compuestas de materia y forma. La forma es el ser del objeto y la materia es en lo que se está convirtiendo. Así pretendía resolver el problema entre "ser" y "convirtiéndose a ser". En este pensar, hace una distinción entre sustancia y accidentes. Un "accidente" (accidents en inglés) son las cualidades que se perciben de algo. Los accidentes de una roca tratan con su dureza, forma, color, etc. La sustancia está presente con los accidentes, por ejemplo, lo que se dice del pato: "si camina como pato, tiene patas como pato y suena como pato, debe ser un pato".

Aristóteles también escribió sobre su concepto de Dios. Dios tiene forma pura, ya que tiene actualidad, pero no potencial (ya que no cambia y no está en proceso de actualizarse), es el Motor inmovible, la Causa no causada, tiene un ser eterno, y el poder de organizar y generar todo lo que mueve. Tengamos cuidado de no celebrar el teísmo de Aristóteles ya que pareciera hablar del Dios de la Biblia. También postulaba que no es un Dios personal. Entre otras ideas que han influenciado al mundo, Aristóteles se enfocaba en la ley de no-contradicción. Esta ley de la lógica postula que dos premisas que tratan de la misma cosa en el mismo lugar al mismo momento no pueden contradecirse.

Después de Aristóteles, los epicúreos y estoicos llevaron la filosofía nuevamente al escepticismo, siguiendo con lo que hemos visto del péndulo.

Aristóteles nos sirve de ejemplo acerca de que el razonamiento humano todavía es responsable de percibir varias verdades de Dios, el universo y nosotros, y puede tener algo de éxito en conocerlos. Sin embargo, el problema humano no es intelectual, sino espiritual. Quizá la verdad más necesaria sobre Dios para el hombre es su condescendencia, o que es personal. Dios en su misericordia y gracia sabe que nuestros corazones nos impiden conocerlo y nuestros razonamientos no tienen la capacidad (y de hecho no quieren) de conocer su plan redentor. Por ende, nos ha dado su Palabra y a Cristo para cerrar la inmensa brecha entre su santidad y nuestra impiedad; entre su plan para su creación y nuestro razonamiento respecto la vida; entre su oferta de perdón y nuestra ilusoria manera de justificarnos.

LA IGLESIA Y LA FILOSOFÍA

El hilo de la filosofía occidental fue interrumpido en gran parte por la ascendencia de la iglesia. Aurelius Augustinus Hipponensis (Agustín de Hipona) vivió de 354-430 d.C. Su soteriología (doctrina de la salvación) que usó en contra de los pelagianos fue bastante esclarecedora para la iglesia, aunque su trato con los donatistas promovió una eclesiología que la dañaría por más de un milenio debido a como influenció la centralización y poder de la iglesia universal en Roma. En su juventud había sido un estudiante de maniqueísmo (parecido al gnosticismo dualista) y después de neoplatonismo (por Plotino). Agustín despreciaba el movimiento de los cristianos en parte por la pobreza de las traducciones latinas de sus Escrituras (antes de la Vulgata Latina por Jerónimo) y creía que el cristianismo había echado a perder lo brillante de la contribución de Platón.

Cuando Agustín se convirtió a Cristo, se volvió oponente al maniqueísmo y neoplatonismo. La filosofía de sus días se había convertido nuevamente en escéptica y el sentir del consenso trataba con la habilidad de los sentidos para adquirir conocimiento. De hecho, otros escépticos dudaban sobre la posibilidad de llegar a la verdad en sí. Agustín argumentaba que tenemos la capacidad de discernir dónde los sentidos distorsionan la realidad debido a un nivel formal de conocimiento o "verdades racionales". Agustín correctamente señaló que el nivel de certeza más alto no se encuentra en lo abstracto de la filosofía, sino en la "bienaventuranza" del conocimiento de Dios.

Anselmo (comienzos del Siglo XI d.C.), el arzobispo de Canterbury argumentaba lo que había recibido de Agustín: *credo ut intellegam*, creo para entender. Esto no se trata de una fe ciega, sino en la verdad de que un entendimiento total y *comprensivo* no puede ser contenido por una mente finita. Sin embargo, se puede tener un conocimiento *aprensivo* de Dios a través de las Escrituras. Anselmo es celebrado mayormente por su argumento ontológico para la existencia de Dios. Este argumento ha sido debatido por los siglos y aunque tiene puntos fuertes, el lector pensante puede percibir algunas debilidades también. Por ejemplo, el argumento se basa en la premisa de que, si en algún posible mundo es posible que exista un ser supremo, dicho ser solo puede ser supremo si existiera en todo mundo posible, el cual incluyera el nuestro, por ende, tiene que existir en nuestro mundo. Este argumento se ha debatido a través de los siglos y debido al salto entre la posibilidad a certeza, basándose en "posibles mundos" que no existen absolutamente, solo puede tener eficacia como un argumento de respaldo en vez de un argumento principal.

Tomás de Aquino (ca. 1224-1274 d.C.) también fue un pensador bastante renombrado en la historia de la iglesia. Durante su vida, los filósofos islámicos intentaban sintetizar la teología musulmana con la filosofía de Aristóteles. Produjeron la teoría de "doble verdad" en la que algo podría ser verdad a un nivel filosófico y falso a un nivel religioso al mismo tiempo. Así intentaban conciliar los errores de su doctrina con la filosofía y leyes de la lógica. El resultado entre estos musulmanes fue una ruptura entre la fe y la razón. Aquino respondió al argumentar que hay ciertas verdades que aprendemos de la naturaleza y otras por la gracia. Algunas verdades no están en la Biblia y sólo pueden descubrirse por la naturaleza, y algunas verdades no están en la naturaleza y se aprenden por las Escrituras. Enseñaba que ambas, naturaleza y gracia, son dones de Dios. Además, enseñó que hay verdades que se pueden aprender de las Escrituras y la naturaleza, como la existencia de Dios. Esta tercera categoría fue acuñada como "teología natural". De aquí, ofreció cinco pruebas para la existencia de Dios. Aunque Aquino pudo responder a la falacia de "doble verdad" por los musulmanes, algunos (incluyendo el autor del presente libro) consideran que sobreestimó la razón del humano caído y no pudo cerrar la brecha de argumentos para teísmo al Dios trino de las Escrituras.

Aunque varios argumentos para Dios pueden ser útiles para clarificar dudas, su eficacia es a menudo exagerada. Suponen que el hombre en su estado caído tiene algo de una inocente neutralidad sólo en espera de más evidencias para entregarse por completo a Dios. Cuando Pablo predicó a los atenienses, citó a dos filósofos/poetas griegos no para llevarlos amablemente a un paso hacia el trono de Dios, sino para acusarlos.

Porque en él vivimos, y nos movemos, y somos; como algunos de vuestros propios poetas también han dicho: Porque linaje suyo somos. Siendo, pues, linaje de Dios, no debemos pensar que la Divinidad sea semejante a oro, o plata, o piedra, escultura de arte y de imaginación de hombres.

Hechos 17:28-29 RVR60

Aunque este tópico sobre metodología en la apologética es bastante vasto y se desglosa exitosamente en mucha literatura, para nuestros usos aquí, valga resaltar el siguiente punto: los argumentos filosóficos para Dios suelen sostenerse en un consenso de argumentación humana. Cualquier fundamento sobre lo cual se argumenta se convierte en la última autoridad, tanto para las premisas como para la conclusión. Sólo falta un nuevo consenso de nuevas filosofías para descartar (ya que el consenso no suele reflejar la verdad) y el cristiano después tendrá que apelar a las Escrituras como plan B. Por ejemplo, muchos cristianos se gozaron cuando la comunidad científica abrazó el modelo del *Big Bang* (el cual se basa en una filosofía naturalista) porque al menos postula un comienzo. Si adoptamos dicho modelo como el canon de la interpretación de Génesis 1, ¿qué sucederá con nuestra apologética cuando el consenso descarte el *Big Bang*? Finalmente, todo argumento es circular. Todo argumento apela a una autoridad, sea al razonamiento humano o a la Palabra de Dios. Y el cristiano nunca ha de tomar a las Escrituras como plan B.

El renacimiento

El Renacimiento, en cuanto al mundo occidental, empezó en el Siglo 13 en Florencia, Italia. Hubo un nuevo interés en los antiguos romanos y griegos. El humanismo que surgió clamaba ¡*Ad fontes*! (a las fuentes) para volver al pensamiento antiguo del occidente y al prestigio de los lenguajes originales de las obras del pensar como latín y griego.

El humanismo de este periodo es un poco complejo y no fue monolítico. Por ende, lo que se mencionará aquí sólo será breve y resumido. El nuevo interés en los lenguajes originales de las Escrituras fue precisamente lo que hacía falta para salir de los ambiguos multiniveles del pensamiento abstracto producido por el escolasticismo medieval.

Martín Lutero apreció después unos frutos del nuevo humanismo de Desiderio Erasmo, quien produjo la edición crítica del Nuevo Testamento en griego a partir de manuscritos griegos. Este acto, por quien después sería un oponente de Lutero, fue lo que ayudó a encender las llamas de la reforma. Sólo hasta entonces se pudieron ver graves errores en la traducción de la Vulgata Latina (405 d.C.) cuyas implicaciones fueron inmensamente impactantes para la soteriología.

La traducción latina de Jerónimo del griego metanoeo / μετανοεω fue errónea. El latín original era "hacer penitencia" y se convirtió en realizar acciones externas que el sacerdote decía, como subir escalones y decir 100 Ave Marías o dar limosna a los pobres o la iglesia para obtener perdón. Eso está mal. "Arrepentirse" es un cambio interno del pecado a Dios que incluye un dolor piadoso que conduce al cambio y la salvación. Además, la traducción de Jerónimo del griego al latín para justificación también fue incorrecta. (en el griego es: "contar o declarar justo/recto/correcto" pero el latín tenía más la idea de "hacer justo/recto/correcto". Estos 2 errores en la traducción y el hecho de que confiaron en ellos (en lugar del griego original) durante siglos, es solo uno de los problemas de lo que luego se convirtió en la Iglesia Católica Romana.[9]

De aquí la iglesia reformada tomaría el producto del renacimiento y el humanismo a un regreso a la autoridad de las Escrituras, pero el mundo lo tomaría en una dirección opuesta.

Simplistamente hablando, el Renacimiento, con respecto al pensamiento, produjo tres avenidas para el mundo occidental. Primero, la iglesia reformada volvió a las Escrituras respecto a la salvación, la gloria de Dios, etc. y a través de los siguientes siglos buscaría cómo volver a una eclesiología bíblica. Como mi profesor, el Dr. Sam Waldron, ha dicho: "En la reforma, finalmente la soteriología de Agustín venció a su propia eclesiología". Segundo, la Iglesia Católica Romana abrazó el humanismo y desarrolló aún más su sinergismo (contribución del hombre) con respecto a la salvación debido al optimismo con respecto al estado humano. Tercero, varios despreciaron tanto a la iglesia como a la Biblia viéndolas como obstáculos para el desarrollo de la humanidad.

---

9 Temple, Ken, https://apologeticsandagape.wordpress.com/2019/07/28/jeromes-latin-translation-of-repent-as-do-penance-leading-to-unbiblical-practices-for-centuries/, accedido el 25 de ene. de 21.

Descartes

René Descartes (1596-1650) fue una notable figura en la Era del Razonamiento. Debido a la reforma protestante (Descartes fue católico romano), vio que la fe del pueblo en la iglesia se había debilitado por la falta de unidad eclesiástica y doctrinal. Descartes vio el resultante escepticismo y respondió en su libro *Discurso del método*. En este libro presentó su perspectiva sobre cómo llegar a la certeza de la verdad. Primero, por intuición. La intuición, para Descartes, es un concepto racional en el que algo es tan obvio que es innegable. Después de la intuición, ofreció la deducción, como vemos hoy en silogismos:

- ► Todo hombre es mortal.
- ► Platón es un hombre.
- ► Por ende, Platón es mortal.

Sin embargo, Descartes no estaba contento con la resultante incertidumbre de las premisas porque se basaban en lo observado y en el consenso de los antepasados. De ahí, buscó la mejor manera para la certidumbre al deducir que debía cuestionar todo pensamiento que había escuchado. También cuestionó lo que se puede observar, ya que tales observaciones son contingentes en la eficacia de los sentidos, los cuales no son infalibles. Finalmente, lo único que no pudo dudar fue el hecho de que estaba dudando. Pero dudar es una forma de pensar y eso requiere un pensador. Y así concluyó, *cogito ergo sum*, pienso, por eso soy. Descartes quiso tomar esta conclusión como punto de partida y pasar por una total reconstrucción del saber.

Otro punto que destacó Descartes fue la relación entre el pensamiento y la acción. ¿En qué punto un pensamiento se convierte en una acción? Estas son dos realidades de distintas dimensiones que encuentran un punto de contacto. Yo pienso en el deseo de levantar mi dedo. Luego decido hacerlo y finalmente mi cerebro envía la señal para la acción. Aquí vemos una discusión sobre la relación entre la mente y la materia.

Como cristianos debemos hacernos la pregunta: ¿Actúa el universo continuamente sólo por la acción inicial de Dios? Si respondemos que sí, nos dejaría con deísmo, el cual contradice todas las Escrituras. Para responder bien, tenemos que pensar en términos de causalidad primaria y secundaria.

> Dios, habiendo hablado muchas veces y de muchas maneras en otro tiempo a los padres por los profetas, en estos postreros días nos ha hablado por el Hijo, a quien constituyó heredero de todo, y por quien asimismo hizo el universo; el cual, siendo el resplandor de su gloria, y la imagen misma de su sustancia, y quien sustenta todas las cosas con la palabra de su poder.
>
> Hebreos 1:1-3 RVR60

Nuevamente, esta paradoja sólo se resuelve de manera precisa en las Escrituras. Lo que hacemos en nuestra vida cotidiana es una causalidad secundaria. Es real y somos responsables tanto por lo que hacemos como lo que omitimos. Sin embargo, Dios es soberano y reina sobre su creación con lo que hemos llamado causalidad primaria, no sólo en el acto de la creación, sino continuamente.

Pascal

Blaise Pascal (1623-1662) fue un teólogo, matemático y físico francés. Un conjunto de sus escritos, *Penses*, fue publicado sólo hasta después de su muerte. Se centraba en la unicidad del hombre y vio a la humanidad como una paradoja. El hombre es la criatura que tiene mayor grandeza y miseria a la vez. También, el hombre puede contemplar su propia existencia y situación. Además, el hombre tiene la capacidad de percibir una vida libre de problemas y maldad, pero a la vez es incapaz de conseguir dicha vida. Debido a sus observaciones, Pascal concluyó que el cielo es real en vez de ser un sitio imaginario de la gente.

Pascal es conocido por lo que es llamado "la apuesta de Pascal". Notaba que todos viven apostando a dónde invertir su energía y esperanza. Su decisión centrará sus vidas en Dios o negará centrarlas en Él. Por ende, todos están apostando su vida en la posibilidad de un futuro juicio. Si una persona apuesta su vida a que Dios existe y vive de acuerdo con esta convicción, al morir -si Dios no existiera- esta persona no se pierde de nada porque se gozó de una mejor vida. Pero si una persona vive como si no existiera Dios y sigue su lascivia, al morir -si está equivocado- se encontrará con el eterno juicio de Dios.

Notemos de antemano que Pascal sólo hacía observaciones existenciales en sus notas que después serían publicadas. Aun así, esta clase de apuesta conlleva problemas a la luz de las Escrituras.

El que tiene al Hijo, tiene la vida; el que no tiene al Hijo de Dios no tiene la vida. Estas cosas os he escrito a vosotros que creéis en el nombre del Hijo de Dios, para que sepáis que tenéis vida eterna, y para que creáis en el nombre del Hijo de Dios.

1 Juan 5:12-13 RVR60

La fe cristiana no es una apuesta con beneficios, sea que exista Dios o no. La fe en sí no salva. Tengo fe en que las leyes gravitatorias seguirán mañana y eso no me salvará. La fe bíblica para la salvación es activa y se aferra a Cristo y Su justicia como el único sustituto o vicario para nuestra maldad. Una apuesta sólo involucra la mente y se basa en probabilidades y pragmatismo. Deja abierta la posibilidad de lo contrario. La fe cristiana es haber sido iluminado al conocimiento de Dios al ver Su gloria en la faz de Cristo (2 Corintios 4:6), y no es meramente la mejor opción entre otras.

...Si en esta vida solamente esperamos en Cristo, somos los más dignos de conmiseración de todos los hombres.

1 Corintios 15:19 RVR60

Además, muchos sufren carencias e incluso la muerte por seguir a Cristo. Una parte de la premisa de su apuesta es que, si estamos equivocados sobre la existencia de Dios, al menos habríamos vivido bien. ¿Y qué de aquellos que son torturados y martirizados por su fe? Los apóstoles perdieron todo y pasaron sus vidas huyendo, en prisiones, y la mayoría de ellos martirizados. La fe cristiana no es la mejor apuesta para esta vida, aunque se puede argumentar que es para la venidera. Sin embargo, no puede ser la premisa concreta para una conversión porque la fe que salva es una que abraza la realidad de Dios, según Dios, tanto para esta vida como para la venidera.

LOCKE

El Siglo XVII es llamado la Era del Racionalismo o la Era de la Razón. El racionalismo, en breve, estima a la mente y la deducción racional como la principal manera de llegar a la verdad. Sin embargo, el Siglo XVIII es llamado la Era del Empirismo. El empirismo no rechaza el racionalismo, sino postula que el proceso del saber comienza con la experiencia antes del conocimiento. Algunos empiristas también fueron racionalistas porque querían limitar lo que se puede saber con respecto al ámbito religioso a lo que se puede explicar por el razonamiento natural. En otras palabras, concluyeron que el ámbito religioso se debe deducir a lo que experimentamos en el universo en vez de la faceta sobrenatural de las Escrituras.

John Locke (1632-1704) fue el pensador más destacado que salió de la transición entre las dos eras. Fue médico y consideraba la especulación filosófica de menor provecho para pacientes que sufren. Locke es conocido por habernos dado la Teoría correspondentista de verdad, en la que la verdad es lo que corresponde con la realidad. En otras palabras, la verdad no es relativa, sino es objetiva. Locke contradecía a Platón al postular que todos nacen sin conocimiento innato, sino con una pizarra en blanco (*tabula rasa*). Es decir, hasta todo conocimiento abstracto (un círculo no es cuadrado) depende de experiencias individuales.

La meta mayor entre los pensadores de los Siglos XVII y XVIII es cómo llegar a la certeza sobre la verdad. Ya que la argumentación por deducción se limita a experiencias que no son totalmente seguras sobre lo que sucederá en el futuro, se optó por la inducción. La deducción, como ya hemos visto, puede tener las siguientes premisas:

Premisa 1: Todo hombre es mortal.
Premisa 2: Platón es hombre.
Conclusión: Platón es mortal.

Sin embargo, sólo por el hecho de que todos han muerto en el pasado no comprueba la primera premisa. ¿Cómo puedo saber que todo hombre es mortal? Estoy vivo para escribir estas líneas. La única manera en que pudiera saber que todo hombre es mortal es si todos mueren, incluso yo también. Así no estaría aquí para formar la premisa que todo hombre es mortal. La inducción también tiene sus limitaciones.

- ▶ Observo 500 ratones y noto que tienen una cola.
- ▶ No puedo observar a todos los ratones del universo, pero puedo generalizar para concluir que todo ratón tiene cola.
- ▶ Existe un margen de error.
- ▶ Permanece un problema inherente o incorporado en la inducción.
- ▶ Sólo podemos estudiar y observar muestras.

Los empiristas se conformaron con el margen de error y llevaron esta clase de pensamiento al asunto de Dios. Rechazaron los argumentos basados en el racionalismo de los pensadores antiguos y pidieron observar a Dios. Sin embargo, si nuestro conocimiento se basa en lo que percibimos por los sentidos, la certeza se disminuye. Los sentidos no resuelven la relación entre sujeto y objeto. Además, siempre estaremos a la espera de otro descubrimiento para deshacer lo que habíamos dado por hecho en la previa generación.

Lamentablemente, muchos cristianos empezaron a tomar una postura empirista respecto a la Biblia. La teología liberal negó todo milagro en la Biblia y la redujo a lecciones moralistas. Esta no es una clase de cristianismo, sino es mero paganismo.

> *Mas ¿qué dice? Cerca de ti está la palabra, en tu boca y en tu corazón. Esta es la palabra de fe que predicamos: que si confesares con tu boca que Jesús es el Señor, y creyeres en tu corazón que Dios le levantó de los muertos, serás salvo.*
>
> Romanos 10:9-10 RVR60

> *Pero sin fe es imposible agradar a Dios; porque es necesario que el que se acerca a Dios crea que le hay, y que es galardonador de los que le buscan.*
>
> Hebreos 11:6 RVR60

HUME

Las limitaciones de los sentidos nos llevan al relativismo del posmodernismo. Si nuestros sentidos son la base del conocimiento, ¿cómo respondemos al hecho de que todos percibimos las cosas de distintas maneras? David Hume (1711-1776) criticó altamente la causalidad y los milagros.

Respecto a su influencia en el empirismo, Hume notó que todo conocimiento empirista se basaba en los sentidos del individuo, por lo que no sería posible llegar a la certidumbre sobre verdades objetivas. Respecto a la causalidad, Hume concluyó que sólo hemos asumido la relación de causa y efecto. Si piso la tierra y resulta una huella, sólo he asumido que mi pisada la provocó. No hay manera de comprobar con mayor certidumbre la relación entre mi acción y la huella resultante. Como se ha de imaginar, puso en duda más de un milenio de argumentos filosóficos sobre la necesidad de Dios como la primera Causa.

Aunque para muchos esta argumentación puede sonar absurda, nos recuerda nuevamente la necesidad de la autoridad bíblica en vez de poner la autoridad del razonamiento como base de nuestra fe, de nuestra práctica y de cómo ministramos a otros.

La ilustracion

El Siglo XVIII también es conocido como la Ilustración. Dos siglos antes, Lutero debatía con el humanista Desiderio Erasmo en su libro *La esclavitud de la voluntad* sobre los efectos noéticos del pecado con respecto a la voluntad y el razonamiento. Aunque Lutero impactó a la iglesia con su postura, el humanismo de Erasmo volvería en el Siglo XVIII para retomar su trono en el mundo occidental. La Ilustración fue un movimiento en el que surgió nuevamente un optimismo desenfrenado sobre la existencia humana. El humano lo tiene en sí para progresar, pero lamentablemente ha sido estancado por las distintas formas gubernamentales que han pasado de moda. También, el progreso humano no seguiría sin quitar a la iglesia, que lo impedía por sus dogmas.

La Ilustración introdujo una clase de "teología" llamada teología natural, distinta a la teología natural de Aquino. Esta corriente desprecia tanto la historicidad de eventos bíblicos como los milagros y se enfoca en el mejoramiento del hombre respecto a la igualdad societaria. La teología natural presupone que el hombre nace neutral, y rechaza el pecado original. El problema con el mundo, entonces, no es el humano, sino las maldades del gobierno. El hombre tiene auto-amor, el cual en sí es una virtud. Sin embargo, este amor se corrompe al egoísmo dentro de una comunidad y, al someternos a autoridades, nos sometemos a su egoísmo. Concluyeron que un gobierno debe basarse en un contrato social entre los líderes y el pueblo. Además, debe tener leyes justas que promuevan un entorno en el que el individuo pueda avanzar en sus intereses personales. Este pensamiento influenció mucho a la revolución francesa y la formación de los EE. UU.

Es difícil distinguir entre lo positivo y lo negativo de este movimiento. Sin embargo, sus bases filosóficas son altamente erradas y, como pronto veremos, seguimos sufriendo sus efectos en la sociedad actual.

LAS INFLUENCIAS Y CONSECUENCIAS QUE SIGUIERON

Entre los personajes de influencia que siguieron a la Ilustración, Voltaire, Hegel, Marx, Nietzsche y Darwin estos tomarían de distintas maneras dicho optimismo y renuencia tanto a la iglesia como a las Escrituras en teorías políticas, sociales y científicas. Cuando llegamos al siglo pasado, las cuestiones de la familia (el componente que construye la sociedad) y de la sexualidad fueron puestas bajo la nueva lupa. Nuevamente, las Escrituras y la iglesia fueron vistas como fábricas de construcciones sociales que sólo impedían el progreso humano. Si el hombre ha de hacer una ruptura definitiva con dogmas que no permiten un progreso evolutivo, toda influencia y marco tendrá que desaparecer de la memoria del pueblo.

El hombre animal ha de tener la autonomía total de hacer de acuerdo con sus presentes deseos, ya que la misma naturaleza debe ser la más alta virtud de teología natural. Así que no sólo descartaron Génesis 1-2 respecto a la creación de Dios, sino también la caída. El hombre no ha caído, sino está escalando hacia su propia glorificación.

Al examinar los movimientos actuales, entre ellos LGBTIQ+, ideología de género, eugenesia, el aborto y eutanasia, debemos tomar en cuenta la trayectoria del pensamiento humano y en vez de reaccionar con otro giro del péndulo, somos llamados a cimentarnos sobre la Palabra de Dios. Si nuestra meta es la relevancia ante esta generación, sólo caeremos en su juego. La Palabra de Dios es relevante. El evangelio es relevante. Cristo es relevante y ningún movimiento pone eso en peligro. No hace falta nueva revelación. Nuevamente... NO hace falta nueva revelación para tratar con las complejidades de los movimientos actuales, sino un regreso a la revelación ya dada por Dios.

Conclusión

La teología del matrimonio bíblico nunca hallará popularidad ante un mundo perdido. El diseño del matrimonio bíblico nunca hallará completa aprobación ante un mundo
perdido. La cristología del matrimonio bíblico (Efesios 5:31-
32) nunca hallará comprensión ante un mundo perdido. De
hecho, la Palabra de Dios en sí, nunca será abrazada por un
mundo perdido. Sin embargo, la locura de su evangelio es el
medio por el cual Dios salvará a su pueblo y el medio por el
cual edificará a su iglesia sobre el Cimiento, Jesús.

> *Y él mismo constituyó a unos, apóstoles; a otros, profetas; a otros,*
> *evangelistas; a otros, pastores y maestros, a fin de perfeccionar a*
> *los santos para la obra del ministerio, para la edificación del cuer*
> *po de Cristo, hasta que todos lleguemos a la unidad de la fe y del*
> *conocimiento del Hijo de Dios, a un varón perfecto, a la medida de*
> *la estatura de la plenitud de Cristo; para que ya no seamos niños*
> *fluctuantes, llevados por doquiera de todo viento de doctrina, por*
> *estratagema de hombres que para engañar emplean con astucia*
> *las artimañas del error, sino que siguiendo la verdad en amor, crez*
> *camos en todo en aquel que es la cabeza, esto es, Cristo, de quien*
> *todo el cuerpo, bien concertado y unido entre sí por todas las co*
> *yunturas que se ayudan mutuamente, según la actividad propia de*
> *cada miembro, recibe su crecimiento para ir edificándose en amor.*
> Efesios 4:11-16 RVR60

Hermano en Cristo, fuimos llamados a una vida y pensamiento que no halla ancla en las giras del péndulo. Nuestra
respuesta al movimiento LGBTQ+ e ideología de género es
aceptar primero que no seremos bienvenidos en el banquete

temporal del espíritu de nuestro siglo. Fuimos llamados al eterno banquete del Cordero y nos tendrá que costar mientras esperamos aquél glorioso día. ¿Está dispuesto a sufrir con Cristo ante la locura actual?

Parte 2

UNA RESPUESTA PASTORAL

Capítulo 4

TRES ERRORES COMUNES EN CUANTO A LA CRIANZA

Si hemos de responder a la llamada "revolución sexual", primero tendremos que saber de manera bíblica, cristo-céntrica y práctica cómo enseñar a nuestros hijos sobre el matrimonio y la sexualidad a partir de las Escrituras.

Es necesario enseñarles de manera bíblica porqué la Palabra de Dios es suficiente (2 Timoteo 3:16-17) para que el hombre y la mujer sean "perfectamente preparados para toda buena obra". Es necesario enseñarles de manera Cristo-céntrica porqué todo, inclusive el matrimonio, es para Cristo y su gloria (Romanos 11:36) y toda la Escritura se enfoca en Cristo (2 Timoteo 3:15). Y finalmente es necesario enseñarles de manera práctica por mínimo dos razones. Primero, la minoría de los cristianos fueron enseñados de manera bíblica y Cristo-céntrica en sus hogares, incluyendo los cristianos nacidos en hogares "cristianos". Segundo, los hijos de cristianos no reciben por osmosis lo que hemos aprendido en nuestro caminar con Cristo. Cada generación es una hoja en blanco respecto a la enseñanza y una hoja rota en cuanto a su corazón en necesidad de redención.

> *Mas a todos los que le recibieron, a los que creen en su nombre, les dio potestad de ser hechos hijos de Dios; los cuales no son engendrados de sangre, ni de voluntad de carne, ni de voluntad de varón, sino de Dios.*
>
> Juan 1:12-13 RVR60

Los hijos de Dios no son engendrados de sangre, ni siquiera cuando nacen en un hogar "cristiano". Hay incluso movimientos en nuestros países que hasta prometen, o al menos casi prometen que, si los papás cristianos siguen un tipo de educación o formación, nunca se apartarán de Dios. El problema con esta clase de pensamiento es que no es bíblica y muestra una peligrosa ignorancia respecto a la soteriología (la salvación).

> *Instruye al niño en su camino, y aun cuando fuere viejo no se apartará de él.*
>
> Proverbios 22:6 RVR60

Tal es el versículo lema para muchos, sin embargo, ¿este versículo enseña una promesa de salvación para nuestros hijos? La respuesta es no. Primero, el versículo enseña que "si instruimos al niño en su camino". Este versículo habla de modalidades, disciplinas, etc, los cuales, por supuesto, incluyen la fe. Sin embargo, no menciona el pacto redentor con Cristo como producto garantizado de nuestra enseñanza. Segundo, Proverbios no es un libro de promesas, sino de sabiduría. "Lo que siembras en los niños, cosecharás" no es una promesa que podemos declarar para ellos de manera universal. Hay varios niños que se apartan en algunos casos. Este proverbio nos apunta, como papás, que en general el niño seguirá el camino que le es enseñado desde su juventud. Es un consejo, no una promesa.

El punto principal aquí es que no se puede moralizar y dogmatizar una precisa manera de asegurar la salvación de nuestros hijos. La salvación es del Señor (Jonás 2:9) y nosotros hemos de apuntarlos a Cristo y vivir nuestra nueva vida ante ellos. Pero respecto a los que se salvarán, sólo a Dios será la gloria.

Por tanto, en este capítulo y el siguiente veremos cómo abandonar el moralismo y enfocarnos en Cristo. Para muchos, lamentablemente la crianza se ha vuelto un punto de vanagloria en vez de ganar pequeños corazones entenebrecidos con la gracia de Dios en Cristo. Confieso que ha habido veces en que lo primero que me ha preocupado en tratar con un problema en mi hogar es el "¿qué dirán?" en vez de preocuparnos por el corazón del niño ante un Dios santo. Necesitamos un rescate. Necesitamos arrepentirnos. Necesitamos anhelar la gloria de Dios en la vida de los niños en vez de la gloria de los padres por el comportamiento superficial y público de ellos. Estamos en una guerra por la vida de nuestros queridos hijos y es entre la vida y la muerte. Mejor olvidémonos de meras opiniones (finalmente se centran en la apariencia de los padres) y ensuciémonos las manos por ellos. No es que ellos lo valen tanto, sino realmente es que Cristo lo merece y su gloria es primero.

No hay profesionales aquí

Tengo la dificultosa tarea de expresar una verdad aquí que, sin ella, nos resultará difícil seguir. Al leer estos capítulos, algunos pueden errar al creer que los autores de libros sobre la crianza, o incluso el autor de este libro, deben ser los profesionales. Tenga por seguro que no hay profesionales sobre la crianza de los hijos. Inclusive los que llevan tales títulos no lo son. Hay personas con herramientas prácticas y pragmáticas, sin embargo, ellos mismos tienen las mismas luchas que nosotros en sus casas. La lamentable mentalidad de clasismo de nuestros países nos sigue forjando falsos dualismos entre *secular* y *sagrado*, también *profesional* e *incompetente*. Todo lo que hacemos es sagrado y todo lo hacemos para la gloria de Dios. También todos somos novatos o aprendices. Los niños no son máquinas de fábricas. No hay una promesa de tener como resultado cierto producto si sólo ingresamos ciertas partes o ingredientes bajo ambientes controlados. En otras palabras, Dios no nos ofrece soberanía sobre cómo saldrán de nuestras casas. Sólo Dios es soberano. Nosotros los apuntaremos a Cristo, pero sólo Dios los puede atraer a Él.

Ninguno puede venir a mí, si el Padre que me envió no le trajere...
Juan 6:44a RVR60

Pero aún para muchos existe tal brecha imaginaria entre los que lo saben hacer y los que no. Por ende, le invito a que tome un breve viaje conmigo. Estimado lector, le invito a mi vida personal con el fin de que halle Usted algo en común para que no se sienta tan solo ni incapaz respecto a la crianza.

DUROS COMIENZOS

La noche del 24 de diciembre de 1997 fue la nochebuena que, seguro, será la más notable en mi memoria por el resto de mi vida aquí. La bella mexicana, María Elizabeth, quien había conocido sólo dos meses antes y quien me había dejado sin sueño, me invitó a pasar esta celebración con su familia. Ahora sólo me imagino cómo se habría visto este gringo de 18 años ante una enorme familia mexicana. Los cuatro años de español en la "high school" o secundaria y preparatoria me iban a servir para algo más allá que el simple "me gusta ir a la biblioteca azul en la esquina" con el estereotípico acento norteamericano. Mis ojos en aquella noche fueron abiertos a una realidad totalmente distinta a todo lo que había conocido en mi experiencia de vida que sólo abarcaba menos de dos décadas.

Hasta la fecha no tengo idea humana de porqué esta mujer tan linda y noble se fijó en un *nerd* fachoso, sin modales y educación. Sólo dos años después nos casamos y empezamos una nueva vida juntos, empezando en una base militar donde estudiaba para servir en un submarino. Cuando finalmente fui asignado a un submarino en Norfolk, Virginia, conocimos a Sean y Chantal Burden. Ellos nos hablaban mucho del evangelio, lo cual no fue nada nuevo para mí. En mi juventud, mi familia iba a algunas iglesias y mi respuesta siempre había sido ante los "aleluyas" radicales que yo también era cristiano. A mi parecer, sólo los legalistas y radicales lo vivían abiertamente, pero los demás somos los cristianos más amados por Dios, los que no se enfadan. Lo que realmente sucedía es que no conocía a Cristo y vivía en abierta rebelión. En mi corazón, ya tenía años que no creía en Dios y lo poco que quería reconocerlo era por apariencias. Los divinos puritanos me habrían llamado "ateo práctico". Mi esposa fue criada en un hogar religioso, pero como todos hemos de saber, una cultura con rasgos cristianos forjados con su liga a Roma es una cosa, y una conversión a Cristo es otra.

En cuanto a mí, no sentía que le debía algo a Dios. Mi madre decidió abandonarnos en mi adolescencia y fui testigo del declive sobre todo lo que supuestamente éramos como familia. Ya estando recién casado y lejos de todos, el cuento de hadas de un matrimonio con la mujer que amaba resultó un desastre total. No fue hasta agosto del 2003 y con dos hijas que Dios nos quebrantó. Los detalles son muchos para este capítulo, pero, en resumen, había concluido entonces que mi única opción era el suicidio, hasta que me acordé en una noche del evangelio que había escuchado en mi niñez y también por la familia Burden. Dios tuvo misericordia de nosotros y experimentamos el amor redentor de Dios en Cristo de una manera que nos ha sacudido hasta la fecha.

Respecto el presente tópico, ¿ahora cómo hemos de criar a los hijos? No sólo tuvimos a las dos niñas (Abby y Andrea) sino que siguieron cuatro varones durante los siguientes años. Ahora bien, ¿cuál es el objetivo de hacerle pasar tantos minutos leyendo algo tan personal en un libro no biográfico? Cuando Usted, estimado lector, pueda entender que todos estamos al mismo nivel, le servirá al menos para dos cosas. Primero, para reconocer que cualquier brecha que nos separa (a los preparados y profesionales de los novatos) es simplemente una ilusión. Segundo, para advertirle en contra de aquellos que se gozan de aquella brecha imaginaria. Tales personas buscan muchas cosas, pero usualmente entre ellas; no es para ayudarle sino para mostrar superioridad o cimentar lo que supuestamente lo separa de uno.

Con dicha aclaración, pidamos a Dios por su dirección al descubrir unas verdades y herramientas para la crianza de los hijos para cimentar una sexualidad bíblica actual y futura. Para ello, le quiero presentar tres errores comunes en la crianza y lo que revelan acerca de nuestros corazones como papás y mamás. Estos errores, aunque comunes, nos estorbarán en el proceso de santificación personal y también estorbarán el que nuestros hijos vean la belleza de la gloria de Cristo como algo más precioso que las tentaciones sexuales que les rodean y que son producidas por sus corazones. En el siguiente capítulo, quiero finalizar al compartir siete lecciones bíblicas sobre la sexualidad. Nuevamente, estas son herramientas y sólo eso. La gracia de Dios asegurará que sólo Dios será glorificado por nuestros hijos.

> *No a nosotros, oh Jehová, no a nosotros, Sino a tu nombre da gloria, Por tu misericordia, por tu verdad.*
>
> Salmo 115:1 RVR60

Tres errores comunes

1. Apariencias

El primer error común que he visto, e incluso experimentado, en la crianza y lo que revela acerca de nuestros corazones como papás y mamás es simplemente terrible. Existe la tendencia, aunque no es expresada explícitamente por todos, de que hay que aparentar una familia perfecta, especialmente en la iglesia. Cuando el "cómo nos ven" conlleva gran importancia, el que sale perdiendo es el corazón del joven. ¿Por qué somos tentados con apariencias? Entre varias razones, las primeras que vienen a mi mente son nuestras inseguridades, sufrir las críticas de otros, la desinformación propia, el pecado en nuestros propios corazones y la idolatría.

¿Quién no va a querer forjar una impresión pública de lo que somos? Buenas cosas, como una carrera, automóvil, casa, niños felices y saludables, se vuelven ídolos cuando los usamos para manipular opiniones sobre nosotros. Este ídolo, llamado familia (seguido por su apellido) es protegido y servido porque somos adoradores y, si hemos de adorar, mejor que sea a nosotros mismos, según los designios de nuestra naturaleza pecaminosa. Además, cuando hacemos algo bueno para nuestros hijos, tiene doble recompensa. Primero, nos hace ver como la familia modelo, y segundo, puede esconder una forma de idolatría que es socialmente aceptada.

Hacer bien por nuestras familias es bueno y piadoso. No obstante, también los motivos pueden ser conducidos más por idolatría que por amor. Paul D. Tripp lo ha expresado agudamente:

> ¿Por qué cuestionamos la fidelidad de Dios? ¿Por qué creemos que estamos soportando más de lo que podemos llevar? ¿Por qué buscamos alguna escapatoria? ¿Por qué no somos confortados por la presencia y las promesas de Dios? La respuesta es idolatría. Cualquier situación que amenace el deseo de mi corazón por las cosas de este mundo me parecerá insoportable.[10]

Debemos primero arrepentirnos si hay algo de idolatría en la crianza de los hijos antes de entrar en el presente tópico; si no, puede que algún texto bíblico toque su ídolo. No creo

---

10 Tripp, Paul, *Suffering: Eternity Makes a Difference*, P&R Publishing Company, Phillipsburg, NJ, 2001, pg. 17.

que este punto sea tan extraño para nosotros. Todos conocemos al veneradísimo "¿qué dirán?". Este dios ha tenido lugar en la cabeza y dirección de familias, inclusive cristianas, por siglos. ¿Cuántas decisiones que tomamos se basan más en la respuesta del altar del "¿Qué dirán?" en vez del altar de Dios?

El ojo es un órgano exquisitamente diseñado. La luz pasa por la lente y retina. Al fondo de la retina hay células tipo fibras ópticas que mejoran la imagen y envían una señal al cerebro que, al traducirla, nos presenta con una visión de lo que queda por delante. Es simplemente maravilloso. Sin embargo, el ojo nunca fue diseñado para ser juez y dios de nuestras vidas. Hemos de ver a través del ojo, no con el ojo. El poeta británico William Blake dijo, "las sombrías ventanas del alma de esta vida distorsionan los cielos de un polo al otro y te llevan a creer una mentira cuando ves con el ojo, y no a través del ojo".[11] Si hemos de acercarnos a Dios, desesperados por su bondad, misericordia y gracia con nosotros en la crianza y con los corazones de nuestros hijos, tendremos que dejar de juzgar y evaluar con el ojo y poner los ojos en Cristo.

Puestos los ojos en Jesús, el autor y consumador de la fe, el cual por el gozo puesto delante de él sufrió la cruz, menospreciando el oprobio, y se sentó a la diestra del trono de Dios.

Hebreos 12:2 RVR60

---

11 https://www.thegospelcoalition.org/blogs/justin-taylor/seeing-through-not-with-the-eye/

2. Yo no fui

El segundo error común con el que muchos luchamos es el culpar a nuestros padres por cada mala actitud, debilidad nuestra o falta de oportunidad respecto a la crianza (y el matrimonio). Solemos querer salir víctimas de otros en vez de reconocer nuestras propias fallas. De hecho, aunque este problema ha sido una plaga en las familias desde la caída, la psicología moderna sólo lo ha magnificado. Ahora resulta, según los estudiados psicólogos, que somos productos de nuestros entornos. El problema realmente no es por mí, sino por memorias suprimidas, por una sociedad opresora, etc.

Anna Russell (1911-2006) fue comediante y cantante. En su renombrada sátira "Jolly Old Sigmund Freud" (Alegre viejo Sigmund Freud) pudo capturar el espíritu del siglo presente y cómo hemos sido engañados a buscar la culpa de todo lo que hacemos en nuestra juventud, en la sociedad que nos rodea.

Fui a mi psiquiatra
a ser psicoanalizada
Para saber por qué maté al gato
Y dejé el ojo morado
a mi esposo.

Me mandó recostarme
en un suave sillón
Para ver lo que pudiera encontrar,
Y esto es lo que desenterró
de mi mente subconsciente:

Cuando yo tenía un año,
mi mami escondió
mi muñeca en un maletero,
Y así sigue naturalmente
por eso siempre estoy ebria.

Cuando yo tenía dos años,
un día vi a mi padre besar a la criada,
y es por eso por lo que ahora padezco
de la cleptomanía.

A los tres años tuve la sensación de
ambivalencia hacia mis hermanos,
y así sigue naturalmente
envenené a todos mis amantes.

Pero estoy feliz;
ahora que he aprendido
la lección que esto ha enseñado;
Que todo lo malo que hago –
Es culpa de otra persona.[12]

Los que hemos sido redimidos de las garras del siglo presente somos libres de nuestro amo anterior. No podemos seguir los antiguos patrones de un mundo que no sabe responder tanto a la maldad en este mundo como a la maldad en su propio corazón. Nosotros no somos el producto de nuestro entorno, sino somos nuevas criaturas, y si vamos a cortar con los malvados y cíclicos hábitos de nuestros árbo-

---

12 http://ingeb.org/songs/iwenttom.html, accedido 30 noviembre 2020.

les familiares, cada uno de nosotros tendrá que reconocer nuestros propios pecados. En otras palabras, la suegra ya no puede ser el chivo expiatorio. Tenemos que cortar con los "eres igual que tu mamá" o "tu familia no lo supo hacer bien y ahora quieres ser igual" y así sucesivamente. Somos pertenecientes a un nuevo reino cuya duración es sin fin y cada uno de nosotros hemos de enfrentar nuestro propio pecado sin culpar a otros.

Viví años culpando a mi madre por mis defectos y egoísmo. Pero, si ella tuviera la culpa, ¿a quién culparía ella? Quizá podría culpar a su mamá. Pero ¿a quién culparía su mamá? Creo que entiende a dónde va esta regresión. Dios tiene el poder y la gracia en Cristo para tratar con cada uno de nosotros, y les aconsejo que decidan definitivamente ya no culpar a su cónyuge, padres, suegros, y tampoco a la sociedad. Tenemos una gran tarea de criar hijos en el temor del Señor y un paso inevitable para llegar a dicho fin es tratar cada uno con su propio pecado. Entiendo que es difícil aceptar nuestras propias fallas, especialmente en la sociedad actual que aplaude a la víctima. Cualquier malvado se convierte en héroe sólo con contar una triste historia y pasar la culpa a otros; sin embargo, Cristo no vino a salvar a víctimas, sino a pecadores. Tratemos con nuestro propio pecado primero.

3. El que no tranza, no avanza

La corrupción en nuestros países solo es un reflejo de las sociedades que representan. Hemos vivido bajo una terrible influencia de tomar las cosas en nuestras manos, porque creemos que solo así no nos perderemos de toda oportunidad. Un presidente que roba solo es un ejemplar de su sociedad que igual lo hace en escala menor. Los cristianos somos llamados fuera del sistema del mundo. Tenemos un gran Rey que ve por sus hijos y si vamos a avanzar el reino en nuestros hogares, no podemos caer en la tentación de depender de nuestras tácticas y habilidades en vez de la gracia y el poder de Dios.

Porque ¿quién es Dios, sino sólo Jehová? ¿Y qué roca hay fuera de nuestro Dios? Dios es el que me ciñe de fuerza, Y quien despeja mi camino.

2 Samuel 22:32-33 RVR60

Conclusión

Este libro ofrece verdades bíblicas, unas siendo más fáciles que otras de aceptar; sin embargo, sólo son herramientas. Dios es quien actúa en nosotros de acuerdo con su santa voluntad. No tenemos nada sin Él y sin Él nada podemos hacer. Lo que nos consta es total dependencia en Dios y diligencia para obedecer y dar seguimiento a su Palabra. Y si tal es nuestra postura, estamos listos para ver el siguiente capítulo sobre siete pasos para enseñar la sexualidad bíblica a nuestros hijos.

Capítulo 5

LA CRIANZA DE HIJOS PARA UNA PRESENTE Y FUTURA SEXUALIDAD BÍBLICA

Ya que hemos sido confrontados con algunos errores comunes en la crianza, y espero en Dios arrepentidos y restaurados si Dios nos ha confrontado con algunos errores propios, ahora veremos siete puntos o lecciones sobre la crianza de los hijos hacia una presente y futura sexualidad bíblica. Nuevamente, estos no son siete pasos para declarar victoria sobre el pecado sexual. Tampoco son siete promesas para tener certeza de criar hijos que se guardan hasta el matrimonio. Ya hemos desacreditado tal moralismo.

No podemos olvidar que estamos criando pequeños pecadores. La gracia de Dios que nos ha perdonado y restaurado no se agotó con nuestra generación. La misma gracia en Cristo está disponible para la generación de nuestros hijos también. Acuérdense, la única pureza que tendrán nuestros hijos para su día de boda será la de Cristo. Además, no debemos abordar el tópico de la sexualidad con "cara de fuchi". Nuestros hijos son seres sexuales por naturaleza y si ven a este tópico como tabú por culpa de sus padres, muchos optarán por una doble vida. Y eso nos lleva al primer punto.

LAS SIETE LECCIONES

1. Abrirse y prepararse para hablar del tópico

Ya se sabe que, para muchos lectores, en sus familias este tópico no se hablaba. Somos criaturas de hábitos y varios cristianos creen que es la mejor manera de proceder con sus hijos. Sólo tome un momento para considerar sus pensamientos, palabras y hechos antes de casarse. ¿Funcionó? Quizás para algunos sí, pero sólo tiene que echar un vistazo a la sociedad que nos rodea. De hecho, los medios, los juegos, el colegio, y las noticias están más que listos y dispuestos para enseñar a sus hijos sobre la sexualidad. Ellos no esperarán hasta que cumplan 18 años, de hecho, iniciarán su adoctrinamiento sexual a sus tres años, si no antes. Papás, si no hablan con sus hijos abiertamente de este tópico, el mundo lo hará por ustedes.

Consideremos Efesios 6:4. *A vosotros, padres, no provoquéis a ira a vuestros hijos, sino criadlos en disciplina y amonestación del Señor.* Ahora veamos una traducción más literal del texto del idioma original: "Y vosotros, padres, **no hagan indignantes** a vuestros hijos, sino **estén nutriéndolos** en disciplina y amonestación del Señor." Este texto nos presenta dos contrastes. El primero es hacer indignantes y su polo opuesto es estar nutriendo a los hijos. ¿Cuál es el punto aquí y qué tiene que ver con la sexualidad? Hay dos maneras en que se suele dirigir a los hijos respecto la sexualidad. Primero es empujarlos, tal como el pastor alemán ladra a una manada de animales, y así hacerlos indignantes. En otras palabras, se suele enseñar a la fuerza y bajo amenaza. Segundo es ignorar completamente el asunto y dejar que la educación pública los enseñe. ¿Cuál es lo opuesto a estas dos lamentables pero frecuentes maneras de abordar la sexualidad? Efesios 6:4 nos enseña que hemos de estarlos nutriendo, continuamente.

Cuando consideramos la palabra "nutrir" lo primero que se nos viene a la mente es comida. Pensemos en el plato preferido de su país o familia. ¿Cómo nutre a su familia con esta comida? Primero, consigue los alimentos que necesitan sus cuerpos. Segundo, prepara los alimentos. Tercero, se reúnen como familia para recibirlos juntos. Después, se da gracias a Dios por su provisión y finalmente, se participa en la cena juntos. ¿No creen que podemos aprender mucho del uso divino del verbo "nutrir" en este texto?

¿Cuál es una manera en que puedo "estar nutriendo" a mis hijos en el Señor? Respecto a la comida, ya habíamos dicho que primero se consiguen los alimentos que necesitan sus cuerpos. En la amonestación del Señor podemos imitar este primer paso. Como papás, hemos de prepararnos primero para entregarles lo que sus almas necesitan. No se puede dar lo que no se tiene, pero por eso está leyendo este libro y, por ello, le felicito. Cada momento de reflexión, contemplación y escudriñamiento de los textos que le he ofrecido aquí (y textos bíblicos que no he ofrecido) es una inmensa inversión en la vida de sus hijos. Segundo, al igual que se preparan los alimentos, los papás deben preparar los materiales y recursos que quieren compartir con ellos respecto a la sexualidad. Los animo a que preparen de antemano un estudio. En el momento la pena, la vergüenza o los nervios le van a dar una mala pasada. Si tiene un estudio escrito -o al menos los puntos principales y sus textos bíblicos- de antemano, le ayudarán mucho a no perder el hilo y dar un estudio/mentoreo más exacto y al grano.

Tercero, al igual que se reúnen como familia para participar en una comida, han de planificar reuniones familiares para hablar de estos tópicos y otros. Siempre habrá compromisos y todos sabemos que a medida que crecen los niños, más difícil es tratar con sus compromisos para tener tiempo juntos sin distracción. Cuarto, al igual que se da gracias por los alimentos antes de comer, los animo a que siempre vayan ante el Señor en oración genuina (no por cumplir o por hábito) juntos antes de hablar. Quinto, al igual que se participa en la cena juntos, los animo a que cuando hablen, no sean dictadores. Los niños se abren más en un contexto de conversación en vez de cuando están calladitos escuchando. Por supuesto, no soy papá liberal y hay muchos momentos en que los hijos deben sólo estar callados, escuchando por su propio bien. Pero, así no debe ser el caso siempre. Ahora bien, si usted tiene hijos ya de 16 años para arriba, y si nunca han tocado estos tópicos, los papás tendrán que mantener control de la conversación. Si ellos ya han sido influenciados por el sistema del mundo, puede que se desate un debate. Acuérdense papás, las convicciones bíblicas sobre la sexualidad no se basan en la mayoría del voto y no son consejos, sino órdenes divinas. En otras palabras, cada papá tendrá que evaluar su contexto familiar para saber cuánta cabida se da a los hijos para conversar sobre este tópico.

Si usted me permite, compartiré un ejemplo práctico de mi casa. No es con el fin de presumir, sino sólo una idea y si le ayuda para abordar estos tópicos, qué bueno, y si no, de igual forma. Para la fecha en que escribo este capítulo, mi hija Abby está por cumplir 20 años y Andrea ya tiene 18. Cuando Abby tenía 15 años y Andrea 14, las invité a una cita conmigo. Pedí a mi esposa que las animara mucho a arreglarse y prepararse como si fuera el evento del año. Mis hijas saltaban de la emoción y finalmente llegó el día. Las llevé a un restaurante sobre el río de Ohio en Newport, Kentucky que gozaba de una hermosa vista de Cincinnati. Fue una noche sin frío, pero con una brisa refrescante, creo por el otoño. Intenté ser lo más caballero posible para ellas y después de comer, les presenté un anillo. Les hablé de la pureza sexual, pero de manera realista. Primero les expresé que nuestra única pureza es la de Cristo. Y de ahí les pedí que honraran la pureza de Cristo al reflejarla en su vida sexual. Les hablé nuevamente del pacto matrimonial y lo que representaba. Después, les dije que sus futuros esposos ya han sido elegidos por Dios y que están viviendo en este momento en algún lugar. Les di el desafío de que comenzaran de una vez a orar por ellos, aunque no conocieran sus nombres. Les pedí que oraran por su salvación, su caminar con Cristo, su salud y su familia. También les reiteré siendo ellas elegidas ya por Dios, que cualquier actividad sexual antes de estar casadas con el hombre que Dios había elegido sería infidelidad.

No sólo eso, sino que también les dije que entendía su necesidad de cariño y que primero lo buscaran en Cristo y también en su papá. Creo que es momento para una breve pausa. Papás, si ustedes son tan fríos o distantes para dar cariño especialmente a sus hijas, están ustedes mismos aventándolas a los brazos de un joven que está dispuesto a darles no sólo el cariño, sino mucho más. Ha llegado la hora de romper con la figura paterna en la que el papá sólo sirve para proveer y regir.

También, en nuestro caso, les avisé que el futuro "candidato", cuando llegue a nuestra vida tendrá que pasar por un discipulado conmigo. Cualquier futuro yerno primero será mi discípulo. Después, duela lo que tenga que doler, no se darán pasos para formalizar una relación sin la bendición mía y de mi esposa. De hecho, aunque mis hijas felizmente se sometieron a este punto, ya hemos tenido que ponerlo a prueba con una de mis hijas y, a través de lágrimas, ella se sometió. Dios mostró a mí y también a nuestros pastores que había problemas irreconciliables con el pretendiente y a través de mi consejo y el apoyo pastoral, tuvimos que hablarle con sinceridad. Fue difícil hacerlo y no entraré en detalles, sin embargo, fue del Señor y ni siquiera pasaron dos meses hasta que sucedió algo que demostró que este joven no era para ella.

Los dos siguientes puntos en nuestro caso son delicados y polémicos. Nuevamente, estos son puntos de convicción en mi familia. Cada uno de ustedes tendrá que buscar a Dios en su Palabra para saber cómo manejarlo en sus respectivos casos. En nuestro hogar no hay "noviazgo" como lo vemos en nuestra sociedad, sino cortejo bajo la guía y oración de ambas familias. Aquí es donde involucramos también a los líderes eclesiásticos. El tiempo entre una confesión de interés más allá de amigos en Cristo y el matrimonio no es para salir juntos a cada rato, agarrarse de manos, sentarse juntos en la iglesia, etc. Es un tiempo de discipulado corporativo. Las dos familias se reúnen y se ponen de acuerdo en cómo se llevará a cabo este tiempo de conocerse y buscar la voluntad de Dios. También deben hablar con los pastores y promover continuo diálogo entre todos los involucrados. Una vez que todos están de acuerdo en cuál es la voluntad de Dios, se planea la boda.

2. Enseñar primero la legitimidad de las relaciones.

Una vez que estamos abiertos para hablar del tópico, debemos enseñar a nuestros hijos la legitimidad de las relaciones sexuales.

> *Dijo entonces Adán: Esto es ahora hueso de mis huesos y carne de mi carne; ésta será llamada Varona, porque del varón fue tomada. Por tanto, dejará el hombre a su padre y a su madre, y se unirá a su mujer, y serán una sola carne. Y estaban ambos desnudos, Adán y su mujer, y no se avergonzaban.*
>
> Génesis 2:23-25 RVR60

Antes de que terminara la semana de la creación, Dios hizo y unificó a la primera pareja en el pacto matrimonial y los mandó, entre otras cosas, a que se multiplicaran. Esto significa que las relaciones sexuales son parte del diseño de Dios y el sexo en sí es bueno en gran manera (note que Génesis 1:31 procede la unión matrimonial de Adán y Eva a una sola carne). Es un insulto al Diseñador y su santidad tratar como tabú a lo que Él llama bueno. La consumación sexual, dentro del pacto matrimonial, es algo bello que nuestros hijos han de disfrutar algún día. Es un acto de intimidad que ellos deben esperar con gozo, no con vergüenza. Se entiende porqué para tantos es un tópico intocable debido a la gran perversión sexual de nuestras generaciones, sin embargo, si así lo tratamos, forjaremos pequeños hipócritas, ya que es parte del mismo diseño físico, emocional y espiritual de ellos.

Pongámonos en su lugar. Al llegar a los años de pubertad, ellos experimentan unos nuevos deseos y sensaciones que nunca habían experimentado. Si viven bajo un techo donde la intimidad siempre fue vista como algo perverso, o al menos algo que nunca se puede mencionar, su única opción será explorar estos nuevos impulsos a escondidas y vivir de otra manera ante sus padres. En otras palabras, sólo les estamos dejando la opción de luchar a solas y en privado. Papás, ellos no podrán ver el propósito de estos nuevos sentimientos con miras a un futuro matrimonio y la llenura de su expresión en pacto bajo Cristo si permanece como tema tabú en la casa y resultará en pornografía y masturbación, los cuales formarán malos hábitos que continuarán aún después de casados.

3. Enseñar el propósito del matrimonio y la intimidad sexual respecto a Cristo.

Por esto dejará el hombre a su padre y a su madre, y se unirá a su mujer, y los dos serán una sola carne. Grande es este misterio; mas yo digo esto respecto de Cristo y de la iglesia.

Efesios 5:31-32 RVR60

Para cimentar esta lección, volveremos a Efesios 5 con sus implicaciones respecto a Cristo y su iglesia. No obstante, primero me veo obligado a aclarar algunos errores comunes respecto al matrimonio y su propósito. El propósito principal del matrimonio es reflejar el amor eterno que tiene Cristo por Su iglesia. No es para procrear. Si fuera sólo para procrear, ¿qué diríamos a una pareja en nuestras iglesias que no ha podido tener hijos? ¿Qué porcentaje les daremos? ¿Su matrimonio es sólo el 50% funcional? Por supuesto que no. Es por eso por lo que tendremos que dejar de usar el argumento de procreación como el principal al tratar con el "matrimonio" gay. Ellos fácilmente pueden acudir al argumento de las parejas heterosexuales que no tienen hijos. La función procreativa del matrimonio permanece como argumento en contra de uniones del mismo sexo, sin embargo, no puede ser la fundamental y se debe relegar a una subcategoría del debate.

Otro error es promover la idea del siglo actual en la que el matrimonio es para nuestra satisfacción o dicha. Si así fuera, ¿por qué hay tanta tentación y fracasos en esta área incluso entre los casados? Nos estamos perdiendo de algo sumamente importante aquí. Sólo note varios de los "consejeros" de nuestros días, dentro y fuera de la iglesia. Ellos suelen enfocarse en cómo suplir las necesidades de la pareja al aprender de sus maneras, o "lenguajes" que comunican cuáles son sus necesidades. Y si tan sólo cada uno aprendiera la manera de su pareja, todos serían felices. Además, muchos consejos se centran en uno. Aquí presento unos "consejos" que escuché recientemente:

> "¿Cuántas mujeres y hombres están ahí mendingando amor, suplicando amor, pidiendo migajas de amor? Cuando verdaderamente vales tanto, mereces tanto. Mi pregunta clara es: ¿en serio vas a seguir ahí? ..." A partir de ahí, el "consejero" presenta unos puntos para buscar lo suyo.

Somos una generación tan egocéntrica y narcisista, y cómo se manejan las distintas redes sociales lo demuestra. El matrimonio no tiene el propósito de alimentar al ídolo de uno, tampoco al ídolo de la pareja. El matrimonio tiene el propósito de reflejar a Cristo y su pacto con Su iglesia, especialmente en las funciones complementarias entre el hombre y la mujer. Si los individuos del matrimonio no están individualmente saciados en la gloria de Cristo, no hallarán lo que sus almas añoran en ninguna otra persona o cosa. El matrimonio no tiene el fin de expresar los impulsos sexuales, como algo meramente físico -como algunos suelen decir de manera indirecta- porque el matrimonio no es principalmente una institución para nosotros, sino para la gloria de Dios.

> Es desafortunado y triste cuando algo tan profundo como vivir una analogía de Cristo y Su Iglesia es reducido a experimentar esta relación meramente como algo que nos ayudará a evitar el pecado sexual, a mantener el mundo poblado y a proveer una cura para la soledad.[13]

Habremos de aprender esta lección en su apropiado orden. Primero, si los padres de una familia no lo han entendido y vivido, no lo pueden enseñar a sus hijos. Los animo a que consideren seriamente lo siguiente para su propio matrimonio, en vez de considerar primero cómo enseñarlo a sus hijos. El primer punto que consideraremos es la satisfacción.

> *Me mostrarás la senda de la vida; En tu presencia hay plenitud de gozo; Delicias a tu diestra para siempre.*
>
> Salmo 16:11 RVR60

---

13 Thomas, Gary. *Sacred Marriage*, Grand Rapids, MI. Zondervan, 2000, p. 32.

El Salmista, bajo la inspiración del Espíritu Santo, expresa unas verdades eternas que conllevan implicaciones tanto implícitas como explícitas. Primero, "me mostrarás". Implícito en las primeras dos palabras del texto seleccionado se puede resumir en una sola palabra: condescendencia. La fe cristiana es absurda frente a otras filosofías y religiones del mundo, y la razón subyacente es por esta palabra. El hecho de que el Creador omnipotente pueda y quiera cerrar el abismo sin fondo entre Sí y la criatura en comunicación y comunión es, para muchos, la contradicción más irreconciliable que el hombre puede imaginar. ¿Cómo sigue siendo soberano respecto a su voluntad si se traslada toda su transcendencia para relacionarse con lo finito y material? De acuerdo con el parecer de muchos, especialmente los musulmanes, cualquier promesa hecha por el Creador no puede ser vigente ya que la deidad se vería obligada a corresponder. Por ende, el musulmán no puede saber si será salvo, ya que sólo respondería que su destino dependerá en la voluntad de Alá. Incluso, Alá puede cambiar cualquier afirmación que haya dado en el *Qu'ran* porque no puede ser atado a unas palabras, inclusive sus mismas palabras. Durante los últimos siglos, especialmente en el tiempo de la ilustración europea y americana, se popularizó una especie de deísmo. De acuerdo con esta perspectiva, Dios es como el relojero que, al armar el universo como un reloj, luego lo echa a andar y no interviene jamás. Hoy en día, después de la promulgación del empirismo (algunos lo llaman empiricismo) y escepticismo aquellos que dicen tener comunión con Dios son vistos como supersticiosos e incultos. Casi todo el mundo se mofa de un encuentro personal con un Creador trascendente. Sin embargo, el texto rompe con dicha uniformidad de negación

y clama que Dios, a nivel personal, atraviesa los límites finitos de nuestra experiencia y nos muestra.

¿Qué nos muestra? Una vez que podemos aceptar tal condescendencia y maravillarnos en tal realidad, el Salmista
nos instruye que Dios nos muestra la senda, el camino o la
dirección hacia la vida. El primer requisito para leer este texto es tener vida, así que la simple palabra "vida" tendrá que
tener un significado más allá de tener un corazón que late.
La mayoría de la población humana tiene "vida" *per se*, y no
sigue a Dios. Por ende, tenemos la tarea de entender la vida
de acuerdo con el diccionario del Dador de la vida, no sólo
de libros sobre la anatomía humana. La vida, como se define
por Dios, es vida perpetua con aspectos espirituales y físi-
cos. Y es por eso por lo que nuestra esperanza en Cristo no
es flotar como espíritus sobre nubes con arpas por la eternidad. Nuestra esperanza en Cristo es la resurrección para
correinar con Cristo sobre nuevos cielos y nueva tierra. La
vida, definida por Dios, es *con* Dios.

La siguiente línea de texto nos indica cómo se vive y como
se vivirá la vida en comunión con Dios. Las sendas de la vida
se definen: *en tu presencia hay plenitud de gozo*. La vida, según Dios, se caracteriza por plenitud de gozo el cual es contingente al estar en la presencia de Dios. En otras palabras,
fuimos diseñados y creados de tal manera que sólo hallamos
plenitud de gozo estando para siempre en la presencia de
Dios. Sin embargo, ya que Dios es omnipresente, ¿no querrá
decir que todo el mundo tiene la plenitud de gozo, ya que
Dios está en todas partes? La respuesta es enfáticamente
negativa. Aunque Dios se encuentra, de alguna manera, en

todas partes, su presencia de comunión se enfoca en relación con otra manera. Sólo estando en una relación recta con nuestro santo Creador, se experimenta dicha intimidad de comunión y plenitud de gozo. Dios no está, por decir, en los árboles, en un poema o un lindo paisaje. La comunión con Dios nos es relatada en la siguiente línea del Salmo.

Lo que tenemos por delicioso, usualmente se entiende por lo que complace al paladar. Un delicioso plato de comida agrada el sentido de olfato y las papilas gustativas. Es deliciosa cuando su textura no desilusiona lo que la nariz y la lengua prometen y también cuando la comida parcialmente digerida llega al estómago. ¿Cómo, entonces, hemos de entender la siguiente línea de texto divino? El Salmista promete: *delicias a tu diestra para siempre*. Aunque no hay un banquete de tu comida preferida a la diestra de Dios, ahora sabemos por revelación progresiva que Cristo reina actualmente desde la diestra del Padre. Así es, Cristo es más "delicioso" que cualquier comida que sólo ofrece gusto a la vía digestiva y luego es evacuada, siempre requiriendo más. En Cristo, hallamos holísticamente lo que nuestro olfato espiritual añora. Además, en Cristo, dichas delicias son para siempre. La gloria de Cristo debe ser el añoro y anhelo de la necesidad por satisfacer desde lo más profundo de todo ser humano. Para muchos no lo es, y he aquí el efecto adormecedor tan trágico del pecado. Sólo por el poder del evangelio de Cristo podemos encontrar la plenitud de gozo en Aquél quien una vez habíamos tomado por enemigo y ante Quien fuimos enemigos (Romanos 5:10).

Estimado lector, ¿en qué o quién deben sus hijos saciarse completamente si sus padres ni siquiera lo hallan en Cristo?

Todo lo que el alma añora, lo busca en falsificaciones pobres si no lo halla en Cristo. Es una lección que todos tenemos que aprender. Como veremos luego, en el discipulado ante la confusión sexual el creyente ha de aprender a hallar satisfacción en Cristo, ya que no es automático desde el momento de la conversión. Sólo estando en una postura ante Dios de saciar el alma en Cristo podemos canalizar, por la gracia de Dios, los deseos sexuales para expresarlos en un pacto matrimonial cuyo mayor gozo es la gloria de Cristo manifestada en el pacto hetero-relacional. Sólo en Cristo podemos ofrecer incluso el placer físico del acto sexual como gratitud a Cristo y su amor para con la iglesia.

La Biblia ofrece varios ejemplos de personajes que lucharon hasta que, por la gracia de Dios en sus vidas, pudieron entender que sólo en Dios hallan lo que sus almas añoran. Asaf fue el director del coro para David durante su reinado. Asaf es el autor humano de varios Salmos, incluyendo el Salmo 73. Este Salmo es compacto con una rica confesión que debe provocar tanto la convicción como la esperanza en cada lector. Asaf comienza el Salmo con una escena retrospectiva, como lo hacen varios libros y películas ahora. Asegura al lector que Dios es bueno con su pueblo, con los que lo aman. Es una lección que apenas entiende ahora, pero después nos confiesa que vivió por un tiempo no especificado dudando de la bondad de Dios. Asaf se creía muy devoto a Dios y esperaba recompensa en esta vida. Pero notó, según su estimación, que aquellos más malvados sólo se gozaban en esta vida y a los piadosos, como Asaf, les iba mal en comparación. Asaf casi perdió su fe cuando llegó a los límites de su razonamiento hasta que, entrando en el santuario de Dios, o sea, un momento de comunión en adoración, pudo entender el fin de los malvados. Asaf curiosamente concluye que, ante Dios, se vio a sí mismo por quién es. Asaf se dio cuenta, al experimentar algo de la santidad de Dios, que sus altas opiniones de sí fueron una ilusión. Asaf era como una bestia ante Dios. ¿Quién era Asaf para creerse tan piadoso para no sufrir? ¿Por qué buscaba recompensa y satisfacción en esta corta vida? Asaf previamente había concluido que de nada le había servido "lavar sus manos" de toda iniquidad. En otras palabras, Asaf había pensado que su gran santidad propia sólo fue un medio pragmático para recibir bendiciones de Dios en esta vida, o como se suele decir en México, Asaf buscaba tener palancas con Dios. Ahora, después de ver su propio pecado y ver la comunión perpetua en gloria que Dios ofrece, todo lo que promete esta corta vida perdió su lujo ante sus ojos. ¿Cómo termina Asaf?

> *¿A quién tengo yo en los cielos sino a ti? Y fuera de ti nada deseo en la tierra. Mi carne y mi corazón desfallecen; Mas la roca de mi corazón y mi porción es Dios para siempre.*
>
> Salmo 73:25-26 RVR60

Fuera de Dios, nada quiso Asaf en la tierra y en los cielos. Estimado lector, ¿es Dios la roca de su corazón y su perpetua porción? Hasta que usted y sus hijos aprendan a saciarse en las aguas de Cristo el manantial, el sexo será una búsqueda de pequeñas y breves gotas de agua mezcladas con el lodo del suelo bajo los escombros de cisternas rotas. Seguirán entregándose a las devastadoras consecuencias espirituales, emocionales, mentales y físicas del pecado sexual sólo para tocar con la punta de su lengua una gota de agua estancada y bacteriana. El mundo actual no sabe de las delicias en Cristo, y por eso glorifica al pecado como su única manera de silenciar el clamor interno por satisfacerse.

Nunca habrá, en mi humilde estimación, compositor cristiano como Keith Green. Keith iba en camino a la fama, ya que había firmado un contrato para un disco a la tierna edad de 11 años, y en su adolescencia fue considerado, según una revista, como el rompecorazones para las niñas de su generación. Después de entrar a la vida de un joven adulto, Keith se dio cuenta de las falsas ilusiones del mundo de artistas y empezó a buscar paz en filosofías del oriente y en las drogas. Durante el transcurso de los primeros años conoció a Melody, con quien eventualmente viviera en lo que muchos llaman "unión civil". Keith empezó a desarrollar un interés en Jesús, especialmente debido a la influencia de un amigo cristiano; sin embargo, lo veía como un gurú y revolucionario social. No fue hasta que Keith y Melody aceptaron asistir a un estudio bíblico en una casa, que llegó a entender el evangelio y fueron quebrantados bajo el poder de Dios. Sus vidas jamás serían iguales. Keith empezó a escribir alabanzas tan sinceras y transparentes que incomodaron a muchos, pero dejaron una huella en el mundo de habla inglesa que nunca será borrada. En mi casa, no pasa una semana en que mis hijos no escuchan una de sus canciones por las bocinas en la sala. La vida de esta pareja fue excepcional. Alquilaban varias casas a la vez e iban a las playas de California en busca de prostitutas, drogadictos, y todos en necesidad. Los invitaban a vivir en las casas y Keith pasaba las tardes yendo de casa en casa discipulándolos. Keith, junto con unos de sus hijos, trágicamente murió cuando su avioneta se estrelló con una colina unos pocos años después. Keith entró repentinamente en gloria y su música sigue expandiendo la gloria de Dios ahora, cuarenta años después. En una de las canciones que compuso, se dirige a su esposa. Se llama "Song to Melody" (Canción a Melody) y siempre me ha conmovido una estrofa en especial. La letra se trata de una invitación a su esposa a que se sigan amando en medio de sus luchas y su ministerio. En dicha estrofa, Keith tiernamente recuerda a su esposa: *pero, a diario, el mundo cumple su promesa de decepcionarme, pero no puede ocultar lo que he encontrado.* ¡Qué maravillosa verdad! Especialmente entre los cristianos, solemos hablar de las falsas promesas del mundo. Pero hay algo en que el mundo es constante y que nunca nos fallará: en decepcionarnos. Pero, como dice Keith, el mundo no puede ocultar lo que hemos encontrado en Cristo. Le insisto, estimado lector, el mundo tendrá siempre su versión del matrimonio y la sexualidad. Hasta que hallamos el verdadero gozo en Cristo que satisface el alma y que fluye y rebosa sobre nuestros matrimonios, no tendremos algo sustancioso para compartir con nuestros hijos sobre el tema. Al contrario, sólo tendremos la vara moralista, la cual, tarde o temprano, nos dejará expuestos y a nuestros hijos en hipocresía.

4. Enseñar el propósito del matrimonio y la intimidad sexual respecto a su futuro cónyuge y familia.

Una vez que hemos establecido el propósito del matrimonio y la intimidad sexual respecto a Cristo, podemos avanzar a la siguiente lección. Esta se trata de su futuro cónyuge. Es bastante probable que la persona que Dios haya elegido para nuestros hijos vive actualmente. La elección de Dios ya se ha hecho, por ende, nuestros hijos no están libres para experimentar, como algunos suelen decir. Hemos de apoyar a nuestros hijos de una vez a que decidan amar a esta persona ya lo suficiente como para esperarla, respetarla y honrarla en Cristo. Nosotros no somos escépticos, ni dioses de nuestros destinos. Somos siervos del Dios altísimo. Sus planes y voluntad para nuestras vidas es nuestro deseo. ¿No sería de bendición, una vez que se casen, poder decir a su cónyuge que lo habían estado esperando desde su juventud y que lo habían estado amando, respetando y honrando? ¿Cómo se comienza un matrimonio después de orar por años por la otra persona incluso antes de saber su nombre?

Decirlo, no es suficiente. No hacemos lo que hacemos por agradar a los hombres. Lo más fundamental es enseñar a nuestros hijos a que decidan amar a Dios lo suficiente como para esperar en Su plan, respetarlo y honrarlo a Él. Y, finalmente, hemos de pedir a nuestros hijos que amen a sus futuros hijos lo suficiente como para esperar. Esperamos para darles un hogar con mamá y papá bajo Cristo, todos en el pacto para darles una familia basada en el diseño de Dios.

5. Enseñar el daño del mal uso de las relaciones sexuales.

Ya que hemos establecido lo bello, lo santo, lo puro y lo emocionante de las relaciones sexuales en un matrimonio bajo Cristo, hemos llegado a la hora para hablar de lo negativo. Noten que no empezamos con esta lección. Es de suma importancia enseñar toda la legitimidad de las relaciones sexuales antes de tocar este punto, y así, centrados en Cristo, evitaremos el moralismo que fomenta hipocresía.

El mundo occidental constantemente promueve un lema, especialmente a nuestros jóvenes, que -deben saber- es la raíz de muchos de nuestros problemas. Suelen decir que debemos seguir nuestros corazones. Por ejemplo, la película de Disney, Cenicienta 2, comparte una canción en la que se promueve lo siguiente:

> *¿Quién puede decir que las reglas deben*
> *permanecer igual para siempre?*
> *Quien los hizo tuvo que cambiar*
> *las reglas que estaban antes.*
>
> *Así que haz tu propio camino*
> *Muestra la belleza interior*
> *Cuando **sigues a tu corazón***
> *No hay corazón que no puedas ganar.[14]*

Me asombran tales declaraciones y afirmaciones. Uno sólo tiene que ver el mundo que nos rodea para ver millares de personas que han seguido sus corazones. Hay una plétora de familias sin mamá, papá, incluso sin ninguno de los dos. Hay violaciones, corrupción, drogadicción, todo por seguir sus corazones. ¿Quién les ha hecho creer que el corazón es inherentemente bueno para seguirlo como guía en esta vida?

> *Engañoso es el corazón más que todas las cosas y perverso; ¿quién lo conocerá?*
>
> Jeremías 17:9 RVR60

---

14 Traducido del inglés original

Ya que somos seres humanos viviendo con corazones post-caída, nuestros razonamientos se han envanecido y nuestros corazones entenebrecidos (Romanos 1:21). Este tópico trata de confiar en la voluntad de Dios, inclusive en la sexualidad. Mi corazón me hará justificar toda clase de pecado sexual, al mentirme que es un amor único que comparto con una mujer, aunque no sea mi esposa. Como lo dijo Madonna en su canción "Cherish" (Apreciar): "Apuesto a que Romeo y Julieta nunca sintieron de esta manera, así que no subestimes mi punto de vista". En el momento de tentación y lujuria, es fácil justificarse y llamar a lo que Dios llama pecado, "amor".

Todos sabemos de los peligros sexuales con infecciones, enfermedades, problemas emocionales y mentales. No puedo hablar por las mujeres de manera experiencial, pero puedo hablar por los hombres. Por favor, permítanme ser transparente sobre un punto. Hay algo en el hombre que quiere conquistar a la mujer por razones egocéntricas. Estamos dispuestos a ser sensibles, poéticos y detallistas hasta lograr nuestra meta. Una vez que hemos obtenido lo que queremos, nuestros corazones malvados nos dicen que ya se hizo y es hora de buscar otro reto. Tenemos una manera diabólica de hablar y actuar que convence a quien sea, de nuestra sinceridad y cariño. Niñas jóvenes, si un hombre no ama a Dios más de lo que te ama a ti, y si no está dispuesto a primero entrar en un pacto perpetuo contigo, tal joven no te ama, sino que busca otro trofeo. Hay tanto que se puede agregar aquí, pero consideremos el lado espiritual.

Quizás muchos no entendemos la profundidad y el alcance de los problemas espirituales que provocan la fornicación.

Cuando nos unamos con alguien en un acto sexual, Cristo debe ser glorificado ya que somos en cuerpo y espíritu parte de su cuerpo.

Las relaciones sexuales no son meramente actos de placer entre dos adultos que después se separan y siguen viviendo sus vidas. El diseño del acto sexual es para unir bajo un pacto a dos personas quienes, en esta vida, nunca se separarán.

> *¿No sabéis que vuestros cuerpos son miembros de Cristo? ¿Quitaré, pues, los miembros de Cristo y los haré miembros de una ramera? De ningún modo. ¿O no sabéis que el que se une con una ramera, es un cuerpo con ella? Porque dice: Los dos serán una sola carne.*
>
> 1 Corintios 6:15-16 RVR60

Durante el primer siglo, en las ciudades greco-romanas había un consenso entre el mundo de entonces sobre el dualismo. Lo que se hace en el cuerpo no se liga al espíritu. El cuerpo es fatalistamente malo y el espíritu bueno. Hubo problemas con nuevos creyentes en Corinto que pensaban que era posible seguir visitando prostitutas del templo griego y adorar a Dios en espíritu. El Apóstol Pablo desintegra la falsa dicotomía al exhortarlos por estos perversos actos. Somos de Cristo, en cuerpo y espíritu. Si nos unimos con alguien fuera del matrimonio, estamos uniendo a Cristo en nuestra fornicación, y esta verdad no sólo se extiende a la prostitución. Imploremos a los jóvenes a que puedan ver el acto sexual como una ofrenda de gratitud y adoración a Cristo en vez de un momento de placer sexual que sólo forma una pequeña porción de nuestro día.

6. Enseñar la gracia de Dios para restaurar

Este capítulo no ofrece garantías. Vivimos en un mundo caído. Sin embargo, el punto final no es convertirnos en una secta que garantiza cosas que las Escrituras no nos prometen. El pecado sexual, de una forma u otra, afectará a nuestros hijos y nos ha afectado a cada adulto. Si eso le parece una estimación injusta, estimado lector, le animo a que vaya ante al trono de Dios con su corazón expuesto. ¿Podrá decir con certeza que nunca ha caído en pecado sexual? ¿Podrá incluso decir que no lucha actualmente con el pecado sexual? En el sermón del monte, Jesús nos reveló que el pecado sexual es del corazón, no tanto el hecho. Si somos honestos, todos necesitamos el perdón y la restauración del pecado sexual. *Todos.*

Si queremos que se forme Cristo en nosotros y en nuestros hijos, tendremos que primero ser realistas. Tendremos que enseñar la gracia de Dios para restaurar cuando haya fallas y también ponerlo en práctica en el momento que suceden. El evangelio en el hogar no es un sistema de vida en el que fabricaremos pequeños santos perfectos, sino es un nido donde nosotros, los grandes pecadores salvos por la gracia apuntamos a pequeños pero grandes pecadores al mismo Cristo quien nos rescató.

> *Por cuanto agradó al Padre que en él habitase toda plenitud, y por medio de él reconciliar consigo todas las cosas, así las que están en la tierra como las que están en los cielos, haciendo la paz mediante la sangre de su cruz.*
>
> Colosenses 1:19-20 RVR60

El evangelio se trata de un acto unilateral entre la misma Trinidad -precedido por el Padre, llevado a cabo por el Hijo, y efectuado por el Espíritu Santo- de reconciliar a sus enemigos consigo mismo. No es solamente la mejor forma de vivir, ni la Biblia es un manual de instrucciones para la vida. Tales definiciones y clichés simplistas forman parte de la razón por la que tenemos ante nosotros hoy día una versión del cristianismo frágil como hoja de otoño y con la profundidad de un charco de agua.

Entonces, ¿cómo encaminamos a nuestros hijos si han caído en pecado sexual (pornografía, fantasías o incluso fornicación con otra persona en un acto sexual)? El profeta Joel nos proclama por los siglos aún acerca de cómo Dios restaura. Echaremos un breve vistazo a porciones del capítulo 2.

Rasgad vuestro corazón, y no vuestros vestidos, (vs. 13a)

Cada sociedad tiene su manera de expresar remordimiento, especialmente cuando uno ha sido sorprendido en pecado. Algunas personas escriben largas cartas y si tienen algo que ver con pecar en contra de su pareja, se inunda a la persona lastimada con chocolates y flores. En el pueblo judío, una muestra exterior era rasgar sus vestidos, poner ropa de cilicio y cubrirse con ceniza. Esta era una muestra de humillación y luto. Tales actos no son prohibidos en la Biblia y en varias ocasiones son vistos bajo una luz positiva. Pero sólo son vistos así cuando manan de un corazón contrito. Aquí en Joel 2:13 Dios, a través de Joel, reclama el falso arrepentimiento de su pueblo que hace en lo exterior, pero sigue abrazando su pecado en su corazón. Hemos de enseñar a un hijo que está en pecado acerca del arrepentimiento bíblico. El arrepentimiento trata con un cambio de mente o actitud respecto a su pecado. Es un abandono en disgusto a lo que habían abrazado como bueno. Es ver su pecado como Dios ve a su pecado, sin justificaciones, sin victimización; es acercarse a Dios confesando lo horrible que es su pecado que procede de un horrible corazón.

> ...*y convertíos a Jehová vuestro Dios; porque misericordioso es y clemente, tardo para la ira y grande en misericordia, y que se duele del castigo.* (vs. 13b)

El arrepentimiento bíblico incluye que volvamos a Dios porque Él se goza en perdonarnos y restaurarnos. Joel debe haber sabido del plan de Dios para salvar por la simiente de la mujer (Génesis 3:15) pero ahora nosotros conocemos su nombre. Hemos de mostrar a los jóvenes que Cristo cargó en la cruz con su vergüenza y castigo. Habremos de animarlos a que se postren ante Él en gratitud por su perdón.

> *Y os restituiré los años que comió la oruga, el saltón, el revoltón y la langosta, mi gran ejército que envié contra vosotros.* (vs. 25)

Dios no sólo perdona a unos miserables pecadores, sino los restaura. Promovamos ante nuestros hijos el poder y voluntad de Dios para restaurarlos. Otro profeta, Sofonías, también exhorta al pueblo de Dios, pero también enfatiza mucho el corazón de Dios para perdonar y restaurar.

> *Y dejaré en medio de ti un pueblo humilde y pobre, el cual confiará en el nombre de Jehová.*

Jehová está en medio de ti, poderoso, él salvará; se gozará sobre ti con alegría, callará de amor, se regocijará sobre ti con cánticos.

Sofonías 3:12,17 RVR60

Dios nos restaura del egoísmo y la vanagloria que nos condujeron al pecado y nos establece en una humildad más de acuerdo con la imagen de Cristo. No sólo eso, Dios se alegra tanto en la obra de restauración en nosotros que se regocija sobre nosotros con cánticos. Esto no sólo fue su actitud hacia los israelitas sino es para su pueblo perpetuo en Cristo. En Sofonías y Joel, Dios no está llamando a una nación a que vuelva a los preceptos nacionalistas para preservar su identidad política. Dios está llamando a la salvación personal, efectuada por la certeza de la vida, muerte y resurrección futura de Cristo. Y esta es la misma salvación personal que hemos obtenido por el cumplimiento de la vida, muerte y resurrección de Cristo (ver Romanos 3-4). Aquí en Joel y Sofonías vemos sólo unos ejemplos entre múltiples en las Escrituras de cómo Dios restaura al quebrantado que se acerca o, mejor dicho, que es acercado por la fe.

7. Nuestra única pureza ante Dios es la pureza de Cristo

Finalmente, aunque hemos de implorar a nuestros hijos a que lleguen al día de su boda siendo puros, tenemos que entender y enseñarles la verdad que trasciende sobre cómo aparentamos a nuestros hijos ante el mundo. Su única pureza será la de Cristo. Para aquellos que tenemos la bendición de presentar a nuestros hijos vírgenes en su boda, no dejemos que eso nos enorgullezca tanto que le robemos la gloria de Dios. Tampoco debemos inculcar a nuestros hijos una mentalidad de que ellos habrían podido lograr pureza sólo con no haber tenido relaciones sexuales antes del matrimonio. Todos nuestros hijos, al igual que nosotros, luchan con el pecado sexual de una forma u otra. La boda de nuestros hijos será un día en que la pureza de Cristo y su obra purificadora en su iglesia se exaltará.

Conclusión

Luchemos la buena batalla para el corazón de nuestros hijos. Pero no podemos caer en presumir hijos "perfectos" como si fueran el resultado de nuestras familias "buenas y cristianas". Si podemos ser realistas, estamos criando a hijos pecaminosos y la gracia de Dios en Cristo es su única esperanza, como también lo es para nosotros. Si se encuentra usted en un movimiento que garantiza la pureza de sus hijos, le quiero animar a que considere bajo la luz de las Escrituras y la convicción del Espíritu Santo que usted no se encuentre en una secta. Perdone lo directo de tal cuestionamiento, pero no podemos apostar por los corazones de nuestros niños por falsas promesas dadas con el fin de hacer marketing para un movimiento o una persona. Estamos en esto juntos hermanos, por los corazones de nuestros hijos, por nuestros propios corazones, para la gloria de Dios revelada en la faz de Cristo.

Capítulo 6

DISCIPULADO ANTE LA CONFUSIÓN SEXUAL

Dependiendo del tamaño de la iglesia donde Usted se congrega, existe una alta probabilidad de que mínimo una persona lucha con confusión sexual. Mayormente se encuentran entre nuestros jóvenes y, si vamos a ser usados por Dios con el fin de ayudarlos, tenemos que ser realistas. Si estas personas sólo ven nuestra ira en contra de los presentes movimientos legislativos y sociales en su búsqueda de promover LGBTQ+ e ideología de género, pero nunca ven nuestra compasión por las almas encadenadas por este pecado, no se atreverán a acercarse en busca de ayuda. Nos debemos preguntar sobre, si un joven en nuestra casa o iglesia se acerca para confesar una lucha sexual con personas del mismo sexo, se convertiría en el escándalo del año, o encontraría gracia y misericordia en nuestra disponibilidad de ayudarle.

Como ya se había aclarado, estamos en un mundo caído y no existe una fórmula que prevenga la maldad en los corazones de nuestros hijos y de otros en nuestras iglesias. Solamente la obra regeneradora del Espíritu Santo por el evangelio de Cristo cambia corazones y subsecuentemente, sus vidas por la santificación. Tendremos que saber cómo tratar con los que luchan con atracción al mismo sexo, o confusión de género. En este capítulo veremos 9 pasos concretos, bíblicos y prácticos para poderles encaminar mientras pedimos la gracia de Dios para sus vidas y las nuestras. Por favor, por el bien de los que luchan con tales pecados o al menos con la tentación, prepare su corazón para mostrar esperanza y compasión.

Paso 1: el evangelio, el evangelio... y después, el evangelio

Se suele hablar del evangelio como algo que nos sucedió en un momento de tiempo. Sin embargo, hemos de predicarnos el evangelio todos los días y tiene que ser el enfoque de cualquier discipulado. Un error de simplismo es reducir el evangelio a "pues hizo la oración del pecador, pero sigue luchando. ¿Ahora qué?" Siempre al reunirse en el discipulado, vuelvan primero al evangelio y quédense ahí por un tiempo.

Por cuanto los designios de la carne son enemistad contra Dios; porque no se sujetan a la ley de Dios, ni tampoco pueden; y los que viven según la carne no pueden agradar a Dios.

Romanos 8:7-8 RVR60

Pero sin fe es imposible agradar a Dios; porque es necesario que el que se acerca a Dios crea que le hay, y que es galardonador de los que le buscan.

Hebreos 11:6 RVR60

No debemos asumir que nuestro amigo o amiga a quien estamos discipulando ha nacido de nuevo. Incluso, muchos jóvenes, en especial cuando se acercan o son sorprendidos en este pecado, no lo serán. El discipulador debe entender que los que viven en pecado son esclavos de su pecado y no tienen en ellos el agradar a Dios. El poder cambiador del evangelio es nuestro primer y subyacente paso en el discipulado. Lamentablemente, si optamos por asumir que son salvos y sólo nos enfocamos en pasos pragmáticos para cambios de comportamiento, puede que pasemos meses preparando a alguien para su entrada a la condenación, sólo habiendo aprendido a ser un buen hipócrita en esta vida. El moralismo es aún más peligroso que el ateísmo. Al menos el ateo, o el indiferente, se ha conformado con su destino, pues el moralista ha despreciado la cruz de Cristo al convencerse de que lo puede hacer por sí mismo.

Valga notar también que muchos intentan convencer a alguien principalmente de las malas consecuencias de un estilo de vida homosexual en esta vida. Podemos tener la errónea tendencia de advertirles por enfermedades, daños psicológicos, mentales, y emocionales como nuestra primera arma en contra de tales perversiones. Pero hasta que alguno esté en el reino de Dios, con nuevo corazón, y acceso a la mente de Cristo (1 Corintios 2:16), no podrá entender los daños más duraderos y profundos de la rebeldía.

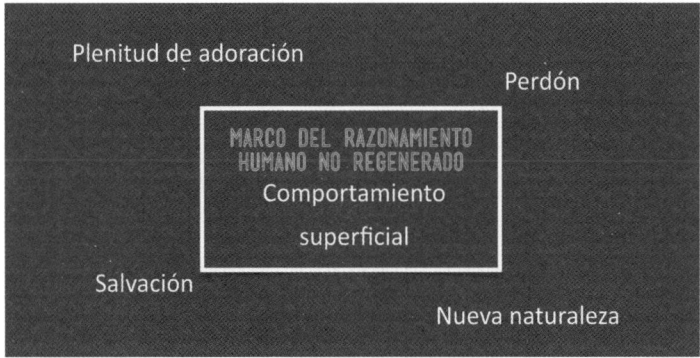

Veamos el cuadro. El razonamiento humano no regenerado sólo podrá entender estilos de comportamiento. Si queremos que una persona entienda cómo es la plenitud de la
adoración, el perdón, la salvación y una nueva naturaleza
(los cuales son nuestra meta para cualquier persona a quien
aconsejamos), tendrán que salir del marco de un razonamiento humano que no está en Cristo. Hasta que Dios obre
en él o ella, sólo entenderán reglas y puntos moralistas y
siempre verán en sus corazones que no pueden someter su
sexualidad a las expectativas bíblicas.

Se puede ilustrar con la siguiente anécdota. Un señor mayor
de edad se había convencido de que ya había muerto y que
su vida presente sólo era una ilusión hecha por un conjunto
de memorias. Su esposa hizo todo lo posible para conven-
cerlo de que seguía con vida, pero finalmente se vio des-
esperada por su renuencia. Se le ocurrió llevarlo al médico
con la esperanza de que quizás otro le pudiera sacudir de su
terquedad. El médico escuchó atentamente la teoría del señor, convencido de que su esposa e incluso el mismo médico
eran invenciones de su imaginación o lo que había quedado
de su subconsciente *postmórtem*. Cuando el señor terminó
su discurso, al médico se le ocurrió una brillante idea y le
preguntó al señor que si aceptaría estar equivocado con la
premisa de que sólo los vivos sangran. El anciano lo pensó
solamente por un momento y respondió que sí. En ese momento, el médico retiró un bisturí y lo clavó en su pierna
derecha. De inmediato apareció una mancha creciente de
sangre en sus pantalones y el anciano exclamó, "¡No me digas! ¡Los muertos sangran también!"

Si uno está cautivo dentro de un marco limitado y predeterminado de razonamiento, sólo es capaz de interpretar todo lo que escucha y observa dentro de dicho marco. En el discipulado, no podemos responder como el médico porque cualquier premisa de persuasión sólo se interpretará dentro de un marco no regenerado si no nos enfocamos en el evangelio del reino de Dios. Y al hacer eso, debemos mantener en mente y corazón que no hay esperanza tanto para el aconsejado como para el consejero sin la intervención de Dios.

Por lo cual también nosotros, desde el día que lo oímos, no cesamos de orar por vosotros, y de pedir que seáis llenos del conocimiento de su voluntad en toda sabiduría e inteligencia espiritual, para que andéis como es digno del Señor, agradándole en todo, llevando fruto en toda buena obra, y creciendo en el conocimiento de Dios; fortalecidos con todo poder, conforme a la potencia de su gloria, para toda paciencia y longanimidad; con gozo dando gracias al Padre que nos hizo aptos para participar de la herencia de los santos en luz; el cual nos ha librado de la potestad de las tinieblas, y trasladado al reino de su amado Hijo, en quien tenemos redención por su sangre, el perdón de pecados.

Colosenses 1:9-14 RVR60

Valga la redundancia. No podemos seguir asumiendo que el aconsejado ha vuelto a nacer en Cristo. El "decisionalismo" de nuestra herencia evangélica nos juega una mala pasada aquí. Prediquemos el evangelio sin cesar una y otra vez tanto a incrédulos como a los creyentes. Cuando fui nuevo creyente, escuché una de las verdades más acertadas que ofrece el mejor resumen de la obra de Cristo para redimirnos:

"Cristo Jesús no vino al mundo para hacer buenos a los hombres malos, sino para hacer vivos a los hombres muertos."[15]

También se resume por el Dr. Owen Strachan, "Las grandes nuevas son que las buenas nuevas nos toman a nosotros que somos las malas nuevas y nos hacen nuevos."[16]

El mensaje del evangelio no es el pequeño y breve comentario ingenioso de que Jesús nos ama y quiere que lo aceptemos. El evangelio según la Biblia se trata más de una raza en completa enemistad con su Creador. Esta raza tiene como "dios" a Satanás y este mundo actual como el reino donde sirven a su amo siniestro. Cristo, el Rey de reyes, cuyo reino ha invadido en su primera venida y se consumará en su segunda venida, ha derrocado a Satanás y nos invita a ser crucificados con Él para recibir perdón, restauración, una nueva naturaleza y una justicia foránea. El evangelio se trata de una nueva identidad, un nuevo reino y una celebración para participar en el funeral del viejo yo. El fin del evangelio es la gloria de Dios en Cristo, y nuestra salvación es un medio para tal fin. El evangelio es una invitación para vivir para la gloria de Dios de aquí en adelante. Cuando el aconsejado puede entender eso, habrá más probabilidades de que se dé cuenta si ha participado o no en el evangelio. Puede que responda que no le interesa tal oferta, y de hecho se puede

---

15 https://www.rzim.org/read/just-thinking-magazine/threads-of-a-re-deemed-heart, accedido el 1 de diciembre, 2020. (traducido al español por el autor)

16 Strachan, Owen & Peacock Gavin, *The Grand Design, Male and Female He Made Them*, Christian Focus Publications LTD, Great Britain, 2016, pages 169. (traducido al español por el autor)

ofender por lo radical que es, o si está en Cristo puede que sea lo que le ayude a entender su nueva naturaleza y quiera vivir para la gloria de Dios, o puede que Dios lo quebrante para que conozca a Cristo por primera vez. La verdad, estas tres respuestas son buenas. Si rechaza el evangelio y concluye que es muy radical, al menos dejará de vivir engañándose bajo el falso evangelio que se ha vuelto tan común en nuestros días. Es mejor saber que uno está perdido en vez de estar convencidos de lo contrario.

Las verdades del primer paso son radicales, pero el mensaje de Cristo siempre lo ha sido. Permítanme advertirles de una reacción bastante común en nuestros días. En vez de considerar seriamente lo que hemos visto aquí, muchos optan por la apresurada conclusión de que el autor de este libro debe ser un religioso o fariseo. He aquí, la falacia *ad hominem* (latín: al hombre). Es probablemente la falacia más común en nuestros ámbitos. En vez de considerar lo que desafía nuestras creencias o sistemas de pensar, es más fácil desacreditar a la persona que nos ha incomodado. No pretendo defender a mi persona aquí. Cualquier lista de falencias en mí que alguien pueda forjar estaría muy cerca de la realidad. Pero al que se promociona aquí es a Cristo y su gloria. Y llegará el día para todos cuando rendiremos cuentas por lo que está escrito, no por cómo vivimos dentro de un sistema teológico, producto de nuestro siglo. Pero no perdamos de vista aquí al aconsejado. En resumen, cualquier intento para un cambio de comportamiento en vez de un cambio de reino es inútil e ingenuo. Enfoquémonos en el evangelio, el evangelio, y luego... el evangelio.

Paso 2: la meta es cristo, no es la heterosexualidad

Puede que nunca lo hayamos considerado. La mayoría de todos los criminales, violadores, abusadores y, de hecho, los incrédulos son heterosexuales. Es hora de reconocer que muchos hemos tratado con este tema en la iglesia de manera bastante superficial. Nuestra meta ha sido que la persona que tiene una lucha con la confusión sexual se convierta en un heterosexual. Al darnos cuenta de un joven con atracción al mismo sexo, es bastante tentador acercarlo más a una joven y orar para que haya chispas. Esto provoca varios problemas. Primero, le estamos tentando a la fornicación. Nos estamos enfocando y provocando atracción sexual en vez de someter sus deseos sexuales a Cristo. Además, le estamos delineando la meta de casarse con alguien del sexo opuesto. Puede que lo haga en busca de aprobación, pero su corazón permanece en el estado anterior y muchos en estos casos adulteran con personas del mismo sexo aun casados con alguien del sexo opuesto, sea con pornografía o con otra persona. Estas repercusiones a nuestros deseos de "arreglar" el problema son comunes y son el triste testimonio de muchos. La meta de heterosexualidad es muy baja y pobre ya que la mayoría de las personas que entrarán en la condenación de Dios sólo tuvieron relaciones sexuales con personas del sexo opuesto durante sus vidas terrenales. La meta es que se forme Cristo en el discipulado. Por supuesto, a medida que esto ocurra habrá cambios en los apetitos de la carne, pero no puede ser la meta.

Todos luchamos aun con el pecado, no hay excepción. Pero ¿cuál es la meta en nuestro caminar con Cristo?

> *Y sabemos que a los que aman a Dios, todas las cosas les ayudan a bien, esto es, a los que conforme a su propósito son llamados. Porque a los que antes conoció, también los predestinó para que fuesen hechos conformes a la imagen de su Hijo, para que él sea el primogénito entre muchos hermanos.*
>
> Romanos 8:28-29 RVR60

Todo cristiano (o al menos la mayoría) ha escuchado mencionar a Romanos 8:28 en un momento de crisis o duelo. Sin embargo, si vemos una exégesis de este texto de acuerdo con el ritmo y dirección de su contexto, nos otorgará mayor consuelo y esperanza. Todo lo que sucede, tanto lo bueno como lo malo, en la vida de un creyente, ayudará para bien. Pero Dios no nos deja para llenar el espacio de lo que quiere decir con "bien". El siguiente versículo nos lo definirá. El bien para un creyente es que Cristo esté rodeado de personas que han sido moldeadas a su imagen en la resurrección. La palabra "primogénito" se refiere en otros textos al lugar que tiene Cristo en la resurrección. No estamos esperando la resurrección, como un evento futuro. La resurrección ya se inició con la resurrección de Cristo. Sólo estamos esperando la consumación futura de lo que ya empezó. El punto es que la resurrección no es una futura promesa que sólo esperamos que suceda. Ya sucedió en Cristo y es el primogénito, dando garantía de que es un hecho comprobado por Dios. Mientras nosotros esperamos nuestro turno, por así decirlo, todo lo que sucede nos está moldeando a la imagen de Cristo. La misma lucha con la confusión sexual puede convertirse en un medio para que uno sea hecho más a la imagen de Cristo, al someter esta tentación al señorío de Cristo y ser transformado.

Estando persuadido de esto, que el que comenzó en vosotros la buena obra, la perfeccionará hasta el día de Jesucristo.

Filipenses 1:6 RVR60

No podemos prometer a una persona cuándo cesará su lucha con la confusión sexual; sin embargo, sabemos que para el "día de Jesucristo", o sea, la resurrección, tanto sus luchas como las nuestras cesarán. La obra que Dios empieza en nosotros, de que seamos hechos conformes la imagen de Cristo, se cumplirá en la resurrección, y no en esta vida.

Sin una meta alcanzable, cualquier aconsejado se desesperará. La meta que pongamos ante ellos (y nosotros) debe ser que seamos hallados en Cristo, sabiendo que finalmente Dios nos perfeccionará en la resurrección, a la perfecta imagen de Cristo. Es una meta alcanzable porque Dios ha prometido cumplirla.

A la luz de estos textos, quizá debemos reevaluar lo que tenemos por ambición en esta vida. Primero, una persona no tiene que casarse para ser hecho conforme la imagen de Cristo. Por la inmensa gracia y misericordia de Dios, tenemos una oportunidad de discipular a personas hechas a la imagen de Dios que no han entendido y, mucho menos, vivido la trayectoria de la vida cristiana como se debe vivir. Aunque muchos se casarán con alguien del sexo opuesto y vivirán vidas sanadas, no pongamos eso como la meta porque no es sustituto para ser hechos conforme la imagen de Cristo. No pongamos un comportamiento socialmente más aprobado ante ellos como una zanahoria ante un caballo con el fin de que se sometan a las normas superficiales. Pongamos a Cristo ante ellos, y ante nosotros.

PASO 3: NO EXISTE TAL COSA COMO "CRISTIANO GAY"

A menudo, el aconsejado ha hecho su propia investigación antes de sentarse con nosotros. El internet está repleto de videos, artículos, e incluso memes que promueven la idea de "cristiano gay". Veremos más de cerca las afirmaciones de dicho movimiento en otro capítulo, sin embargo, debemos tratar en parte con este movimiento aquí. He conocido a varios que adoptan el título "cristiano gay". Muchos dicen que no viven como tal para obedecer a Cristo, pero que sigue siendo parte de su identidad. Es necesario mostrarles tanto los obvios, como los más sutiles, peligros de vivir bajo esta falsa etiqueta.

Nosotros fuimos comprados al cien por ciento por Cristo. No podemos inventar un título que une a Cristo con un pecado.

> *Y no habrá más maldición; y el trono de Dios y del Cordero estará en ella, y sus siervos le servirán, y verán su rostro, y su nombre estará en sus frentes.*
>
> Apocalipsis 22:3-4 RVR60

El único nombre que nos define ahora es el nombre de nuestro Señor y Dios. Consideremos el nombre "cristiano gay".

Primero, "cristiano", ¿qué sucedió para que fuéramos convertidos a Cristo? Lo que sigue es un poco fuerte, pero dejaré a la Biblia responder porque si lo digo yo primero, puede provocar ofensa y un malentendido.

> *Cristo nos redimió de la maldición de la ley, hecho por nosotros maldición (porque está escrito: Maldito todo el que es colgado en un madero).*
>
> Gálatas 3:13 RVR60

Nuestro glorioso Rey y Señor fue maldito. La capacidad humana muestra sus limitaciones aquí. No puedo entender cómo, después de una eternidad de amor y comunión entre la Trinidad, que, en un momento del tiempo, Dios Padre viera a Dios Hijo y lo maldijera. Es una terrible verdad que nos debe provocar reverencia y temor.

En nuestro contexto actual, una maldición es frecuentemente una mala palabra y, por ende, puede provocar malentendidos. Veamos de manera bíblica qué es una maldición. Es realmente lo opuesto a la bendición de Dios. Consideremos la bendición sacerdotal del Antiguo Testamento.

> *Habla a Aarón y a sus hijos y diles: Así bendeciréis a los hijos de Israel, diciéndoles: Jehová te bendiga, y te guarde; Jehová haga resplandecer su rostro sobre ti, y tenga de ti misericordia; Jehová alce sobre ti su rostro, y ponga en ti paz. Y pondrán mi nombre sobre los hijos de Israel, y yo los bendeciré.*
>
> Números 6:23-27 RVR60

Una manera práctica en que podemos entender el alcance de una maldición es sólo ver lo opuesto de esta bendición. La primera vez que escuché a un renombrado predicador exponer este texto para explicar lo opuesto en una maldición, no supe si ofenderme o llorar. En la cruz, Cristo fue maldito. En otras palabras, me atrevo a escribir; lo opuesto a la bendición anterior fue algo de lo que padeció Cristo: Jehová le maldiga, y le deje ser vencido; Jehová haga ocultar su rostro de Él, y no tenga de Él misericordia; Jehová esconda de Él su rostro, y quite en Él la paz. Y quitará de Él la bendición que viene en el nombre de Jehová, pueblo que no es de Jehová, y Jehová lo maldecirá.

Escribí lo anterior con temor y temblor. Pero la eterna, inerrante, e infalible Palabra de Dios nos revela que Cristo fue maldito en la cruz, con el fin de quitar de nosotros la maldición del pecado. Es por eso por lo que Pablo les escribe a los corintios que Cristo, aunque no conoció pecado, fue hecho pecado con el fin de que nosotros fuéramos hechos justicia de Dios en Cristo (2 Corintios 5:21). ¿Puede imaginarlo? Dios Hijo es lo más lejos de cualquier pecado o rebelión, pero fue hecho pecado en la cruz. Y ahora, los que estamos en Cristo, gozamos del fruto de su sacrificio al someternos a su señorío. ¿Ahora vamos a decir a Cristo: «pues gracias por eso, pero igual tendrás que compartir tu trono con un pecado, como "gay"?» De ninguna manera. ¡*Ya* no vivo yo, ya *no* vivo yo, ya no *vivo* yo, ya no vivo *yo*, sino Cristo vive en mí! Y si he de negar todo lo que mi carne desea, en todo momento por el resto de mi vida con esta tentación, pues bienvenido al club. Aunque el poder que tiene nuestra carne suele disminuirse en el proceso de la santificación, todos luchamos a diario con la carne y hemos de presentarnos cada mañana como un sacrificio vivo, y sólo así sabremos cuál es la perfecta y agradable voluntad de Dios (Romanos 12:1-2). Nuestra esperanza del reposo eterno en santidad es la resurrección.

El pecado, o la tentación, no nos define. Somos de Cristo; somos su compra de redención. Lo que vivimos es para su gloria. Y todo lo que quiera estorbarla es nuestro enemigo. Mi egoísmo, o mi lujuria, o cualquier pecado en mi vida es el archienemigo del reino al que ahora pertenezco, por ende, es mi enemigo también. No me atreveré a adoptar una etiqueta que nombre un pecado que fue comprado por la maldición de mi Salvador en la cruz. No hay cristianos adúlteros, cristianos lujuriosos, cristianos secuestradores, cristianos mentirosos, y no hay cristianos gays. Sólo existen cristianos y, ahora, aborrezcamos todo lo que se opone a la gloria de nuestro Amo y Dios.

> ¿No sabéis que los injustos no heredarán el reino de Dios? No erréis; ni los fornicarios, ni los idólatras, ni los adúlteros, ni los afeminados, ni los que se echan con varones, ni los ladrones, ni los avaros, ni los borrachos, ni los maldicientes, ni los estafadores, heredarán el reino de Dios.
>
> 1 Corintios 6:9-10 RVR60

Sólo porque hicimos una oración no se nos promete ser salvos. No podemos usar versículos como un abogado que busca lagunas en la ley para comprometer a un juez hacia una decisión. El Apóstol Pablo advierte que no seamos engañados, o que no erremos. Los que practican el pecado abiertamente en sus vidas no dan el fruto de una conversión a

Cristo y nadie puede decir, "pero hizo la oración del pecador a los 9 años y tiene que ser salvo". ¡No erremos! Ya que Dios tiene el poder de perdonarnos, también lo tiene para cambiarnos. Si no hay un cambio, no hubo perdón. Dios promete un cambio de naturaleza. Si no sucede, no es Dios quien ha fallado, sino que erramos en creer que esa persona recibió la nueva naturaleza.

> *¿Qué, pues, diremos? ¿Perseveraremos en el pecado para que la gracia abunde? En ninguna manera. Porque los que hemos muerto al pecado, ¿cómo viviremos aún en él? ¿O no sabéis que todos los que hemos sido bautizados en Cristo Jesús, hemos sido bautizados en su muerte?*
>
> Romanos 6:1-3 RVR60

Hemos muerto al pecado. La vida en Cristo no sólo trata de una transacción legal de justificarnos ante el Padre, sino que Dios actúa en nosotros al darnos un nuevo corazón e identidad en Cristo. ¿Esto significa que no pecaremos? De ninguna manera. Pero el verdadero creyente no promueve el pecado, como "cristiano gay", sino está en luto por ese pecado, odia el pecado, está quebrantado por el pecado y desea vivir sin el pecado. Al verdadero creyente le da un asco santo al ver el nombre de Cristo unido indebidamente con un pecado y por ende rechaza el título "cristiano gay".

De hecho, "gay" es el pseudónimo para convertir un pecado en una supuesta identidad. ¿Nunca ha notado que la palabra "gay" no está en la Biblia? Pues, la pregunta es un poco anacrónica, sin embargo, la Biblia dice "hombres que se echan con hombres como con mujeres". La Biblia lo llama por lo que es, un acto de rebeldía y perversión sexual. La palabra "gay" significa "feliz" o "dichoso". La palabra "homosexual" tampoco es bíblica ya que "gay" y "homosexual" son títulos de identidad, no de comportamiento. Pero respecto a este comportamiento pecaminoso con otros, Pablo concluye:

> *Y esto erais algunos; mas ya habéis sido lavados, ya habéis sido santificados, ya habéis sido justificados en el nombre del Señor Jesús, y por el Espíritu de nuestro Dios.*
>
> 1 Corintios 6:11 RVR60

Esto éramos. Éramos personas que vivíamos en la lista de pecados mencionados, pero ya no. En Cristo, hemos sido lavados por la mancha del pecado. Hemos sido separados en santificación del poder del pecado. Hemos sido declarados justos de la culpa del pecado. Y todo se hizo en el nombre del Señor Jesús, y efectuado por el Espíritu Santo.

Paso 4: esta tentación es común

Más de una vez un joven me dijo que no lo podía entender. Soy un hombre con más de 20 años de casado y con hijos. Mi lucha debe ser algo más común y no hay manera de que yo pudiera entender lo que tiene que vivir una persona con atracción al mismo sexo. Primero que nada, yo no tengo que sufrir la misma tentación para saber cómo es vivir con esa tentación. Pero, más importante, yo no ofrezco esperanza a partir de mis estudios o experiencias, sino ofrezco esperanza en Cristo.

> *No os ha sobrevenido ninguna tentación que no sea humana...*
>
> 1 Corintios 10:13 RVR60

Satanás tiene una herramienta de engaño muy poderosa. Si sólo puede aislar a alguien del alcance de la iglesia, no lo podrán alcanzar. Muchos creen este engaño y que el discipulado es más para personas que luchan con pecados comunes, como la impaciencia, etc. Pero la Biblia nos corrige de tal error. Toda tentación es común. Ya que es común, la respuesta es el discipulado en la Palabra. Olvidémonos de "profesionales" para casos más difíciles. Todo pecado es difícil, pero para Dios nada es imposible. El discipulado simplemente es reemplazar las mentiras que hemos creído, para ponerlas en opuesta práctica bajo un ambiente que fomenta el rendimiento de cuentas. El Espíritu Santo obra a través de esta práctica, no a pesar de ella.

Hay una triste tendencia hoy de separar el poder del Espíritu Santo de la Palabra de Dios. Mis hermanos, el Espíritu Santo inspiró la Palabra de Dios y no es bipolar. El Espíritu Santo inspiró que se escribiera para nosotros, la Iglesia, lo siguiente:

> *Toda la Escritura es inspirada por Dios, y útil para enseñar, para redargüir, para corregir, para instruir en justicia, a fin de que el hombre de Dios sea perfecto, enteramente preparado para toda buena obra.*
>
> 2 Timoteo 3:16-17 RVR60

La Palabra de Dios no sólo es inspirada, o "exhalada por Dios", sino que es suficiente para que el hombre y la mujer de Dios sean perfectos o completos, preparados para toda buena obra. Y toda buena obra se hace en obediencia. El Espíritu Santo trabaja a través de su Palabra y no la desprecia.

Sólo en una perspectiva perversa e indebidamente mística puede uno decir que el Espíritu Santo hace cosas misteriosas, y que no tienes necesidad de ir a la Palabra y de someterte al discipulado.

> *Y él mismo constituyó a unos, apóstoles; a otros, profetas; a otros, evangelistas; a otros, pastores y maestros, a fin de perfeccionar a los santos para la obra del ministerio, para la edificación del cuerpo de Cristo, hasta que todos lleguemos a la unidad de la fe y del conocimiento del Hijo de Dios, a un varón perfecto, a la medida de la estatura de la plenitud de Cristo.*
>
> Efesios 4:11-13 RVR60

Nuevamente, vemos que la meta de Dios para nuestras vidas es glorificarse en Cristo al hacernos "a la medida de la estatura de la plenitud de Cristo". Pero notemos también cómo lo hace, y es mediante el dar dones a la iglesia. Es hora de desechar aquellos lemas rebeldes de decir que "yo y Dios nos entendemos" o "mi relación con Dios es personal, no necesito ir a la iglesia o someterme a su liderazgo". Eso es pura rebeldía y un fruto de alguien que probablemente no conoce a Cristo. El Espíritu Santo no socava la autoridad de la iglesia local (al menos una iglesia bíblica) sino que obra a través de ella. El discipulado es canal para que obre el Espíritu Santo en nuestras vidas y no existe tal cosa como un cristiano autónomo.

La tentación sexual, ya sea hetero u homo, es común y Dios ha capacitado a su iglesia y su Palabra para ser canales del poder del Espíritu Santo para hacer cambios en nuestras vidas. No sigamos dando pauta a Satanás en las vidas de la gente de nuestras iglesias. La respuesta es el discipulado, y no existen "profesionales" respecto a la santificación fuera del cuerpo de Cristo.

PASO 5: EL DISCIPULADO SE ENFOCA EN LA PALABRA, NO EN LA PSICOLOGÍA

Acabamos de ver la suficiencia de la Palabra de Dios en todo, incluyendo el discipulado en 2 Timoteo 3:16-17. Enfoquémonos y profundicemos en este punto porque ha crecido una mala tendencia en la iglesia últimamente. Ahora, en vez de tener consejeros bíblicos para el discipulado en algunas iglesias, se ha inventado el oficio de psicólogo para la consejería. En vez de sólo reaccionar de acuerdo con lo que cada uno habíamos ya opinado sobre esto, aclaremos los fundamentos en cuestión. La psicología es una nueva disciplina inexacta que ha ganado mucha admiración en nuestros días. A un nivel fundamental, asume neutralidad. Me explico: asume que todos nacemos neutrales y somos formados de acuerdo con nuestro entorno. Lo que resultamos ser como adultos simplemente es el producto de nuestras sociedades y entornos. Esta perspectiva se basa en la autoridad de la palabra del hombre, ya que contradice en todo nivel a la Palabra de Dios.

Las Escrituras no enseñan neutralidad, sino *hamartiología*. En otras palabras, la Biblia enseña que nadie nace neutral. El problema no es el entorno ni la sociedad, sino que el problema es el corazón pecaminoso. El entorno y la sociedad sólo son macro síntomas del micro individuo en su rebeldía contra Dios. La hamartiología no se basa en las perspectivas del hombre sino en la Palabra de Dios. Si el problema fuese simplemente el entorno, ¿por qué cayeron en pecado nuestros primeros padres estando en el mejor entorno?

La psicología se basa en una antropología evolutiva. Esto significa que somos simplemente animales evolucionados y nos hacen falta estímulos para manipular o modificar comportamientos. Al contrario, la Palabra de Dios enseña una antropología de *imago Dei*. Esto significa que no somos animales y el comportamiento humano sólo es el fruto externo de un corazón en enemistad con Dios. No podemos cambiar la sociedad (la cual sólo es un conjunto de personas) si no hay un cambio de corazón en cada persona.

La meta de la psicología es superficial y su enfoque es el comportamiento. La meta de la Biblia es que seamos hechos conforme la imagen de Cristo desde lo más interior y su enfoque es la gloria de Dios en Cristo. Les dejo con una pregunta seria: ¿cómo podemos integrar las dos cuando sus fundamentos se oponen en todo? Es un yugo desigual y puede ser una muestra de la lamentable subestimación del poder de Dios ante la complejidad de problemas del mundo actual. C.S. Lewis dijo correctamente que hoy padecemos de "esnobismo cronológico". Solemos creer que todo lo que vino antes de nosotros era más primitivo y por ende no podemos aprender de los que nos preceden. La Palabra de Dios no es un documento anticuado para un mundo cavernícola. La misma complejidad de pecado y problemas que experimentamos hoy, la experimentaban antes. Sólo que ahora, con la globalización, tenemos más plataformas para extender nuestra maldad y rebeldía hasta las mentes y corazones de personas, especialmente los niños, a lo largo de la tierra. La respuesta sigue siendo Cristo y los métodos siguen siendo la obra del Espíritu Santo a través de la iglesia de Cristo por medio de la Palabra. También el fin sigue igual: la gloria de Dios en Cristo, no una sociedad utilitarista que cada vez más se evoluciona hacia estándares relativos.

Paso 6: la mente y el corazón se entrenan para hallar satisfacción en Cristo

De modo que si alguno está en Cristo, nueva criatura es; las cosas viejas pasaron; he aquí todas son hechas nuevas.

2 Corintios 5:17 RVR60

En Cristo, hemos muerto al viejo hombre o a la mujer de antes. Hemos sido crucificados de la descendencia del primer Adán y somos hechos una nueva criatura bajo el eterno reinado del Postrer Adán. No obstante, no hemos llegado aún a la resurrección donde seremos hechos perfectamente a la imagen de Cristo. Para entonces, nuestros deseos y anhelos serán sólo para la gloria de Dios y debemos añorar la llegada de aquel día. Mientras tanto, estando en esta vida y este siglo presente, hemos de aprender a saciar nuestros corazones en la perfecta gloria de nuestro Rey de reyes. No erremos, esto no nace automáticamente en el momento de la conversión. Un nuevo creyente suele regocijarse tanto en el sentido del perdón como en su nueva fe; sin embargo, pronto se da cuenta de que hay hábitos y tentaciones pasadas que no han desaparecido en su totalidad. Si la iglesia no acepta esta realidad, no sabrá ofrecer un discipulado que se enfoque en crecer tanto en el conocimiento de Dios como en la satisfacción en Cristo.

Porque por gracia sois salvos por medio de la fe; y esto no de vosotros, pues es don de Dios; no por obras, para que nadie se gloríe.

Efesios 2:8-9 RVR60

Como cristianos, debemos confesar abierta y gozosamente que somos salvos sin obras y Dios no nos ha dejado ninguna obra por cumplir para ser hallados en Él. Para los convertidos a Cristo, Dios nos ve con la justicia de Jesús, la cual recibimos por la fe. Este es el mensaje del reino de Dios y debe ser proclamado por todos los que han sido trasladados a él. Sin embargo, últimamente la palabra "obras" se ha vuelto una mala palabra para muchos. Nos hemos vuelto "antiobras" pero así no es la prescripción bíblica. Sólo tenemos que ver el versículo que procede a Efesios 2:8-9.

Porque somos hechura suya, creados en Cristo Jesús para buenas obras, las cuales Dios preparó de antemano para que anduviésemos en ellas.

Efesios 2:10 RVR60

No hemos sido hechos nuevas criaturas en Cristo para cruzarnos de brazos y desviar la mirada a una vida cristiana en servicio a Dios, la iglesia de Cristo y el mundo. Lamentablemente, se suele escuchar que cualquier exhortación para hacer obras es legalismo. Y debido a esto, muchos hemos subestimado las disciplinas de la vida cristiana. Primero, hemos de aclarar que las siguientes disciplinas no producen en sí la santificación, sino que son medios prescritos de Dios por las que Él nos moldea a la imagen de Cristo. No completan la obra de Cristo en la cruz, sino que son el despliegue de la obra de Dios Padre en Cristo, por el Espíritu Santo, en nuestras vidas.

Si hemos de vivir una vida cristiana con éxito, tendremos que volver a las sendas antiguas y dejar algo de la influencia "progresista" actual. La vida cristiana no conoce la autonomía. Es una vida de crecimiento en comunidad. La siguiente lista no tiene orden de prioridad y tampoco es completa. Aquí aprenderemos sobre algunas de las disciplinas cristianas con las que Dios nos moldeará, como nuevas criaturas, a un estado de satisfacción en Cristo. Si no nos sometemos a estas disciplinas, no tengo más que decir para ayudar a alguien que lucha con la confusión sexual, y tampoco cualquier otra lucha.

1. Adoración corporativa

Exáltenlo en la congregación del pueblo, Y en la reunión de ancianos lo alaben.

Salmo 107:32 RVR60

La palabra hebrea para "congregación" es traducida en la Septuaginta a la misma palabra que es traducida al español como "iglesia". La Septuaginta (LXX) es la traducción griega del Antiguo Testamento, junto con otros documentos, y se llevó a cabo en el norte de África, antes de Cristo. Hay abrumadora evidencia de que fue la traducción que usaron Jesús y los Apóstoles (ver Hebreos 2, Mateo 11, Lucas 7 como ejemplos en que citaron las Escrituras palabra por palabra de la LXX). De hecho, la palabra "iglesia" en español es acuñada del griego *ekklesia* en griego, pero significa "congregación" o "asamblea". En otras palabras, cuando vemos "congregación" en el Antiguo Testamento, y sabiendo que entre los israelitas hubo redimidos por la fe (debido a la certeza futura de la crucifixión y resurrección de Cristo – Romanos 3-4) y desde entonces, hay redimidos por el cumplimiento pasado de la crucifixión y resurrección de Cristo, de alguna manera tenemos mucho en común con una congregación de redimidos en los tiempos de los Salmos. Veamos el Salmo 107:32 en la LXX (el orden de los Salmos no es igual en la LXX, y por ende es el Salmo 106:32).

ὑψωσάτωσαν αὐτὸν ἐν ἐκκλησίᾳ λαοῦ καὶ ἐν καθέδρᾳ πρεσβυτέρων αἰνεσάτωσαν αὐτόν.[17]

(Que lo ensalcen en la congregación del pueblo, y lo alaben en la sede de los ancianos.)

Notemos la palabra para congregación, "ἐκκλησίᾳ", o *ekklesia* o iglesia en español. El punto aquí no es entrar en debate si la iglesia se inició en Génesis 3:15 con la promesa del redentor, en los tiempos de Israel, Hechos 2 en Pentecostés, o cualquier otro punto en el tiempo.

> *Porque el que santifica y los que son santificados, de uno son todos; por lo cual no se avergüenza de llamarlos hermanos, diciendo: Anunciaré a mis hermanos tu nombre, En medio de la congregación te alabaré.*
>
> Hebreos 2:11-12 RVR60

---

17 https://www.ellopos.net/elpenor/greek-texts/septuagint/chapter. asp?book=24&page=106, accedido 7 diciembre, 2020.

Notemos una vez más su uso y la interpretación de la misma Biblia en el Nuevo Testamento. ¡El autor de Hebreos cita el uso de "congregación" del Salmo 22:22 cuando se dirige a la iglesia! Finalmente, es un tópico bastante fascinante, pero lo dejaré para otro libro, u otro autor. El punto aquí es que hay prescripciones tanto en el Antiguo como el Nuevo Testamento respecto a cómo Dios quiere que lo alabemos. La adoración en congregación es adoración corporativa y es parte vital de la vida cristiana.

Valga aquí una anécdota, y con el permiso de mi esposa, la compartiré. Hace algunos años, llegamos como familia a la iglesia y antes de entrar, alguien me detuvo para hacerme unas preguntas. Intenté responder rápido y entrar, pero habíamos llegado sin mucho tiempo de sobra antes de que iniciara la alabanza. La congregación empezó a adorar juntos y mi esposa de pronto me dejó solo y entró con la familia. Esto no parece algo tan importante, pero al final del servicio, en casa, hablamos sobre los acontecimientos. Mi esposa y yo llegamos a la conclusión de que ambos habíamos elegido lo más incorrecto. Primero, yo hubiera pedido a la persona que hablásemos después. Y mi esposa me hubiera esperado. Me explico: cuando uno está en la iglesia, no es su tiempo personal con Dios. ¿Cómo me atrevo a decir eso? Muchos dicen que, en la adoración, uno tiene su tiempo con Él y no le importa lo que hacen los demás. Aunque suene bien, es un error. Todos tenemos la semana para tener adoración privada, pero en la congregación, tenemos adoración corporativa. Habíamos llegado ese día como una unidad familiar (micro unidad corporativa) para unirnos juntos en la macro adoración corporativa. Debemos entrar juntos. Por supuesto ni mis acciones ni las de mi esposa fueron pecaminosas ahí. El punto es si vamos a fomentar en nuestra familia e iglesia un sentir de adoración corporativa.

> *Después de esto miré, y he aquí una gran multitud, la cual nadie podía contar, de todas naciones y tribus y pueblos y lenguas, que estaban delante del trono y en la presencia del Cordero, vestidos de ropas blancas, y con palmas en las manos; y clamaban a gran voz, diciendo: La salvación pertenece a nuestro Dios que está sentado en el trono, y al Cordero.*

Apocalipsis 7:9-10 RVR60

Actualmente, Dios nos está preparando para una futura adoración corporativa en toda su plenitud a través de una presente adoración corporativa que aún incorpora la fe (ya que no vemos el trono de Dios con nuestros ojos carnales). Esta adoración debe ser constante y frecuente en la vida del discipulado y es una disciplina que no se puede subestimar. En mi caso, si el discipulado ha de continuar, sólo se lleva a cabo con la condición de que el discípulo esté activamente participando en la adoración corporativa. Será bálsamo para su alma y aprenderá a adorar a Dios en la congregación en medio de su confusión y luchas.

2. Adoración privada

Todo lo anterior no pretende disminuir la importancia de la adoración privada. De hecho, la adoración corporativa debe fomentar la adoración privada. Esta ocurre durante la semana cuando uno no está en un contexto congregacional.

Dios, Dios mío eres tú; De madrugada te buscaré; Mi alma tiene sed de ti, mi carne te anhela, En tierra seca y árida donde no hay aguas, Para ver tu poder y tu gloria, Así como te he mirado en el santuario.

Salmo 63:1-2 RVR60

El Salmista nos ofrece una ventana a su espíritu para observar algo de su adoración privada. En la medida en que uno crece en el conocimiento de Dios, y la obediencia con Dios, todo mediante la obra del Espíritu Santo, tendrá sed del alma y anhelará a Dios. La persona a quien discipulamos ya tiene anhelos y deseos. En la adoración personal, poco a poco reconocerá cómo desear y añorar a Dios mismo en vez de seguir buscando pobres sustitutos.

3. Lectura bíblica

Si no conocemos a Dios a través de su Palabra, estaremos expuestos a forjar una imagen de Dios de acuerdo con nuestro siglo o nuestras propias imaginaciones. Esto no es un problema teórico, sino que es una verdad para millares hoy. Solemos escuchar: "Dios y yo nos entendemos", "Mi Dios nunca hará esto o lo otro", etc. A menudo, muchas personas que hablan así están en peligro de no conocer realmente a Dios y puede que estén adorando un dios que han maquinado por sus razonamientos e imaginaciones.

Dijo entonces Jesús a los judíos que habían creído en él: Si vosotros permaneciereis en mi palabra, seréis verdaderamente mis discípulos; y conoceréis la verdad, y la verdad os hará libres.

Juan 8:31-32 RVR60

La Palabra de Dios es la verdad y confrontará tanto nuestra ignorancia acerca de Él y acerca de nosotros a la luz de quien es Él realmente ante nuestras maquinaciones falsas de Dios. Si el discipulado tiene algo de esperanza para crecer en Dios, la lectura de su Palabra es simplemente indispensable.

4. Oración

La oración es un punto en que muchos fallamos, y me incluyo aquí. Dios obra a través de estos tiempos de comunión con Él. Es una práctica y disciplina que otorga un ambiente por el cual se desarrolla una relación con Dios más allá de lo teórico y abstracto. Los efectos negativos de una vida sin oración se hacen obvios comúnmente por el orgullo, la soberbia, alejamiento de Dios, indiferencia por las cosas de Dios, aislamiento, desánimo, entre otras señales. De hecho, en mi vida, lucho con las dudas y la soberbia más que todo cuando no estoy en comunicación con mi Dios. Esta disciplina rescatará al discípulo de muchas caídas y debe saberlo de antemano.

5. Rendimiento de cuentas entre los santos

El discipulado requiere transparencia en el rendimiento de cuentas. Lamentablemente, para aquellos que exigen autonomía y total privacidad, se suele vivir una vida doble hasta llegar a una crisis dañina. Hemos de fomentar un ambiente de divulgación en el discipulado. Esto presenta desafíos tanto para el discípulo como para el discipulador. Lo que se habla en privado permanece privado, a menos que se trate de un crimen o que la vida de alguien esté en riesgo, no se debe hablar de lo conversado en secreto. El discipulador tendrá que crear la confianza de guardar confidencialidad y si la pierde, será difícil ganarla de nuevo.

Líderes, por favor, no hablemos de lo hablado en confianza, en las reuniones pastorales. Es una grave violación de esa confianza, no importa cómo lo justifiquen.

6. Lectura de buenos maestros y teólogos

Por supuesto, los libros de teólogos no pueden reemplazar la lectura de la Biblia. Pero no debemos caer en la corriente actual de desacreditar sus contribuciones. Dios ha estado obrando en su iglesia por mucho tiempo y no debemos menospreciar los dones que Dios ha dado a su iglesia en forma de maestros.

> *Y él mismo constituyó a unos, apóstoles; a otros, profetas; a otros, evangelistas; a otros, pastores y maestros, a fin de perfeccionar a los santos para la obra del ministerio, para la edificación del cuerpo de Cristo, hasta que todos lleguemos a la unidad de la fe y del conocimiento del Hijo de Dios, a un varón perfecto, a la medida de la estatura de la plenitud de Cristo; para que ya no seamos niños fluctuantes, llevados por doquiera de todo viento de doctrina, por estratagema de hombres que para engañar emplean con astucia las artimañas del error.*
>
> Efesios 4:11-14 RVR60

Nuestra fe no se trata de una autonomía personal para interpretar y poner en acción las prescripciones bíblicas en un sistema de "cada quien". Cuando despreciamos cualquier apoyo de los maestros pasados y presentes de la iglesia, despreciamos al Espíritu Santo quien les dio dichos dones de acuerdo con su voluntad (1 Corintios 12:11). Dicho esto, no creo que sea prudente dejar al discípulo elegir por sí mismo a quién leer porque se requiere mucho discernimiento. Yo tengo el hábito de sugerir, y cuando sea posible, regalar títulos y asignar lectura en estos casos.

7. Comunión entre los santos

La adoración corporativa y el rendimiento de cuentas deben fomentar la comunión entre los santos. La vida cristiana es precisamente eso, una vida. Animemos al discípulo a que se abra a la conversación y la comunión entre los hermanos de la iglesia. Puede que se intimide al principio, pero es una práctica que entrelazará su vida en la vida de la iglesia local. El discípulo necesita ser parte de la congregación e invertir su vida en ella. Así se forjarán sanas relaciones y ejemplos de vida, dignas de imitar.

8. Servicio en el reino de Dios

La vida cristiana no se trata de autoayuda. Nosotros somos más como Cristo cuando amamos al prójimo, especialmente de maneras prácticas. El cristiano no es alguien que sólo busca el mejoramiento personal, sino que es un adorador que extiende su adoración a Dios al ser los brazos de Cristo ante este mundo caído. Entre más pronto el discípulo entienda que debe servir, en la iglesia y a través de ella, hacia el mundo que nos rodea, más pronto se deshará del egoísmo y egocentrismo de nuestro siglo.

Hay varias disciplinas de la vida cristiana. Aquí les he ofrecido sólo una introducción, pero sepamos lo siguiente de antemano. Si el discípulo rehúsa someterse a las disciplinas anotadas, no habrá mucho más que podamos hacer para ayudarle. Tendrá que poner de su parte y entender que el reino de Dios se trata de una vida completamente nueva. Tendrá nuevos hábitos, anhelos y compromisos. Sea paciente con él o ella, animándole a que se arrepienta y que intente de nuevo, por la gracia de Cristo cuando no cumple. Y, sobre todo, no olvidemos vivir con estas disciplinas, por la gracia de Dios, empezando por el discipulador.

Paso 7: enseñarle la realidad de futuras luchas y a que confie y se apoye en Cristo

Aunque pasen años después de vencer el poder de la tentación sexual, seamos realistas, habrá momentos de debilidad. ¿Usted nunca pasa por una tentación sexual al ver una imagen de alguien exhibiéndose de manera indecente? Seamos realistas, aun estando librados de la esclavitud sexual, seguimos pasando por tentaciones. Por supuesto, debemos ser más cuidadosos con lo que vemos en la televisión y en los celulares. También, debemos vestirnos de una manera no provocativa por el bien de nuestros hermanos, sin embargo, no habrá prohibición que podamos implementar que corte de raíz con la tentación. Ya que todos tenemos que vivir para la gloria de Dios ante esta realidad, no mintamos al discípulo diciendo que Dios le librará al punto de nunca sufrir una tentación sexual.

Puede que el discípulo pase años libre de estas tentaciones, y que de repente se encuentre un día en una situación donde se sienta seducido por una imagen, una persona o su propia imaginación. Aún experimentará momentos de dura tentación y hasta depresión. En el momento no entenderá por qué la está experimentando y por qué Dios lo permitió. Hagámosle el favor de advertirle sobre estos momentos que vendrán (y sí, vendrán) y que se apoye en Cristo aun cuando no entiende la razón de aquella futura lucha.

El Dr. Miguel Núñez y su esposa, la Dra. Cathy Sheraldi de Núñez, ambos siendo médicos de profesión, en su libro *Revolución Sexual: Una exposición y un análisis médico* citan a un importante estudio médico con respecto al comportamiento homosexual:

> Después de que una persona se expuso a la cultura homosexual por mucho tiempo, las redes de preferencia ya están formadas en el cerebro, y entonces le resulta difícil abandonarlas... el proceso de salir de estas redes de preferencia produce un período sumamente desagradable y difícil, y, a menos que la persona continúe formando nuevas redes, puede llegar a creer que le será imposible.[18]

Veremos más acerca del libro citado y sus implicaciones en otro capítulo. Aquí notaremos que las preferencias en el cerebro humano son escritas por su comportamiento. Todos

---

18 Cathy Scheraldi de Núñez y Miguel Núñez, Revolución Sexual: Una exposición y un análisis médico, B&H Publishing Group, Nashville, TN, 2018, pg 46. Citando: A. Tom Horvath, Ph.D., editado por C.E. Zupanick, Psy.D., *Addiction changes the brain's communicative pathways*

tenemos un largo camino por delante para deshacer estas redes de preferencia, pero no es imposible. Dios ha prometido estar con nosotros y nunca abandonará a sus hijos. Pero Dios obra a través de medios, y no a pesar de ellos. Evitemos la inclinación común de pintar una falsa dicotomía entre lo que hace el hombre y lo que Dios hace. Si somos pasivos, esperando que actúe Dios, simplemente estamos culpando a Dios por nuestra flojera. Tenemos un papel en esto, pero Dios recibe toda la gloria al transformarnos.

> *Por tanto, amados míos, como siempre habéis obedecido, no como en mi presencia solamente, sino mucho más ahora en mi ausencia, ocupaos en vuestra salvación con temor y temblor, porque Dios es el que en vosotros produce así el querer como el hacer, por su buena voluntad.*
>
> Filipenses 2:12-13 RVR60

PASO 8: ENSEÑARLE ACERCA DE LAS FUNCIONES DE LA HOMBRÍA Y FEMINIDAD BÍBLICA Y CÓMO DESPLIEGAN LA GLORIA DE DIOS

Nuestra sexualidad y el matrimonio no tienen el fin de saciar nuestras más profundas necesidades. En el discipulado, se debe invertir mucho tiempo para destacar las funciones de la hombría bíblica y la feminidad bíblica, y cómo se complementan en el matrimonio de una manera que refleja a Cristo y su iglesia. En otras palabras, deben aprender el plan de Dios para el matrimonio y las relaciones sexuales. En vez de destacar el plan de Dios aquí, puede volver a los primeros capítulos del presente libro y enseñar estas verdades en su tiempo juntos.

Paso 9: enseñarle cómo predicarse a sí mismo

Dando seguimiento al punto anterior, en cuanto a nosotros, somos nuestros propios pastores más presentes. Los pastores de nuestras iglesias no son los únicos que deben predicarnos la Palabra. Ellos nos sirven de guía para saber cómo predicarnos a nosotros mismos. Considere lo siguiente: durante casi todo el día estamos en una conversación con nosotros mismos. Quizá no lo hemos considerado porque es una actividad que también incluye la subconsciencia. ¿Cómo nos estamos aconsejando? ¿Quién o qué controla el contenido de esa auto-terapia? ¿Nos estamos mintiendo, justificando, dando razones por odiar a otros? Escuchamos el consejo de artistas, actores y personas a nuestro alrededor durante horas a la semana. No podemos dejar el contenido de nuestras auto conversaciones privadas al mundo. Debemos controlar esta continua conversación al darle contenido de la Palabra de Dios y derribar cualquier pensamiento erróneo que ha invadido nuestras mentes y corazones.

No me atrevo a presentar este punto tal cual sin apoyarlo con un ejemplo. En el siguiente capítulo, veremos todo el Salmo 62 y cómo nos servirá para la auto-predicación. Con las herramientas recibidas, debemos poder predicarnos cualquier texto de las Escrituras. Le animo, estimado lector, a que no tome este punto a la ligera. No tiene idea de cómo me ha ayudado en lo personal. Dios me ha ministrado, sanado y corregido en múltiples áreas de mi vida al poner esto en práctica. Puede sonar un poco intimidante al principio, pero al terminar el siguiente capítulo, estoy seguro de que lo verá bastante práctico y alcanzable.

Conclusión

La confusión sexual, al igual que cualquier otro pecado, no se desvanece solo. No hay varita mágica para hacerla desaparecer. Se tratará de un acuerdo entre el discípulo y el discipulador. Siempre y cuando los dos sigan tomando los pasos prescritos en la Palabra de Dios, y siempre confiando en Él, Dios responderá. Dios nos llevará a lugares y condiciones que nunca habríamos imaginado. Lo ha hecho, y lo sigue haciendo en mi vida y en la vida de su iglesia. Y al fin de nuestras vidas terrenales, sabremos que todo se logró por la gracia de Dios en Cristo. Ningún paso que hubiéramos tomado puede lograr la santificación. Dios usa nuestra participación para desplegar su gracia y su gloria. A Dios sea la gloria, por los siglos de los siglos. Amén.

Capítulo 7

LA NECESIDAD
DE LA AUTOPREDICACIÓN

En este capítulo veremos un ejemplo de auto predicación en la Biblia. Seguiremos de manera expositiva la totalidad del Salmo 62. He extraído 9 pasos para la auto predicación del texto, pero puede que Usted halle más y le invito a que escudriñe este texto de manera que cada gota que exprima sea bálsamo tanto para su alma como para el alma de su aconsejado.

En lo personal, Dios ha usado este Salmo de gran manera para dirigirme a lo práctico y personal de su Palabra y es un hábito de por vida que todos debemos aprender. Los beneficios son incalculables y pido a Dios que sean de bendición tanto para Usted como para su discípulo, tal como ha sido y sigue siendo para mí.

El salmo 62

El autor humano del Salmo es el Rey David. Se encuentra en medio de un problema en el que algunos deseaban bajarlo de su trono y, de hecho, algunos han especulado que se trata de su hijo Absalón. Aunque no se sabe con exactitud el contexto de su problema, no es necesario resolverlo para recibir la plenitud de lo que Dios nos dice a través de su Palabra aquí.

En Dios solamente está acallada mi alma.
Vs. 1a.

Esta primera oración no deja de darme convicción. Ante todo lo que está ocupando la atención de nuestras almas en este momento, ¿podemos decir con mayor certidumbre que ante Dios solamente están acalladas nuestras almas? ¿Hay algo, o alguien, que ha tomado ese lugar por alguna situación o preocupación actual o pasada? Esta primera oración es como una bofetada espiritual ante nuestra más sutil idolatría. Pase lo que pase, mi alma debe estar acallada ante Dios. Hemos de buscar maneras en que el aconsejado pueda meditar en estas verdades ante la confusión sexual.

De él viene mi salvación.

Vs. 1b.

Ya que todos luchamos con acallar o tranquilizar y enfocar nuestras almas ante Dios en medio de la tempestad e incertidumbres de la vida actual, somos consolados con la eterna verdad de que nuestra salvación viene de Dios. Les invito a que desempolvemos de la vívida imaginación que solía maravillarnos durante la juventud. Se nos acerca un huracán con vientos desastrosos, arrancando y rompiendo enormes árboles como si fueran palillos de dientes. Nos quedamos vulnerables ante su desenfrenado poder, pero la voz de Dios maravillosamente penetra en medio del rugido de su venida, sólo para recordarnos que la salvación no viene en la tormenta. ¿Por qué estamos mirando a los relámpagos y vientos desastrosos cuando en ellos no viene la salvación? Pero de Dios viene la salvación; postren sus corazones ante Él.

El solamente es mi roca y salvación.

Vs. 2a.

¿Por qué nos paralizamos ante la tormenta? Los vientos llevan con ellos todo y si extendemos la mirada y los brazos de nuestras almas a ellos, ¿no seremos llevados también? Sin embargo, la enorme roca es inmovible. No hay fuerza tempestuosa que mueva una roca, y Dios solamente es la roca que no será molestada durante dicho acontecimiento desafortunado. Dios es el fundamento inamovible y la salvación donde podemos reposar.

Es mi refugio, no resbalaré mucho.
Vs. 2b.

Sin embargo, una roca no describe lo suficientemente la salvación porque en la ira de la tempestad, vuelan los escombros, cortando y golpeando todo lo que estorba su vuelo. Dios no es solamente el fundamento inamovible por debajo de nuestros pies, sino que también es el refugio que nos protege, tanto de ser llevados por los vientos, como de los escombros que llevan. Nos ayudaría a seguir su argumento si primero reconocemos su silogismo, que usa premisas para llegar a una conclusión.

Premisa mayor: Hay una tormenta (metafóricamente hablando)
Premisa menor: De Dios viene mi salvación
Premisa menor: Él solamente es mi roca
Premisa menor: Es mi refugio
Conclusión: No resbalaré mucho

El Salmista llega a la conclusión lógica de su silogismo. En Dios, aunque todo a su alrededor quede destrozado, y sea sacudido él mismo, se mantendrá de pie. Dios no lo dejará ser llevado y, por ende, solamente ante Dios estará acallada su alma.

¿Hasta cuándo maquinaréis contra un hombre, tratando todos vosotros de aplastarle como pared desplomada y como cerca derribada?

Vs. 3

La ironía de este versículo no puede pasar desapercibida. A simple vista, David muestra señales de bipolaridad o de hipocresía. Su alma se levantó de su postura ante Dios y exhortó a los "vientos", pidiendo una respuesta de ellos en vez de Dios. Pero veremos en el Salmo algo más precioso que lo que puede provocar un simple juicio sobre David de parte del lector. ¡David cambió de audiencia! Nosotros, los lectores, recibimos un vistazo privilegiado de un evento personal en la vida de David, muy similar a lo que nosotros experimentamos en la vida.

La audiencia de los primeros dos versículos es el lector (nosotros), pero luego cambia de audiencia a sus oponentes. Primero, David nos comparte acerca de cómo Dios interactúa con su pueblo. Son verdades que nunca cambiarán y promesas que nunca serán rotas. Sin embargo, no hay relación tan tierna con Dios que detenga las tormentas de la vida, quien nos salva por medio de ellas. David se encuentra en una situación donde, según el texto, hay personas que planean juntos para tumbarlo del lugar que Dios le ha dado.

Solamente consultan para arrojarle de su grandeza. Aman la mentira;
Con su boca bendicen, pero maldicen en su corazón. Selah

Vs. 4

Estas personas ven el estatus real de David y consultan entre ellos para quitarlo. Pero el siguiente detalle es para colmo de males. Ellos tienen acceso a David porque, al verlo, lo bendicen. Son mentirosos porque David sabe que cuando dicen "vive para siempre, oh rey" en sus corazones lo maldicen. David está consciente de la doble cara de sus adversarios y el lector observador puede empatizar con el dolor resultante de tal descarada deslealtad.

David se encuentra en una situación bastante difícil. Algunos que han tenido el privilegio de tener acceso a su persona lo bendicen, pero se reúnen en privado para quitarlo de su trono o dar un golpe de estado. El rey tiene que tomar una decisión. ¿Cómo tratará con esta situación? ¡Qué retribución merecida sería hacerles una cena y mandar a los soldados a que los empalaran públicamente y así mostrar su fuerza! O quizás planear una ejecución pública y reestablecer así el temor del pueblo ante las consecuencias perdurables y seguras por traición. Sin embargo, no es así de fácil. Sabemos por otros textos que David tenía estas luchas entre su propia familia. Además, a David le fue negado el privilegio de construir el templo del Señor por sus hábitos y comportamientos sangrientos. La violencia no siempre puede ser la respuesta para un hombre ungido por Dios. Veamos con anticipación su reacción.

Alma mía, en Dios solamente reposa.
Vs. 5a.

¡Qué respuesta más espléndida! David responde al cambiar por segunda vez la audiencia del Salmo. Primero, la audiencia fue el lector y David tomó el papel de pastor, enseñándonos acerca de la salvación de Dios. En el versículo 3, David cambia de audiencia hacia sus enemigos y se nos abre una ventana a un escándalo en el palacio. David está perturbado por la traición y sabe de los planes para quitarlo del trono. En el versículo 5, la audiencia cambia para ser su propia alma. David está por predicarse a sí mismo las mismas verdades que nos enseñó en los primeros dos versículos. David de antemano ya tuvo la teología y ahora en medio de una situación, se predicará, pero no con palabras suyas para consuelo o justificaciones para violencia, sino las verdades de Dios (teología).

David reconoce, por la gracia de Dios, que su alma debe estar acallada solamente ante Dios pero la presente situación lo ha sacudido. En vez de clamar a Dios con un reproche como, "Dios, me ungiste y me colocaste en este trono. Yo no lo busqué, ¿y ahora vas a permitir esto?" Pero no, David clama a su propia alma para arrepentimiento. David no adopta la mentalidad de víctima, sino reconoce primero en dónde su confianza en Dios ha faltado en este escenario.

Porque de él es mi esperanza. El solamente es mi roca
y mi salvación. Es mi refugio, no resbalaré.
Vs. 5b. – 6

Creo que el siguiente gráfico nos ayudará a ver que David simplemente toma la teología y se la predica a sí mismo. ¡He aquí, la auto predicación! Se trata de convertir una afirmación bíblica acerca de Dios: quién es y cómo se relaciona con nosotros, y las afirmaciones bíblicas acerca del hombre:

quién es y cómo se debe relacionar con Dios. Y por supuesto desde nuestro punto cronológico actual, quién es Cristo y cómo cierra la enorme brecha entre el hombre y Dios.

	DIAGRAMA DEL SALMO 62 VS. 1-2, 5-6		
Vs. 1	En Dios solamente está acallada mi alma	Alma mía, en Dios solamente reposa	Vs. 5
Vs. 1	De él viene mi salvación	Porque de él es mi esperanza	Vs. 5
Vs. 2	El solamente es mi roca y mi salvación	El solamente es mi roca y mi salvación	Vs. 6
Vs. 2	Es mi refugio	Es mi refugio	Vs. 6
Vs. 2	No resbalaré mucho	No resbalaré	Vs. 6

La auto predicación es tomar una verdad o afirmación de Dios y convertirla en un imperativo. Por ejemplo, el vs. 1 nos presenta una afirmación: "En Dios solamente está acallada mi alma". El imperativo en la predicación es "alma mía, en Dios solamente reposa". Con esto en mente, ¿qué sucede en un momento de aflicción si no tenemos concretadas en nuestras mentes y corazones las afirmaciones de Dios? ¿Con qué contenido llenaremos la constante conversación interior?

Paso 1 en la auto-predicación: No espere hasta la adversidad para conocer las eternas afirmaciones (promesas) de Dios

El primer paso trata con la vida cotidiana. Es una disciplina enriquecedora que cambia la vida de cualquier cristiano y es indispensable. Nuestras mentes archivan datos a niveles más allá de lo que se ha podido cuantificar, y esto sucede por el diseño de Dios. Este primer paso se trata más de un estilo de vida en vez de una respuesta a un problema específico y momentáneo. Hoy en día, se habla mucho de la necesidad de buscar lo práctico en las Escrituras y se suele hablar de "aterrizar" un mensaje. Sin embargo, difiero un poco con este método. En la lectura bíblica nuestra meta es conocer y ver más de la gloria de nuestro Dios en Cristo, y eso basta. Aunque llegamos a puntos prácticos, más deben ser medios para el despliegue de la gloria de Dios en vez de terminar con un punto que se enfoca en nuestras vidas. Aunque aterrizamos con un punto de reflexión personal, de ahí debemos despegar de nuevo para terminar en la majestad divina de nuestro Rey.

Paso 2 en la auto-predicación: Tome las afirmaciones que ha aprendido de Dios y ordénese (imperativo) creerlas.

Nuevamente, el versículo 5 muestra el imperativo "Alma mía, en Dios solamente reposa". Esto es un orden y una exhortación a su corazón fluctuante. Podemos tomar cualquier texto y convertirlo en un imperativo. Veamos el siguiente ejemplo:

> *Vosotros, maridos, igualmente, vivid con ellas sabiamente, dando honor a la mujer como a vaso más frágil, y como a coherederas de la gracia de la vida, para que vuestras oraciones no tengan estorbo.*
> 1 Pedro 3:7 RVR60

Lo que tenemos en este texto ya está en forma de imperativo. Una exhortación personal puede ser la siguiente: Alma mía, vive con María Elizabeth (Betty) de una manera comprensiva. Ella no es tu socio, tampoco tu empleado y tú no eres su amo ni su dictador. Ella hace un excelente trabajo como mamá y esposa. No le sobre cargues con expectativas inalcanzables. Dios la ha diseñado de una forma que complementa al hombre y lo que la hace fuerte a ella no es lo mismo que te hace fuerte a ti. Como un vaso de alto valor, hay que honrarla por tal diseño en ella. Pero si exiges que sea un martillo como tú, la quebrarás. Alma mía, por tu rol de liderazgo en la familia, no te creas mejor que ella. Cristo murió por ella al igual que murió por ti. Ella también es coheredera con Cristo. No se juega con lo que Cristo compró con su sangre. El trato de ella es tan importante para Dios que Él prefiere que aprenda a amarla de tal manera que lo contrario puede afectar negativamente mi comunión con Él. Así de tanto, le importa a Dios que mi función como esposo represente a Cristo para con su iglesia y debo poner esto antes de cualquier razón que crea yo que tenga en cualquier situación. Dios, te pido en el nombre de Cristo que me concedas el arrepentimiento por la forma como he tratado a mi esposa de una manera que contradice tu Palabra y contradice el trato que tiene Cristo con su iglesia. Te pido que mi matrimonio refleje las verdades de Cristo y su iglesia para que seas glorificado en Cristo por mi vida y matrimonio.

¿Pueden ver cómo en este ejemplo personalicé el texto, lo aterricé pero, al final, lo despegué de nuevo? No terminé en tratar mejor a mi esposa. Terminé en la gloria de Cristo. Y esta es la diferencia entre una prédica humanista, o antropocéntrica, y una prédica Cristo-céntrica.

Veamos un ejemplo respecto a la sexualidad.

> *Huid de la fornicación. Cualquier otro pecado que el hombre cometa, está fuera de su cuerpo; mas el que fornica, contra su propio cuerpo peca. ¿O ignoráis que vuestro cuerpo es templo del Espíritu Santo, el cual está en vosotros, el cual tenéis de Dios y que no sois vuestros? Porque habéis sido comprados por precio; glorificad, pues, a Dios en vuestro cuerpo y espíritu, los cuales son de Dios.*
>
> 1 Corintios 6:18-20 RVR60

El contexto trata con algunos corintios que iban aún con prostitutas del templo griego. Sin embargo, Pablo enfatiza que hemos de huir de cualquier fornicación. La fornicación es cualquier acto sexual, ya sea imaginario o en persona, fuera de un solo hombre o de una sola mujer dentro del pacto matrimonial (ver vs. 16-17). Uno puede, y debe, predicarse este texto tanto fuera de momentos de tentación como estando en tentación sexual.

(Su nombre aquí), huye de la tentación sexual. No tomes una pausa, no estés de coqueto, no consideres cómo sería la experiencia, no busques la manera de justificarlo, ¡sino corre! Aléjate de esta situación como si estuvieras huyendo por tu vida, lo cual es el presente caso si estás en tentación. Este pecado lleva a la muerte. Corre. Este pecado en específico une a lo que fue comprado por Cristo para ser templo del Espíritu Santo con alguien fuera del pacto matrimonial como se define y fue diseñado por Dios. Soy su templo. Lo que había vivido antes fue desperdicio, pero ahora la sangre de Cristo ha rociado este cuerpo para santificarlo. ¡Soy su templo! Dios, en Cristo, saciará mi alma, pero este pecado sólo adorna la muerte. Tanto mi espíritu como mi cuerpo pertenecen a Cristo. Cualquier deseo mío que no respeta a mi dueño es producto de mentiras. Las relaciones sexuales unen a un hombre y una mujer de por vida en el pacto matrimonial, pero son veneno fuera de él. Todo lo que este pecado me promete se desvanecerá en cuanto me rinda a sus mentiras y me quedaré insatisfecho, enfrentando las consecuencias que provoca. El sexo no da satisfacción, sino sólo Cristo sacia el alma. La Palabra me promete que, si yo no cedo ante la tentación, el que huirá será Satanás y, a través de esta prueba, conoceré más la salvación, la roca y el refugio, los cuales se manifiestan en Cristo.

Paso 3 en la auto-predicación: Acuérdese de las razones bíblicas por las que debe confiar en Dios.

> *Porque de él es mi esperanza. El solamente es mi roca*
> *y mi salvación. Es mi refugio...*
> Vs. 5b.-6a.

Vemos en el Salmo que no solamente se ordena creer o actuar, sino que se ofrecen las razones. Notemos la ternura de Dios. Sólo tiene que decir "obedézcanme y ya". De hecho, tiene todo el derecho de hacerlo; sin embargo, vemos a Dios tratándonos como vasos más frágiles también. Nos ofrece razones para sus mandatos y todas son para nuestro bienestar. Veamos otro ejemplo en otro Salmo:

> *¿A quién tengo yo en los cielos sino a ti? Y fuera de ti nada deseo*
> *en la tierra. Mi carne y mi corazón desfallecen; Mas la roca de mi*
> *corazón y mi porción es Dios para siempre. Porque he aquí, los*
> *que se alejan de ti perecerán; Tú destruirás a todo aquel que de*

ti se aparta. Pero en cuanto a mí, el acercarme a Dios es el bien;
He puesto en Jehová el Señor mi esperanza, Para contar todas tus
obras.

Salmo 73:25-28 RVR60

Asaf, después de criticar el supuesto trato benéfico de Dios
con los malvados y la supuesta injusticia de Dios con los
"buenos", toca fondo respecto a su razonamiento y entra en
el santuario de Dios. Ahí Dios le aclara muchas cosas y Asaf
se da cuenta de que nadie es "bueno" sin la justicia de Dios
y que el añoro de cada corazón debe ser un lugar con Dios
en gloria en vez de nivelar la báscula en esta vida. Este texto
ofrece muchas razones por las que debemos confiar en Dios
aun cuando no entendemos sus métodos. La razón final que
Asaf ofrece por la que debe confiar en Dios y no apoyarse en
su propio razonamiento es que su bien es acercarse a Dios,
y no alejarse de Él.

Paso 4 en la auto-predicación: Se requiere auto-examinación durante el proceso

No resbalaré.
Vs. 6b.

Volvamos al Salmo 62. Antes de esta predicación, David había concluido anteriormente con la afirmación "no resbalaré
mucho". Cuando llega al punto de predicar a su alma dichas
afirmaciones, hace un pequeño pero enorme ajuste. Elimina
una sola palabra: *mucho*. Ahora bien, tengamos cuidado en
las Escrituras de investigar antes de formular un punto de
verdad sobre una sola palabra, especialmente debido a que

tratamos con traducciones de los lenguajes originales. Pero en este caso, después de revisar el hebreo original, uno puede notar que David ha eliminado esta palabra. ¿Por qué el cambio? Creo que se puede deducir que la fe de David creció en medio de esta prueba. Había hecho la afirmación de que Dios, como su roca y refugio, no lo dejaría resbalar mucho en la prueba. Sin embargo, en medio de la prueba David experimenta el poder y cuidado de Dios a tal punto que hace la afirmación nuevamente en medio del contexto de imperativos de que, en Dios, no resbalaría. Punto.

Creo que aquí vemos autoevaluación, y David nota que cuando las afirmaciones que conoce acerca de Dios están puestas en acción, la misma fe crece y se fortalece. Puede que nos sirva para entender mejor cómo una prueba puede ser, en manos de Dios, una oportunidad de crecer en Él. La importancia de esta actitud no puede ser exagerada. Si nosotros aceptamos que la meta de Dios es que se forme Cristo en nosotros (Romanos 8:28-29), nos ayudaría mucho no victimizarnos. El optimismo divino nos libera del pozo sin fondo de la autocompasión y nos abre al crecimiento exponencial.

Paso 5 en la auto-predicación: No se pierda del aspecto personal de la intervención de Dios

En Dios está mi salvación... En Dios está mi roca fuerte, y mi refugio.
Vs. 7

Leamos este versículo una y otra vez hasta que los detalles que pueden parecer bidimensionales se levanten de la página para mostrar su profundidad. Dios no me otorga salvación, y no pone una roca fuerte por debajo de mis pies. Tampoco me edifica un refugio. Si no entiende por qué digo esto, lea el texto nuevamente antes de leer los siguientes comentarios. Una y otra vez enfóquese en cada detalle, preposición y verbo.

¿Lo pudo captar? Dios no otorga salvación, una roca fuerte, ni un refugio. En Dios mismo *está* nuestra salvación, nuestra roca fuerte, y nuestro refugio. Una inagotable bendición de una prueba es que, al clamar a Dios, de repente nos podemos dar cuenta de que nos coloca sobre una roca inmovible y que estamos envueltos en la protección de un refugio. ¡Pero no termina ahí! En el momento de sentir el alivio de estar seguros, protegidos y a salvo de la tempestad, se enfocan nuestros ojos espirituales en un detalle del escenario que no habíamos visto antes. ¡No sólo nos encontramos salvos, sino que nos encontramos con Dios mismo! Dios es la roca que nos sostiene. Dios es el refugio que nos protege. Nos habíamos encontrado en medio de una terrible situación, sin embargo ahora nos encontramos ante el Dios del universo. No estuvo tan ocupado para estar aquí con nosotros. Nuestro problema no fue tan insignificante para el tres veces santo Dios trino que no pudo llegar personalmente a nosotros en medio de nuestra debilidad y vergüenza. Por favor, no se pierda de estos hermosos y consoladores detalles.

Paso 6 en la auto-predicación: Reconozca que nuestra identidad se define por Dios

...y mi gloria...
Vs. 7b.

No creo que es necesario convencerle de que una prueba nos sacude tanto que puede poner en cuestión nuestra propia identidad. Una tormenta en la vida suele provocar dudas en las preguntas existenciales de la vida y una prueba común trata con quiénes somos nosotros realmente. Si perdemos a alguien que amamos, si somos atacados por personas que una vez estimábamos, o caemos en un grave y vergonzoso pecado, podemos cuestionar nuestra propia dignidad o valor ante Dios.

La verdad, dicha crisis existencial puede resultar en una bendición. Nos sirve de lupa para ver en qué basábamos nuestra identidad y valor. De manera inconsciente, muchos podemos apoyarnos en las opiniones o la aprobación de otros, e incluso en nuestra contribución al reino de Dios. Cuando el suelo nos es quitado por debajo de los pies, no tendremos dónde caer sino descansar en quiénes somos en Cristo.

Acuérdense del presente contexto. David se había quejado de las personas que "con su boca bendicen, pero maldicen en su corazón" (vs. 4b.). En vez de concluir que ellos recibirán su merecido, por lo que parece David se había apoyado en la lealtad y fidelidad de estas personas más de lo que debía. Fue Dios quien había ungido a David como rey. Fue Dios quien envió a Samuel y le reveló su elección. ¿Por qué ahora necesitaba de la aprobación y lealtad de hombres para seguir en su llamado? No señores, en Dios está mi gloria, y no en el consenso.

El ministerio *Sovereign Grace* ha compuesto tantas alabanzas bíblicas y Cristo-céntricas para la iglesia. Uno de sus títulos que me ha bendecido mucho es "Mi vida es Cristo" cuyo verso 3 resume bien el punto en cuestión:

Ahora Señor, tuyo seré
Y viviré por Ti
Tus mandamientos seguiré
Por tu poder en mí
Usa mi vida, oh Señor
Como lo quieras Tú
Y que sea siempre mi canción
"Mi gloria eres Tú"[19]

Sólo estando en Dios y contemplando su gloria en la faz de Cristo (2 Corintios 4:6), hallaremos nuestra verdadera identidad. No sé en qué o quién ha buscado últimamente su identidad y gloria, pero si no es Dios en Cristo, sólo falta una tremenda lucha para que se dé cuenta de que será llevado con la tempestad. Sólo en Dios está su salvación, su roca, su refugio y su gloria.

Paso 7 en la auto-predicación: Ayude al prójimo con estas verdades

Esperad en él en todo tiempo, oh pueblos; Derramad delante
de él vuestro corazón; Dios es nuestro refugio. Selah
Vs. 8

¿A quién se dirige David ahora? La audiencia de los vs. 1-2 fue el lector; la audiencia de los vs. 3-4 fueron los enemigos de

---

19 https://sovereigngracemusic.org/music/songs/mi-vida-es-cristo/, accedido 8 de diciembre, 2020.

David; la audiencia de los vs. 5-7 fue su propia alma; y ahora la audiencia cambia nuevamente al lector. David ha sido sacudido, rehecho, reconfirmado y restaurado por Dios en medio de una inmensa prueba. Ahí no termina. Ahora David vuelve al lector y nos exhorta a que aprendamos de su situación.

La vida cristiana se vuelve infructuosa y se estanca cuando se centra solo en lo que Dios puede hacer por uno. Una vez que experimentamos la gloria de Dios después de haber estado en medio de la escoria del pecado y la aflicción, anunciémoslo por las cimas de las montañas. Nuestra gratitud, alivio y comunión con Dios debe ser de tal intensidad que rebose en otros. Es un tesoro tan valioso y sin fin que debemos ofrecerlo a todos sin demora.

Me fascinan los musicales. Ninguna película puede conmoverme y provocar tanta introspección en mí como un musical que ofrece una narrativa con la que me puedo identificar. La que más me ha fascinado a través de los años es Fiddler on the Roof (El violinista en el tejado) en el que Tevye, un judío que vive en una comunidad judía por Rusia (ca. 1905) enfrenta el derrumbe tanto de sus sueños para sus hijas como de su tradición, a medida en que sus hijas se casan. La tercera, incluso, se casa sin su bendición con un joven ruso, lo cual quebranta a Tevye completamente. La manera en que a la audiencia le es otorgado un lugar privilegiado para escuchar como Tevye se desahoga cuando está a solas, sus conversaciones con Dios y con la audiencia conmueven a cualquier papá hasta las lágrimas. Lo he relacionado a él como un papá que no pudo dar a su familia lo que siempre había querido, y también cómo lucha por la familia y añora el día en que pueda ver a sus hijos evitar sus mismos errores. Al ver la obra en vivo, también la película de 1971, uno experimenta el gozo que rebosa de Tevye en unas ocasiones, y en otras, el llanto.

En mi vida cristiana he experimentado la gloria de Dios, especialmente en el texto bíblico, a medida que Cristo es revelado en él. Después de escudriñar un texto, una y otra vez, estudiando las varias capas de su contexto, me he encontrado en silencio ante la majestad de Dios. Me sigue cambiando, exhortando y consolando. Me he dado cuenta en estos años de la magnificencia de Dios, la cual ha sido el añoro evasivo por tantos años de mi juventud. Ya he visto la mano de Dios en momentos de sufrimiento y pérdida. No la veía en ese entonces, sino ahora mirando hacia atrás, escudriñando el texto bíblico y a la vez, escudriñando mi memoria. Dios siempre estuvo ahí. Consuela hasta lo más profundo del dolor el saber que no estuve solo. Pero también me avergüenza, sabiendo que pecaba ante su presencia y no me dio mi merecido. Y es ahí donde veo a Cristo nuevamente, tomando la vergüenza y la pena de mi pecado sobre Sí, y estoy quebrantado. ¡Cómo anhelo que otros vean dicho destello de gloria que he visto yo! Si sólo pudiera hacerle entender cómo es ser hallado en Cristo y verlo una y otra vez en las Escrituras. Respecto a los que hemos experimentado el amor y perdón de Dios en Cristo, ¿cómo podemos quedarnos callados? Es un deleite invitar a otros a este banquete espiritual. Como Tevye, hemos de invitar a otros a que experimenten la historia con nosotros. Hemos de darle una silla privilegiada a la obra de Cristo en la cruz, y celebrar con ello su victoriosa resurrección. El pecado es simplemente un asco. ¿No le da hasta ansiedad el poder mostrar a otros la plena libertad y profunda satisfacción que existe del lado opuesto del muro de pecado? El perdonado experimenta la vida verdadera en Cristo, mientras el mundo sigue golpeándose desesperanzadamente buscando lo que el pecado no puede dar. No lo dejemos atrás. Comparta con otros lo que Dios ha hecho y sigue haciendo en Cristo.

Paso 8 en la auto-predicación: Considere todo como pérdida en vista de conocer a Cristo

> *Por cierto, vanidad son los hijos de los hombres,*
> *mentira los hijos de varón; Pesándolos a todos*
> *igualmente en la balanza, Serán menos que nada.*
> *No confiéis en la violencia, Ni en la rapiña;*
> *no os envanezcáis; Si se aumentan las riquezas,*
> *no pongáis el corazón en ellas.*
>
> Vs. 9-10

Como David había mencionado antes, en Dios está su gloria. En Dios está su valor e identidad. La infidelidad de los hombres lo había sacudido anteriormente, pero ahora entiende que no necesita su aprobación ni apoyo para seguir adelante en el llamado que Dios le había dado. Dios lo puso ahí, y sólo Dios lo puede quitar. David había puesto su gloria contingente en cómo lo admiraban y le servían. Pero ahora sabe que su única gloria como rey está en Dios y toda la verdadera gloria es de Dios y para Dios. Con lo que había aprendido, a la luz de conocerse como Dios lo ve, David ahora evalúa el pobre estado del hombre. Se da cuenta de la plenitud de pobreza que es buscar aprobación de los hombres. En la báscula de Dios, no pesa nada. Por ende, no confiemos en las maquinaciones y manipulaciones de los hombres para establecer nuestra identidad, lugar y consuelo en este mundo.

W. S. Plumer comenta lo siguiente acerca del lenguaje de nuestro texto acerca del hombre y lo que puede otorgarnos por su aprobación y promesas:

> Un hebreo no podría haber usado lenguaje más fuerte para expresar su concepto respecto a la absoluta nada que es nuestra miserable raza. El propósito de este versículo es establecer las grandes verdades: que solamente Dios es digno de [nuestra] dependencia, que Él solamente es nuestro refugio.[20]

A medida que vivimos queriendo agradar a los hombres para cimentar y asegurar nuestro lugar ante ellos, o queriendo buscar en ellos salvación y refugio, lamentablemente solemos confiar más en el poder humano para lograr tal fin. Además, por lo que parece, David aquí denuncia las maneras en que estos hombres desleales buscaban quitarlo de su poder.

Una vez habló Dios; Dos veces he oído esto:
Que de Dios es el poder, Y tuya, oh Señor, es la misericordia.
Vs. 11-12a.

Este texto procede el punto anterior. Estos hombres buscaron poder por la violencia (literalmente extorsión) y la rapi-

---

20 Plummer, WS, *Studies in the Book of Psalms*, Geneva Series, pg 625

ña (literalmente pillaje). De hecho, cuando Dios permita por medios buenos que se aumenten las riquezas, no confiemos en ellas. Sólo de Dios es el poder y la misericordia. Decir "una vez habló Dios; Dos veces he oído esto" puede significar que Dios lo dijo, y una y otra vez he sabido de testimonios de su veracidad. En otras palabras, Dios no solamente lo promete, sino que demuestra una y otra vez que de Él es el poder y la misericordia. Por ende, todas las maquinaciones, todas las manipulaciones, todas las promesas de los hombres, e incluso todo lo que me fue dado terrenalmente es estimado como pérdida ante el poder de Dios para llevar a cabo su santa voluntad.

En Cristo, todo lo que nos promete lealtad y seguridad en esta vida fuera de Él es como pérdida. La vida en Cristo, incluyendo el poder sobre el pecado, es de Dios y no fluctúa ante las circunstancias de esta vida. Dios es soberano y nadie más. Dios es nuestra salvación, nuestra roca, nuestro refugio y nuestra gloria. Yo no puedo ser eso para nadie, y tampoco lo puede ser el discipulador. Nosotros los apuntamos hacia el poder y la misericordia de Dios en Cristo.

Paso 9 en la auto-predicación: Sin Cristo, no hay esperanza porque también de Dios es el juicio

Porque tú pagas a cada uno conforme a su obra.
Vs. 12b.

Tengamos cuidado de no concluir que somos víctimas y que Dios se hará cargo de nuestros enemigos. Si Dios simplemente "paga a cada uno conforme a su obra", David estará en la misma situación que sus enemigos. Debido a malas influencias humanistas, como la teología de la liberación, fácilmente nos podemos poner en una categoría de los privilegiados de Dios y todo enemigo de mi felicidad debe ser enemigo de Dios.

En este Salmo vemos dos categorías de personas: el perseguido y el adversario. Para el perseguido, Dios es su salvación, roca, refugio y gloria. Para el adversario, Dios es su juez. Cuidémonos de no considerarnos simplemente como el perseguido y todos los que no quieren lo mejor para nosotros, como los adversarios. Debido a nuestro pecado, todos somos los adversarios, inclusive David. Sin embargo, Dios Hijo se hizo carne, tomó el rol del Postrer o Segundo Adán. Vivió en perfecta obediencia al Padre; sin embargo, voluntariamente fue a la cruz y aunque ahí fue el único perfecto que fue perseguido, tomó el lugar del adversario y el Padre se convirtió en su juez. En Cristo, por la fe, somos trasladados al lugar de Cristo en perfecta justicia en dicho intercambio majestuoso. Es por la fe en la salvación y perdón de Dios, y debido a la certeza de este futuro evento que David, un pecador adversario de la santidad de Dios, pudo tener a Dios como salvación, roca, refugio y gloria (Romanos 4:6-8). Y es por la fe en el cumplimiento de este evento que nosotros ahora podemos tener a Dios como salvación, roca, refugio y gloria.

¡Cuán inmenso es el evangelio de nuestro Señor y Salvador, Cristo Jesús! La perfecta justicia de Cristo, totalmente foránea a nosotros, nos es otorgada y todo para la gloria de Dios.

Conclusión

La auto predicación debe ser un constante hábito en la vida de todo cristiano. Entre lo que podemos ofrecerle, es una de las bendiciones más efectivas que rendirá más fruto en la vida del aconsejado. Es la proactividad de la Palabra de Dios, glorificando a su tema central quien es Cristo para nuestras vidas cotidianas. Le animo, estimado lector, a que practique esta auto predicación con su aconsejado y que le deje de tarea algunos textos para practicar en su casa.

Aunque todo cristiano lucha con la tentación, su poder de creer tan fácilmente el engaño de sus mentiras se desvanecerá en gran manera y seremos fortalecidos en Cristo, a medida que pongamos en práctica la Palabra de Dios, efectuada por la gracia de Dios en Cristo. No obstante, toda tentación será vencida por siempre y para siempre en la resurrección. Hay una luz ante esta oscuridad. Hay esperanza y mientras tanto, tenemos la ayuda de nuestra Salvación, Roca, Refugio, Dios, quien es nuestra gloria. No desmayemos.

Parte 3

UNA RESPUESTA APOLOGÉTICA

Capítulo 8

LA APOLOGÉTICA Y LA BIBLIA

Aunque todo lo que hemos visto hasta ahora tiene un tinte de apologética, de aquí en adelante entraremos en la porción más saturada de ella. Antes de responder a la compleja red de argumentos presentados por autonomía sexual, primero habremos de dar una introducción a la defensa de nuestra fe. Los teólogos han acuñado el término apologética para dicha defensa basándose en la palabra griega *apologia*.

> *Sino santificad a Dios el Señor en vuestros corazones, y estad siempre preparados para presentar defensa con mansedumbre y reverencia ante todo el que os demande razón de la esperanza que hay en vosotros.*
>
> 1 Pedro 3:15 RVR60

Apologia es la palabra griega para "defensa" o "razón" en este versículo. Notemos que el contexto ofrece el objeto de nuestra defensa y es la esperanza que tenemos, la cual es el mismo evangelio. En otras palabras, el mandato bíblico nos insta a que siempre usemos la defensa de la fe con el fin de compartir el evangelio. En este capítulo veremos una breve introducción a la apologética antes de entrar más directo en ella en los siguientes capítulos. Reitero, será breve, ya que una introducción justa a la apologética requiere mínimo un libro de trescientas páginas, pero por ahora sólo veremos un tipo, el cual el autor de este libro está convencido de ser el más bíblico y es conocido por "apologética presuposicional" o, mejor dicho, "apologética del pacto" como se acuñó por el Dr. Scott Oliphant del seminario Westminster.

EL ROL DE LA BIBLIA EN LA APOLOGÉTICA

Se mencionó en los capítulos anteriores sobre el matrimonio bíblico que, si no tenemos un entendimiento y una apologética basada en el diseño de Dios para el matrimonio, no tenemos derecho ni plataforma para responder a las perversidades de nuestros días. Con eso en mente, no pondremos la Biblia a un lado en el debate actual. En los siguientes capítulos, exploraremos el movimiento LGBTQ+ e ideología de género con la Biblia en la mano. Por supuesto estudiaremos sus posturas y examinaremos sus afirmaciones a la luz de estudios científicos. Sin embargo, la tendencia creciente en la iglesia de creer en un terreno neutral tiene que ser desafiada aquí. No existe tal cosa como "objetividad" fuera de la verdad del Creador. Dios es la verdad y no nos avergonzaremos de Él y de las eternas verdades que ha revelado en su Palabra. Si el mundo ha de ser rescatado y perdonado, se hará bajo los términos de Dios. Hace algunos años, escuché a un pastor decir que ya no necesitamos personas que sólo prediquen ante la situación actual, sino que lo muestren con la ciencia y cifras. Me dio bastante lástima su desahogo, ya que procede de un intento erróneo de divorciar la revelación general (lo observado y colocado en la consciencia – Salmo 19:1-6; Romanos 1-2) y su infalible e inerrante intérprete siendo la revelación especial (la Palabra de Dios – Salmo 19:7-14; 2 Pedro 1:19-21; 2 Timoteo 3:15-16).

Porque la ira de Dios se revela desde el cielo contra toda impiedad e injusticia de los hombres que detienen con injusticia la verdad; porque lo que de Dios se conoce les es manifiesto, pues Dios se lo manifestó. Porque las cosas invisibles de él, su eterno poder y deidad, se hacen claramente visibles desde la creación del mundo, siendo entendidas por medio de las cosas hechas, de modo que no tienen excusa. Pues habiendo conocido a Dios, no le glorificaron como a Dios, ni le dieron gracias, sino que se envanecieron en sus razonamientos, y su necio corazón fue entenebrecido.

Romanos 1:18-21 RVR60

Algunos argumentarán que el mundo sólo hará caso a la ciencia, pero estos versículos nos recuerdan que no debemos asumir que están en una búsqueda sincera por la verdad. Se puede entender el sentir de los que creen que la Biblia no tiene lugar en un debate porque, en teoría, uno quiere convencer usando límites acordados entre los dos campos. Pero dicha teoría es sólo eso. En mi propia experiencia, he enseñado en más de 20 universidades públicas múltiples veces, sobre las verdades de Dios, y participado en algunos debates con profesores ante los estudiantes. He aprendido que mucho de lo que estimamos respecto a la efectividad en un ambiente "secular" es completamente incorrecto. Las puertas de dichas universidades permanecen abiertas y aunque he debatido con cifras y estudios científicos, nunca me he avergonzado de citar la Palabra de Dios. Aprendí mucho por estas experiencias. Primero, al final del día, tenemos que admitir que sólo Dios puede cambiar el corazón, lo que ningún dato puede lograr. Segundo, esta lucha no es académica o intelectual, sino espiritual. Tercero, nunca me he arrepentido de citar la Palabra de Dios en un ambiente tan antagonista y, de hecho, cuando ha provocado polémica, me ha abierto la plataforma para refutar falsos ataques de los profesores en contra de la Palabra y compartir abiertamente el evangelio en lugares donde nunca se ha compartido de manera pública.

Quinto, *la fe es por el oír, y el oír, por la Palabra de Dios*, Romanos 10:17. Sexto, al terminar cada día, debemos preguntarnos a cuál reino hemos representado y la gloria de quién fue exaltada.

Uno sólo tiene que escuchar un debate político para entender que datos y cifras no cambian perspectivas a un nivel intelectual, mucho menos en el ámbito espiritual. Por ejemplo, en un debate en una enorme universidad (sería más prudente no nombrar la universidad aquí) en Perú, 2019, compartí estudios del Dr. Nathaniel Jeanson, PhD en biología celular y desarrollo de Harvard, sobre cómo las tasas de especiación apuntan más a un cuello de botella de hace unos pocos miles de años (los animales que bajaron del Arca) en vez de millones de años y compartí sobre predicciones empíricas que concuerdan con una reciente creación en vez de millones de años de evolución aleatoria. Cuando mi tiempo se acabó, un profesor subió y respondió de una hoja pre-escrita sobre cómo los creacionistas aún no han podido ofrecer ningún dato científico, sino sólo niegan una y otra vez las teorías darwinianas debido a las lagunas que no se han resuelto sin ofrecer ninguna predicción o estudio científico. Me quedé asombrado. Ni siquiera mencionó lo que había dicho y entró en el debate con su conclusión ya escrita y, por lo que parece, ensayada. En el subsecuente panel de preguntas y respuestas, le pregunté por qué no quiso interactuar con mi presentación e ignoró la pregunta. No pude conformarme con su silencio y decidí dirigirme a un profesor de biología en la audiencia que demostraba abiertamente molestia con la presentación del hermano que me acompañaba (finalmente éramos dos contra dos). Le pregunté al profesor de biología por qué no decía nada respecto a la información biológica de mi presentación. ¿No tuvo nada que oponer o retar? Y me dijo que no. Después, el otro profesor del lado opositor solo empezó a lanzar ataques sin base en contra de la Biblia. No lo pude entender. Tres profesores de ciencia, uno con tres doctorados, y total silencio en relación a las investigaciones sobre la biología molecular.

Lamentablemente, por mi experiencia, la mayoría de aquellos cristianos que no quieren meter la Biblia en tales ámbitos públicos sólo hablan en teoría y no tienen mucha experiencia compartiendo en ellos. Subestiman el poder de la Palabra de Dios e ignoran (me imagino inconscientemente) tanto la *soteriología*, como la *hamartiología* con sus efectos *noéticos*. Me explico: la soteriología trata con la salvación. De acuerdo con la Biblia, tenemos un problema espiritual y sólo la obra regeneradora del Espíritu Santo, a través del evangelio, nos puede dar un nuevo corazón, dispuesto a aceptar la verdad. Sólo las ovejas de Cristo escuchan su voz y nuestro mandato en este mundo es ser voceros de su voz al predicar su Palabra, *derribando argumentos y toda altivez que se levanta contra el conocimiento de Dios, y llevando cautivo todo pensamiento a la obediencia de Cristo.* (2 Corintios 10:5)

Respecto a la hamartiología y los efectos noéticos del pecado, la Biblia nos enseña que la condición del hombre sin Dios no puede ser neutral. El pecado ha afectado no solamente nuestra relación con Dios, sino también cómo nos relacionamos con toda la realidad hecha por Dios. El corazón y el razonamiento del hombre no quieren y no pueden recibir las verdades de Dios (1 Corintios 2:14) y necesitan de la intervención de Dios si han de acercarse a Él, o mejor dicho ser acercados a Él.

Nos tenemos que hacer la pregunta antes de dialogar con este mundo confundido. ¿Cuál es el objetivo de esta conversación? Si es tener la razón, o desquitarnos, siempre caeremos en el error. ¿Cuál es la respuesta que necesita el mundo? La respuesta es una conversión al nivel del individuo con Cristo. ¿A qué o quién estamos defendiendo o promoviendo? Si es un sistema, o incluso uno mismo, nos conformaremos con sólo aprender unos argumentos adornados con un léxico popular con apariencia académica con el fin de exhibirnos.

Porque de él [Cristo], *y por él, y para él, son todas las cosas. A él sea la gloria por los siglos. Amén.*

Romanos 11:36 RVR60

Él [Cristo] *es la imagen del Dios invisible, el primogénito de toda creación. Porque en él fueron creadas todas las cosas, las que hay en los cielos y las que hay en la tierra, visibles e invisibles; sean tronos, sean dominios, sean principados, sean potestades; todo fue creado por medio de él y para él.*

Colosenses 1:15-16 RVR60

Todo es para la gloria de Cristo. Si hemos de ser humillados al presentar una defensa del evangelio, es para la gloria de Cristo. Si respondemos precisamente a argumentos, poniendo en evidencia las suposiciones erróneas en el sistema del mundo, es para que el evangelio de Cristo sea proclamado de manera más directa, cuyo fin es la gloria de Cristo.

Las primeras palabras en 1 Pedro 3:15 nos amonestan: *santificad al Señor en vuestros corazones*. Aquí tenemos el corazón de la apologética. Nosotros fuimos comprados por un precio y nuestro eterno Amo es digno de toda nuestra adoración. En todo lo que hacemos, decimos, pensamos, y al presentar una defensa o razón del evangelio, hemos de apartar la gloria del Señor de cualquier ambición o intención personal. Si el mundo quiere obligarnos a partir sin la Palabra de Dios, no debemos y no podemos ceder. Y si uno cree que sería más efectivo razonando completamente a partir del razonamiento, eso indica algo de cómo estima el poder de la Palabra a la luz de cómo se estima a sí mismo.

ARGUMENTO CIRCULAR

A menudo, el argumento más común para poner al lado la Biblia en la apologética es que promueve un argumento circular. Supuestamente, si yo digo que algo es verdad porque lo dice la Biblia, y si me preguntas cómo puedo saber que la Biblia es Palabra de Dios, la respuesta es que la Biblia dice que es la Palabra de Dios. Por ende, es llamado circular.

Antes de llegar a una conclusión acerca de dicha preocupación, hemos de rectificar un malentendido. Todo argumento es, finalmente, un argumento circular. A fin de cuentas, todos apelamos a una autoridad para cualquier premisa.

Consideremos a los ateos materialistas. Su autoridad final es el consenso del razonamiento humano en un área específica. Ya que no se puede repetir y tampoco observar en un laboratorio el origen del cosmos y de la vida, lo que es dogmáticamente enseñado en las universidades sobre el asunto es la opinión del consenso, o la mayoría, de estudiosos en su área. Sin embargo, si todo es el resultado de químicos aleatoriamente chocando en un sistema sin guía, diseño, ni propósito, entonces también lo es nuestro razonamiento. El razonamiento humano sólo se habría formado ciegamente a través de millones de años con el fin de la supervivencia y la reproducción. En otras palabras, el razonamiento resulta pragmático para promover nuestros genes por las generaciones. Entonces, puede ser que el razonamiento humano no refleja la realidad objetiva de cómo realmente son las cosas, sino solamente es una herramienta de supervivencia. Si el pensar que el cielo es amarillo promueve nuestra supervivencia, ¿cómo habremos de llegar a la conclusión de que el cielo es azul en un sistema que omite libre observación? Nunca habríamos sabido que es azul. La realidad exterior a nuestros sentidos no tuviera que coincidir con lo que aporta para la supervivencia. En un sistema evolucionista, ¿cómo podemos confiar en la objetividad del razonamiento humano si sólo es producto accidental de millones de años de accidentes benéficos? En fin, todos apelamos a una autoridad en un argumento, sea uno mismo, algún personaje o grupo de personajes. Si nuestra autoridad es un ser humano, todo lo que pensamos saber también se sujeta a la falibilidad y limitaciones de la experiencia finita del hombre. En otras palabras, es un asunto de la fe. Si mi autoridad es el eterno, inerrante Creador que trasciende las limitaciones intelectuales de la existencia humana, también se requiere la fe.

La fe no es solamente para los creyentes. Todo el mundo usa la fe sólo para sobrevivir. La fe que salva trata de la fe en Cristo, en otras palabras, el objeto de la fe. Pero el mundo usa la fe siempre que arranca su automóvil, creyendo que las leyes de combustión permanecerán (ya que en un sistema materialista no hay manera de saber si las leyes naturales permanecerán, y como dijo el ateo Bertrand Russell, el decir que seguirán solamente porque así siempre ha sido, o lo que es llamado "armonía preestablecida", es un argumento flácido).

Con base en que todos utilizamos la fe y finalmente argumentos circulares, eso no invalida el uso de evidencia. Sólo es una cuestión de cuál lleva la autoridad: la Palabra de Dios o la evidencia. Por ejemplo, si decimos que la Biblia es la Palabra de Dios porque se han cumplido tantas profecías, estamos colocando nuestra interpretación de profecías por encima de la Palabra de Dios. Mejor dicho, la Biblia es la Palabra de Dios y vemos evidencias de eso no sólo en el texto sino en su cumplimiento con profecías que preceden ciertos eventos en ocasiones por varios siglos.

Un momento de honestidad

¿Por qué cree realmente que la Biblia es la Palabra inspirada del Creador del universo? Le animo a que no formule una lista de evidencias porque esas mismas no fueron lo que nos convenció a la mayoría. Entonces, ¿por qué cree? Creo que la Biblia no nos deja asumir sobre esta pregunta. Es porque la gloria de Dios le fue revelada en la faz de Cristo a través de la proclamación de la Palabra de Dios de una manera u otra. Jonathan Edwards escribió:

> La mente asciende a la verdad del evangelio solamente a través de un paso en específico, y es su gloria divina ... A menos que un hombre pueda llegar a una razonable y sólida persuasión y convicción de la verdad del evangelio por las evidencias internas de ella, en la manera que se ha hablado, a saber, por la vista de su gloria; sería imposible que aquellos que son analfabetos y no conocen la historia, tengan una convicción completa y efectiva de todo.[21]

Esto significa que Dios llama al arrepentimiento tanto al erudito como al analfabeto principalmente de la misma manera, aunque la cronología y detalles de su conversión pueden diferir. Y se trata de una manifestación de lo que haya sido oculto de la humanidad desde la caída, la gloria de Dios por el evangelio de Cristo. Este argumento no tiene validez

---

21 Edwards, Jonathan. *Religious Affections*, 299, 303.

porque lo dice Jonathan Edwards, sino sólo es resultado de una apropiada exégesis de la Palabra de Dios. Consideremos lo que el Apóstol Pablo nos dice acerca de la principal diferencia entre el no creyente y el creyente. Primero, ¿por qué el incrédulo no se entrega a Jesús?

> *Pero si nuestro evangelio está aún encubierto, entre los que se pierden está encubierto; en los cuales el dios de este siglo cegó el entendimiento de los incrédulos, para que no les resplandezca la luz del evangelio de la gloria de Cristo, el cual es la imagen de Dios.*
>
> 2 Corintios 4:3-4 RVR60

No existe ningún estorbo intelectual, sino que el incrédulo está espiritualmente ciego. El hombre y la mujer en su estado de no alcanzar la gloria de Dios, usan su razonamiento para edificar y defender una fortaleza o castillo en contra de la invasión de la verdad de Dios. Algunos usan más su intelecto, otros argumentos cínicos, y otros su indiferencia. Hay varias maneras de resistir a Dios, sin embargo, el común denominador es el pecado, no el intelecto o malas experiencias con la iglesia o cristianos. No puede ver la gloria de Cristo revelada en el evangelio. Si la viera, se postraría de inmediato. ¿Cómo lo sabemos? Porque cuando Cristo sea revelado en su gloria, toda rodilla se doblará y toda lengua lo confesará, tanto los que serán salvos como los condenados (Filipenses 2:10-11). Pero por ahora, la gloria les es oculta. ¿Realmente tomamos un peregrinaje intelectual hasta llegar, por nuestro razonamiento humano, a la verdad de Cristo? Aunque algunos apologistas parecen hablar de que así fuera el caso para ellos, debemos tener en mente que Dios es soberano tanto sobre los medios como sobre los fines. Si un intelectual de este siglo empieza a acercarse a Dios por sus investigaciones sobre los fundamentos de la fe cristiana y finalmente experimenta una conversión, no se debe a su iniciativa o emprendimiento, sino que es un llamado efectivo de Dios. Muchos somos quebrantados al tocar fondo moral, y otros quebrantados a tocar fondo intelectual. Pero la razón subyacente sigue siendo un vistazo de su vida y pecado a la luz de la santidad de Dios.

> *Porque Dios, que mandó que de las tinieblas resplandeciese la luz, es el que resplandeció en nuestros corazones, para iluminación del conocimiento de la gloria de Dios en la faz de Jesucristo.*
>
> 2 Corintios 4:6 RVR60

El mismo Dios de la creación, que al ver que aún no había luz (Génesis 1:2), creó una luz cuya fuente no nos es revelada (1:3), es el mismo que al ver las tinieblas en nuestros corazones brilló una luz. ¿Cómo lo hizo? Nos iluminó para conocer lo que nos fue oculto por tanto tiempo, la gloria de Dios. Aunque Moisés había rogado ver la gloria de Dios, notemos que Dios no se lo concedió (Éxodo 33:20). Dios es santo y el hombre, pecaminoso. Si queremos experimentar la plenitud de su gloria, sería en un intento de forzar comunión entre la santidad de Dios y nuestro pecado. Por ende, o todos nos morimos o Dios la esconde por nuestro bien. Isaías vio una visión de la gloria de Dios en su comisión (Isaías 6:1-7) y tanto el pecado de su pueblo como el suyo fue expuesto de inmediato. El Señor (según Juan 12:4, por lo que parece es bastante probable que Isaías ahí vio al Hijo pre-encarnado) ahí protege la vida de Isaías de las consecuencias de su pecado ante la santidad de Dios. Pero ahora no sólo vemos la gloria de Dios, sino la conocemos de manera experiencial en la faz de Cristo. En Cristo tenemos un abogado e intermediario para no sufrir las consecuencias de nuestro pecado al gozarnos por la comunión con Dios, porque Él tomó sobre Sí nuestros pecados en la cruz. Ahora, en Cristo y por la fe, nos fue imputada (cobrada a nuestra cuenta) su justicia porque nuestro pecado fue imputado a su cuenta en la cruz. Y todo esto, estimado lector, es la base de la soteriología.

A la luz de la condición humana ante Dios y cómo nos acerca a Él, se debe forjar en nosotros un sistema bíblico para la apologética. Permanece un factor por resolver aquí. Ya que Jesús está a la diestra del Padre en vez de estar caminando sobre la tierra, ¿cómo verán su faz? Por eso es de eterna importancia reconocer el centralismo de Cristo en todo el texto bíblico. Nuestro Rey de reyes es el fundamento de toda la Biblia. Jesús lo reveló a los fariseos (Juan 5:39) y a los discípulos en el camino a Emaús (Lucas 24:27). Y la obra de ver la faz de Cristo en la proclamación de las Escrituras sólo se cumple por la obra redentora del Espíritu Santo. En resumen, nuestra meta en la apologética ante el presente mundo en tinieblas es que vean la gloria de Dios en la faz de Cristo. No es un debate social, ni político, tampoco es una defensa del ego o reputación de uno. Si podemos mantener eso en mente, Dios bendecirá nuestros esfuerzos, y si no lo guardamos, nos quedan por delante muchos desafíos que pueden estorbar la clara proclamación de la esperanza en Cristo.

Pablo en atenas (hechos 17:16-34)

Podemos aprender mucho de cómo el Apóstol Pablo se dirigió a los atenienses. Algunas personas consideran que su prédica en la roca de Ares (Areópago) fue un fracaso y otros creen que fue un ejemplo de cómo usar la filosofía y el razonamiento humano en vez de las Escrituras como base para una apologética ante grupos no religiosos. Ambas estimaciones, a mi parecer, son inequívocamente erróneas. Veamos el relato más de cerca y sigamos los eventos sin prejuicios anteriores.

> *Pero recibiréis poder, cuando haya venido sobre vosotros el Espíritu Santo, y me seréis testigos en Jerusalén, en toda Judea, en Samaria, y hasta lo último de la tierra.*
>
> Hechos 1:8

Consideremos primero el contexto del libro de los Hechos (o mejor, los Hechos continuados por Cristo a través de su iglesia después de su ascensión). Jesús promete que, con el poder del Espíritu Santo, sus discípulos serán sus testigos hasta lo último de la tierra. De ahí, que el evangelio rompe barreras lingüísticas (cap 2), geográficas (cap 8), culturales y religiosas (cap 10-11). En el capítulo 17, Pablo entra en la ciudad greco-romana de Atenas y como buen judío, es ofendido profundamente por la idolatría.

Hace algunos años tuve el privilegio de entrar en el British Museum (museo británico) en Londres. Las páginas de la Biblia cobraron vida histórica ante mis ojos cuando vi objetos relacionados con textos bíblicos. Los animo a que visiten este museo una vez en su vida si le es posible. Tienen en exhibición una parte del muro tomado del palacio de Nabucodonosor.

(fuente:https://commons.wikimedia.org/wiki/File:Roaring_and_striding_lion_
from_the_Throne_Room_of_Nebuchadnezzar_II,_6th_century_BC,_from_an-
cient_Babylon,_Iraq._The_British_Museum.jpg) **

Se experimenta una conexión indescriptible con la historicidad de la Biblia una vez que se acerca a algo que
Daniel veía. También, hay un salón con el Obelisco Negro.
Es una porción de un muro de Nínive. Se ven claramente
esculpidos unos personajes entre ellos el Rey Jehú del reino norte de Israel postrado ante el emperador de Asiria
(2 Reyes 9). Pero lo más impresionante es el tinte negro
en el obelisco, siendo un perpetuo recordatorio de un incendio. El profeta Nahúm había advertido a Nínive que
Dios consumiría a su ciudad con fuego por su rebelión y
falta de arrepentimiento (Nahúm 3:15). La evidencia del
cumplimiento del juicio de Dios permanece a simple vista hasta el día de hoy porque Dios envió el incendio así
como lo prometió.

(fuente:https://es.m.wikipedia.org/wiki/Archivo:Jehu-on-black-obelisk.jpg) **
Capción "Vemos esculpido a Jehú postrándose ante el emperador de Asiria"

Hay múltiples ejemplos que pudiéramos notar, pero por el tópico en cuestión, hay también un salón de Atenas. Al entrar, uno puede notar la presencia abrumadora de estatuas e ídolos de los griegos. Uno puede pasearse, observando uno por otro y experimentar con el Apóstol Pablo la profunda convicción de disgusto por cómo exhibían su idolatría. Por supuesto, en nuestros días de tolerancia, el mundo espera que solo apreciemos el aspecto estético, sin embargo, Pablo no fue víctima de nuestra interseccionalidad moderna promovida por nuestro ambiente relativista.

Pablo primero visita la sinagoga para predicar a Cristo a los judíos y piadosos (gentiles que creían en el Dios de Abraham, pero no pasaban por el proceso de proselitismo al judaísmo (Ver Cornelio en Hechos 10). Los rollos del *Tanakh* (*Tanak* o *Tanaj*, lo que hoy llamamos Antiguo Testamento) fueron abiertos para predicar a Cristo como el cumplimiento de las promesas y también salía Pablo a la plaza para predicar entre dos grupos de filósofos, los epicúreos y los estoicos. El texto dice que lo tomaron y lo llevaron al Areópago (roca de Ares), un punto común sobre la ciudad donde los filósofos "filosofaban" sobre nuevas ideas. El lenguaje parece indicar que Pablo fue llevado casi o completamente a fuerzas.

Todavía faltaban catorce siglos para la invención de la imprenta y todo se escribía a mano. Pablo probablemente no tenía acceso a las Escrituras y fue llevado con las manos vacías para defender el evangelio de la vida, muerte y resurrección de Cristo con la promesa del perdón y la resurrección ante la sede local del pensamiento pagano. Ante estas circunstancias, Pablo inicia su predicación.

Primero, Pablo despliega sus observaciones de la vida religiosa entre los atenienses. Habiendo observado sus altares, notó uno dirigido al "dios no conocido". No es de sorprenderse encontrar tal altar. Hay relatos extra bíblicos sobre no solo uno, sino una pluralidad de estos.

El viajero Apolonio de Tiana (ca. 3-91 d.C.) escribió sobre una experiencia parecida. "Una prueba de la sabiduría es hablar bien de todos los dioses, en especial en Atenas, donde se coloca altares en honor a dioses no conocidos".[22] De hecho existen actualmente dos de estos altares en museos en Turquía y Roma.

---

22 Philostratus, *Life of Apollonius of Tyana*, vi.3.5

(fuente: https://www.wikiwand.com/en/Unknown_God) **
Capción "Uno de los altares a un "dios no conocido"

Pablo empieza, *El Dios que hizo el mundo y todas las cosas que en él hay, siendo Señor del cielo y de la tierra, no habita en templos hechos por manos humanas, ni es honrado por manos de hombres, como si necesitase de algo* (vs. 24-25a). Lo primero que Pablo les enseña es teología propia, o quién es Dios. Estos griegos no creían en un Dios Creador, sino, especialmente los de la tradición epicúrea, fueron materialistas respecto el origen de todo. Aunque creían en pequeños dioses caprichosos y celosos con poderes limitados, la predicación de Pablo habría sido completamente foránea para ellos. Notemos, Pablo asume esta verdad de Dios porque es el resumen de Génesis 1. Pablo no adquirió esta información de Dios como creador y su aseidad (total independencia del hombre) de su razonamiento sino de los textos sagrados.

Tal fue el pensamiento de los griegos por los siguientes siglos que los subsecuentes líderes de la iglesia (llamado por muchos la "era patrística") escribieron polémicamente en contra de estas mismas ideas. Basileo de Cesarea (329-379 d.C.) escribió lo siguiente:

En el principio creó Dios los cielos y la tierra". Me detengo asombrado con admiración con este pensamiento. . . Los filósofos de Grecia han hecho mucho para explicar la naturaleza, y ninguno de sus sistemas ha permanecido firme y sin estar sacudido, cada uno siendo descartado por su sucesor. Refutarlos es en vano; ellos mismos hacen lo suficiente para destruirse entre sí. Aquellos que fueron demasiado ignorantes para llegar al conocimiento de un Dios, no podían permitir que gobernaba una causa inteligente en el nacimiento del Universo. . . Engañados por su inherente ateísmo, les parecía que nada gobernaba o reinaba en el universo y que todo se debía a la casualidad.[23]

Pablo sigue con otro punto distinto pero relacionado, *pues él es quien da a todos vida y aliento y todas las cosas. Y de una sangre ha hecho todo el linaje de los hombres, para que habiten sobre toda la faz de la tierra* (vs. 25b-26a). Siguiendo la misma línea de argumentación del primer punto, ahora presenta la antropología bíblica, o qué es el hombre. Los griegos se prestaban para un sistema en que el hombre es soberano y los dioses sobornados por pequeñas ofrendas, actuaban de acuerdo con la voluntad del hombre. Pablo se los voltea al predicar la soberanía del Dios Creador y el hombre sujeto a

---

23 Basil of Cesarea, Hexaemeron, 1.2 in Alexander Roberts, James Donaldson, Philip Schaff, Henry Wase, eds., *The Nicene and Post Nicene Fathers*, Series 2 (Peabody, MA: Hendrickson, 1994) vol. 8.

su voluntad. Nuevamente, esta información viene como resumen o doctrina del texto sagrado de las Escrituras. Pablo asume su veracidad en vez de probarla.

El siguiente punto es un aspecto práctico de la soberanía de Dios. Todo hombre en todo lugar, fuere ateniense, judío, etc, había nacido en el momento y ubicación geográfica de acuerdo a la voluntad de Dios con el fin de que el hombre buscara a Dios. Sin embargo, la búsqueda de Dios no se trataba de hallarlo en un sitio geográfico, sino a través de los eventos de su vida porque Dios nunca estaba tan lejos para alcanzarlo por un peregrinaje literal. Pablo después escribe a los romanos que los hombres no buscan a Dios. ¿Será una contradicción? Por supuesto que no. Dios pone todo para buscarlo, pero el hombre aún necesita la iniciativa de Dios. Cuando uno encuentra a Cristo, después se da cuenta de que fue Cristo quien lo buscó a uno. Nuevamente, Dios es soberano tanto sobre los medios como los fines.

> *Como está escrito: No hay justo, ni aun uno; No hay quien entienda, no hay quien busca a Dios.*
> Romanos 3:10-11 RVR60

> *Ninguno puede venir a mí, si el Padre que me envió no le trajere; y yo le resucitaré en el día postrero.*
> Juan 6:44 RVR60

Lo que sigue es sumamente interesante, especialmente respecto la apologética. *Porque en él vivimos, y nos movemos, y somos; como algunos de vuestros propios poetas también han dicho: Porque linaje suyo somos* (vs. 28). Algunos creen que

Pablo quiere usar el razonamiento humano para persuadir, sin embargo, hace lo opuesto. Esto se ve claramente con una corta explicación, especialmente por lo que Pablo les dice después. Observemos primero lo que Pablo les está diciendo. "Porque en él vivimos, y nos movemos, y somos" es una citación del filósofo Epiménides (6 o 7 Siglo a.C.). De hecho, Pablo cita a Epiménides nuevamente en Tito 1:12. También, "porque linaje suyo somos" es una citación de Arato (310-240 a.C.).

> *Porque las cosas invisibles de él, su eterno poder y deidad, se hacen claramente visibles desde la creación del mundo, siendo entendidas por medio de las cosas hechas, de modo que no tienen excusa. Pues habiendo conocido a Dios, no le glorificaron como a Dios, ni le dieron gracias, sino que se envanecieron en sus razonamientos, y su necio corazón fue entenebrecido.*
>
> Romanos 1:20-21

Pablo está usando lo que hoy llamamos "apologética presuposicional" o "apologética del pacto". De ninguna manera cita a personajes conocidos por ellos en busca de una audiencia o respecto del tópico en cuestión. Esto es una acusación. Sigue, *siendo, pues, linaje de Dios, no debemos pensar que la Divinidad sea semejante a oro, o plata, o piedra, escultura de arte y de imaginación de hombres* (vs. 29). Veamos lo que ha sucedido parte por parte.

Ya que Dios se ha revelado a todo ser humano por la creación misma (Romanos 1) y en sus conciencias (Romanos 2) no hay excusa. El hecho de que Dios se ha relacionado con los hombres hechos a su imagen, esto deja a todos en pacto con Él como consecuencia. Nadie es neutral, no importa donde vive. Cuando llegamos a los pies de Cristo, no obtenemos una relación con Dios, como muchos suelen decir, sino solo cambiamos de relación. En nuestra relación con Dios como hijos del primer Adán, estamos siendo preparados para ser estrado para sus pies. Pero en Cristo, somos crucificados con Él y nacidos de nuevo en una nueva relación de hijos en vez de enemigos. Pablo aquí les presenta evidencia, no para que crean en Dios, sino para demostrarles que sus consciencias no son inocentes. Debido a cómo Dios se ha relacionado con todo ser humano, deben haber sabido que Dios no mora en altares hechos por hombres. Su evidencia es por la pluma de Epiménides. En otras palabras, no pueden decir que no supieron porque ellos siguen a uno que ha confesado que pudo deducir que Dios es independiente del hombre, pero el hombre es totalmente dependiente de Dios. Y su siguiente ejemplo, de Arato, les muestra nuevamente la dependencia del hombre en Dios debido a que el hombre es contingente de la obra creativa del Creador. Si somos linaje de Dios, ¿cómo podemos ahora colocar a Dios en un altar hecho por minerales de la tierra? En otras palabras, el ser humano actúa en idolatría por ignorancia, sin embargo, su ignorancia es auto infligida, no el resultado de inocencia. Cómo ya vimos en Romanos 1:18, *Porque la ira de Dios se revela desde el cielo contra toda impiedad e injusticia de los hombres que detienen con injusticia la verdad.* Pablo los acusa de detener la verdad de Dios, que ya conocían, y haber optado por la idolatría. Solo tenemos que ver cómo sigue Pablo para entender esta línea de argumentación, *pero Dios, habiendo pasado por alto los tiempos de esta ignorancia, ahora manda a todos los hombres en todo lugar, que se arrepientan* (vs. 30). Pablo no los llama a que le den una oportunidad a Jesús, o que debatan sobre las Escrituras que enseñaron a Pablo estas verdades. ¡Pablo los llama al arrepentimiento! Y esta es la gran diferencia entre la apologética presuposicional y otros sistemas o escuelas de apologética. No compartimos la verdad con todas sus pruebas, evidencias y argumentaciones lógicas para convencer al razonamiento del pecador para que considere el nuestro. Es una acusación a su propia conciencia, siendo hechos a la imagen de Dios, y siendo responsables ante Dios por su ignorancia auto infligida porque Dios se ha revelado a nosotros, a todos.

Habremos de notar un resumen de cómo Pablo termina su prédica. Les presenta la santidad de Dios, la responsabilidad del hombre, la paciencia de Dios con fecha de caducidad, el juicio venidero de Dios y a quién designó juez, Cristo Jesús, *dando fe a todos con haberle levantado de los muertos* (vs. 31). Veamos dos puntos sobre este final. Primero, no dice literalmente que dio fe a todos porque de ahí todo el mundo habría creído en Cristo desde su resurrección. Este texto literalmente significa que comprobó a todos que Cristo es digno de su fe y es el verdadero Cristo prometido con levantarlo de los muertos. Pudieron haber llegado muchas falsificaciones, pero Dios demuestra que Jesús fue y es el verdadero Cristo de Dios al aceptar su sacrificio y resucitarlo. Segundo, Cristo es presentado primero como Juez antes que como Salvador. Esto parece foráneo para muchos, pero es bíblico. Cuando vuelva el Rey por su pueblo, juzgará con sano juicio al mundo. Tenemos que abandonar la imagen mental de Jesús como un pasivo gurú que siempre querrá solo abrazar. Como mínimo tres veces en el Nuevo Testamente, Cristo es llamado por una palabra en griego de la que tenemos "escándalo" para los que se pierden. Cristo es un terrible escándalo para un mundo incrédulo, pero es el precioso Salvador y hermano para los que en Él confían.

CONCLUSIÓN

No temamos decir al mundo que son responsables por lo que Dios les haya revelado en la creación y en sus conciencias. Por supuesto, en la apologética desafiamos al razonamiento erróneo del mundo y usamos la lógica y la evidencia. Pero se hace no tanto para convencerles, sino para desafiar las suposiciones erróneas en su argumentación y también para desafiar las categorías que usan, las cuales solo existen si hay un Dios Santo quien nos ha creado con intención y propósito. Pero de ahí, no podemos acobardarnos del mensaje bíblico. Han de arrepentirse y creer en el evangelio y nosotros fuimos llamados a llevarles ese mensaje. Cualquier apologética que pretende divorciarse de la "locura de la cruz" en busca de plataforma o audiencia ante el presente mercado de ideas es simplemente desobediencia. Dejemos que la cruz siga siendo una piedra de tropiezo (escándalo) y locura para el mundo porque es el mensaje que salvará al verdadero pueblo de Dios.

Quiero agradecer al estimado lector por dejarse desviar un poco del tópico de la sexualidad bíblica para establecer estos puntos de partida. Pero si no empezamos juntos a responder a la locura del mundo con la locura de la cruz, estando en la misma página, o al menos entendiendo las suposiciones bíblicas de este libro, no avanzaremos juntos en este diálogo.

Capítulo 9

UNA RESPUESTA CONCISA AL MOVIMIENTO LGBTQ+ E IDEOLOGÍA DE GÉNERO

El mundo occidental de nuestro siglo está embriagado con un falso sentido de autonomía. Ignora completamente la ley de causa y efecto, especialmente cómo esta ley está arraigada en Dios. Estiman al matrimonio y la sexualidad de acuerdo con la Biblia como un estandarte roto y marchitado, como si fuera simplemente un remanente del pasado anticuado de los supersticiosos y religiosos. La conversación sobre estos tópicos se ha inundado de falacias provocadas por crudas emociones. La queja suele expresarse así: ¿Cómo se atreve esta gente religiosa a no respetar ni tolerar el presente consenso de autonomía?

Si vamos a poder enseñar en nuestros hogares e iglesias las eternas verdades de Dios respecto al matrimonio y la sexualidad, nos ayudaría mucho tomar un paso atrás del rugiente debate y de las acusaciones actuales para aprender sobre los argumentos y posturas que se están promoviendo, para poder responder con agudeza y menos emociones y erupciones de léxico, las cuales no aportan nada.

Razonan a partir de su cosmovisión materialista

El naturalista materialista[24] del mundo actual ve todo a través de las gafas evolutivas. Su punto de partida es el consenso de personas como ellos respecto a los orígenes. Su cosmogonía (categoría en la cosmología que trata con el origen del cosmos) ha forjado un modelo de orígenes que excluye completamente la posibilidad de un Creador y Diseñador.

Las bases del naturalismo los confinan a explicaciones bajo las restricciones dogmáticas de que la materia es todo lo que existe y que todo puede, y de hecho debe, explicarse por el tiempo, más la materia, más la casualidad. De acuerdo con su modelo preferido, nos encontramos alrededor de 13.8 mil millones de años después de una expansión repentina de un punto hipotético, llamado "singularidad cuántica". Este supuesto punto entró a la existencia de la nada y contenía toda la masa del universo. De manera aleatoria, ha estado expandiéndose por este tiempo, formando elementos más pesados en los hornos nucleares de las estrellas, las cuales se formaron de nubes de elementos colapsando sobre sí. Nuestra estrella, el sol, puede haberse formado hace 5 mil millones de años y el planeta Tierra, hace 4.5 mil millones de años. La Tierra fue una masa fundida pero, al enfriarse, se formó una atmósfera digna de apoyar agua líquida. Muchos especulan que un meteorito se estrelló con la Tierra,

---

24 El materialista materialista ve a todo desde el punto de partida evolutiva. Creen que todo lo que existe es el resultado de accidentes cósmicos aleatorios y por ende, no creen que existe Dios, un espíritu, tampoco una existencia personal después de la muerte.

proveyendo los elementos para el agua líquida, otorgando así lo necesario para apoyar la vida biológica. Existen varias hipótesis respecto a cómo llegó la vida. Algunos especulan que la vida fue transportada por un meteorito (panspermia), y otros que lípidos, glucosa, proteínas y ADN se formaron aquí solos. Después de la formación, o llegada, de moléculas auto replicantes, la teoría postula que pasaron por mutaciones favorables en sus genomas a medida que se duplicaron y de alguna manera, algunas formas de vida más complejas se convirtieron a una reproducción sexual con los sexos macho y hembra. A través de 2 a 3 mil millones de años, se formaron todas las especies de este laboratorio aleatorio y, he aquí, llegó el *homo sapiens sapiens* hace 200.000 años.

Nosotros simplemente somos el producto de muchos accidentes, sin diseño, sin diseñador, sin propósito objetivo y sin rumbo. En dicho sistema de estimar nuestros orígenes no existe el bien o el mal, sino que toda moralidad debe ser relativa a cada sociedad para el mayor beneficio de la mayoría. Los que han adoptado este modelo, y la filosofía de la vida que produce, piensan que la fe en Dios es el remanente de un punto en el pasado cuando la curiosidad del razonamiento humano no hallaba respuesta a eventos porque quedaban sin explicación, como los relámpagos, las estrellas, etc. Sin embargo, ahora que estamos tan iluminados por la revolución científica, no permanece la necesidad de Dios porque podemos entender todo sin Él.

Este resumen de la vida y el cosmos demuestra el intento ingenuo e ignorante de encajar toda la existencia bajo el poder de los cinco sentidos del ser humano. Han secuestrado la palabra "ciencia" y ahora todas sus nociones sin base empírica se vuelven científicas por el consenso (aunque hay muchos científicos de alto nivel que son creyentes), y no por el laboratorio. Es como si una persona viviera en un plano bidimensional (como en un dibujo sobre papel) y dijera que nada existe fuera de sus dos dimensiones porque son las que sus ojos pueden percibir. ¡Qué imprudentes y nocivos somos para creer que las dimensiones de nuestra experiencia material tienen que ser el borde de la existencia! Se asemeja al hombre que está convencido de que nadie existe fuera de sus experiencias porque no los ha visto.

Sin embargo, el naturalismo materialista actual es la religión y el opio de las masas (gracias a Carlos Marx por acuñar el término que, en realidad, mejor describe su propio sistema). El naturalismo postula con fe ciega: "En el principio, creó la nada", y la fe cristiana postula: "En el principio, creó Dios". Ambos se basan en la fe, pero el primero se basa en una fe desinformada que no puede explicar tanto, la existencia y la continuación de las leyes naturales, e incluso la dependencia del razonamiento humano, formado por procesos aleatorios los cuales no obligan a reflejar la realidad, sino que sólo promueven la supervivencia. Para el año en que se escribe este libro, tenemos más de diez teorías evolutivas -y todas con graves problemas- y uno de sus voceros más reconocidos, Richard Dawkins de Oxford, admite abiertamente que, hasta ahora, nadie sabe de dónde viene la vida.

Nuestro presente tópico no nos permite desafiar cada afirmación del naturalismo, sino que sólo se menciona para ayudarnos a entender sus razonamientos sobre la sexualidad basados en su cosmovisión y su respectivo punto de partida. ¿Qué ha sucedido para que el mundo, con toda la brillante investigación que lleva a cabo, pueda llegar a tal escepticismo?

Pues habiendo conocido a Dios, no le glorificaron como a Dios, ni le dieron gracias, sino que se envanecieron en sus razonamientos, y su necio corazón fue entenebrecido.

Romanos 1:21 RVR60

Aunque Dios se ha revelado por la ciencia (revelación general) y nuestras conciencias (Romanos 2), la humanidad ha optado por detener esta verdad con su injusticia. El mundo quiere vivir en autonomía y, por ende, no tiene ganas de reconocer al Creador santo, quien es su archienemigo, para poder seguir viviendo de acuerdo con sus deseos. El pecado ha afectado tanto el razonamiento humano como el corazón.

Debemos entender su perspectiva cuando se habla de lo debido e indebido. La palabra "pecado", con todas sus implicaciones, ha dejado de existir para ellos. Para que exista la maldad como categoría objetiva, debe existir la bondad. La maldad simplemente sería una perversión de la bondad y, por ende, es contingente a la existencia de la categoría de bondad. Lo que es bueno, o la bondad, no es contingente de la existencia de la maldad, porque la bondad no es una perversión de una categoría preexistente. Pero para que existan las categorías de lo "bueno" y lo "malo" debe existir una ley moral universal para distinguir entre los dos. Si no existiera tal ley, y a un nivel universal, lo que es bueno o malo sería ambiguo. Si lo bueno y lo malo son ambiguos, no pueden existir porque su ambigüedad contradice sus definiciones. Pero para que exista una ley moral universal, el cosmos no puede ser aleatorio porque también la ley sería aleatoria y ambigua. Debe existir un dador de esta ley. Ya que el materialista no cree en el dador, tienen que negar la ley moral universal y, consecuentemente, derrocar las categorías del bien y del mal. Y es por eso que usan el término "natural" para promover autonomía sexual.

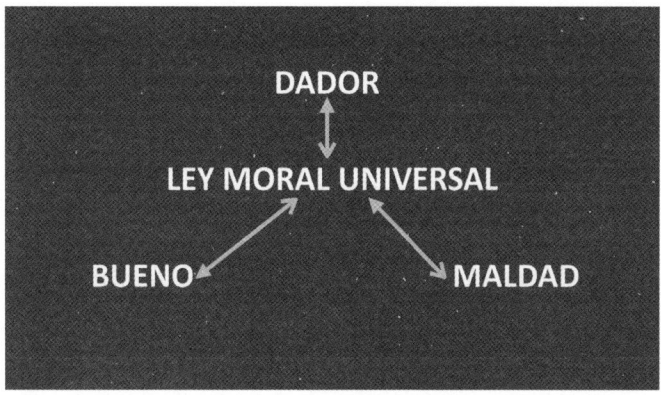

Linda Hirshman, en su libro *Victory, the Triumphant Gay Revolution* (Victoria, la triunfante revolución gay) ofrece este argumento para promover el homosexualismo.

> La iglesia cristiana ha pasado los siglos asumiendo que Dios creó el mundo para sus propios propósitos, inclusive el alcance limitado para el deseo sexual legítimo. No existe un Dios y ningún hombre por cuyo beneficio está ordenado el mundo natural. Las cosas tienen mutaciones y los aptos sobreviven. Incluso algo como el sexo no-reproductivo... En el mundo Darwiniano, todo lo que existe, por bien o mal es por definición "natural".[25]

---

25 Linda R. Hirshman, *Victory: The Triumphant Gay Revolution* ([New York]: Harper Perennial, 2013), p. 73.

En un mundo que es resultado de procesos aleatorios, los argumentos por la maldad de un acto o estilo de vida no tienen mayor consecuencia porque todo es, por naturaleza, natural o normal. Simplemente somos animales, por ende, no puede existir un estándar universal para el comportamiento animal. Cuando mi perro me ladra, de nada me sirve predicarle para que se arrepienta porque sólo actúa de acuerdo con su naturaleza, y los humanos existiendo en el mismo plano animalista que mi perro, tampoco son responsables por sus acciones. Estos mismos autores y profesores no pretenden decir que todo se vale. Responden que el asesinato es "malo" porque no promueve lo mejor para la mayoría. Sin embargo, no nos han respondido a cuál estándar moral universal están apelando para decir que lo "bueno" es que se forme una sociedad en la que se promueva lo mejor para la mayoría.

Notemos nuevamente el uso de "natural" o "normal" para promover el transexualismo, lesbianismo, gay, etc., en este anuncio de la Organización de Naciones Unidas:

> ¿Qué hace que muchas personas sean tratadas como ciudadanos de segunda clase, que chicos y chicas sean expulsados de sus hogares y acosados salvajemente en sus centros educativos? ¿Qué es aquello que ha existido en todos los países a lo largo de la historia y aún hoy hay quienes lo consideran anormal, raro, antinatural? La respuesta: ser gay, lesbiana, bisexual, transexual.[26]

---

26 "El Enigma: mensaje contra la homofobia de la Oficina de Derechos Humanos de la ONU," YouTube video, 1:02–1:51, posted by CINU Lima, May 21, 2014. https://www.youtube.com/watch?v=NIshOUXHRZw, accedido el 9 de diciembre, 2020.

Por supuesto, lamentamos cualquier maltrato que hayan recibido. No es el mensaje cristiano. Sin embargo, no nos dejemos llevar por el argumento emotivo, sino notemos su apologética. Afirman que ha existido en todos los países, es normal, y natural. Pero lo mismo se puede decir de la violación, la extorsión, la pedofilia y el asesinato. No nos debe sorprender que muchos han adoptado el estilo de vida homosexual, de la misma manera que muchos han cometido otros pecados.

Porque de dentro del corazón de los hombres, salen los malos pensamientos, los adulterios, las fornicaciones, los homicidios, los hurtos, las avaricias, las maldades, el engaño, la lascivia, la envidia, la maledicencia, la soberbia, la insensatez. Todas estas maldades de dentro salen, y contaminan al hombre.

Marcos 7:21-23 RVR60

Todos hemos sido cautivos del pecado porque ha afectado a toda la humanidad. Lo que tenemos que cimentar en nuestras mentes y corazones al aprender sobre este movimiento es que nos encontramos en una lucha espiritual para restaurar el corazón perverso del hombre por el evangelio. No es tanto política, ni social, ni tampoco cultural. A la medida en que evaluemos sus posturas y argumentos, no perdamos la vista de ello.

SOMOS SIMPLEMENTE ANIMALES

El hecho de que en el mundo haya hombres a los que les gustan otros hombres y mujeres a las que les atraen otras mujeres es causa de gran controversia. Vamos a tratar de echar algo de luz en el asunto. ¿Por qué existe la homosexualidad? Para empezar, hay que decir que no se puede argumentar que ser gay o lesbiana sea antinatural. Se han observado estos comportamientos en peces, ranas, caribús, carneros, macacos...[27]

He aquí, el argumento basado en el naturalismo. Según esta perspectiva, el comportamiento del reino animal debe ser el estándar para el comportamiento humano, ya que todos somos simplemente animales. Por supuesto, argumentaremos que los humanos son *imago Dei* y no animales, pero primero consideremos el argumento de animales homosexuales. La Dra. Georgia Purdom, PhD en genética molecular, nos aclara el asunto.

Algunos animales (como las serpientes, las lagartijas, peces y aves) actúan como si fueran del sexo opuesto para obtener alguna ventaja temporal. Como resultado se reduce la competencia, y hay mejores oportunidades de encontrar pareja para reproducirse y tener un mejor acceso territorial. Una vez obtenida la ventaja, el animal esencialmente "deja de actuar" de esa manera y se comporta según el sexo con el que nació. También esto es un ejemplo del diseño integrado en el organismo que ayuda a la supervivencia en este mundo actual que sufre los efectos de la caída.[28]

Los pocos animales que pueden mostrar este comportamiento no son homosexuales. Siguen siendo heterosexuales y se reproducen así. Primero, nos tenemos que preguntar

---

27 Why Does Homosexuality Exist?, https://www.youtube.com watch?v=UaANUIGAugo&t=104s, accedido el 10 de diciembre, 2020.

28 Purdom, Georgia PhD., "The Biology of Gender". https://answersingenesis.org/family/gender/biology-gender/, accedido el 10 de diciembre, 2020.

si un animal que muestra este comportamiento para supervivencia tiene un "amor" para con su pareja del mismo sexo. La respuesta es no. Y cuando se une en reproducción sexual con otro animal del sexo opuesto, ¿es por amor? La respuesta es no. Usar animales para delinear un estándar de relaciones amorosas de humanos es un antropomorfismo[29] indebido. Notemos el siguiente ejemplo de llamar "amor" a comportamientos entre animales.

En un zoológico australiano, los gerentes dieron a dos pingüinos machos un huevo falso para observar su comportamiento. Los dos incubaron el huevo, así "comprobando" que su amistad fue homosexual. Ms. Lawrie, quien cuida de los pingüinos, responde, "No vamos a desalentar ningún compañerismo entre nuestros pingüinos. El amor es amor".[30]

Hace un año, mi esposa compró un polluelo en el mercado local para dar a mi hijo en su cumpleaños. Toda la familia lo disfrutó mucho, hasta que creció para ser gallina. Dejaba sus desechos por toda la casa y finalmente, tuvimos que despedirnos de ella. Mi esposa la llevó a un rancho cercano para regalarla. Me contó después que la pusieron con otras gallinas y entre ellas, un gallo. De inmediato, el gallo tomó interés en ella y corrió tras ella hasta finalmente alcanzarla.

---

29 Un antropomorfismo es atribuir características humanas a un ser no humano. Las Escrituras usan antropomorfismos para ayudarnos a entender una acción de Dios (los ojos de Dios, los brazos de Jehová), pero en el presente caso, usan al atributo de amor humano y lo atribuyen indebidamente a animales.
30 Nellie Bowles, "The gay penguins of Australia," New York Times, January 15, 2019, https://www.nytimes.com/2019/01/15/style/gay-penguins-australia.html., accedido el 10 de diciembre, 2020.

Lo que sucedió después es lo que llamamos en México "pisar". El gallo la pisó, pero si usáramos términos antropomórficos, como con los pingüinos, la violó. Si hemos de seguir la argumentación anterior, fácilmente se puede concluir que es válido violar a una mujer, ya que lo hacen los animales.

O tomemos el ejemplo de la mantis religiosa. La hembra, en términos antropomórficos, en su noche de bodas, se goza de un gran banquete. ¡Sólo que el plato principal que le es servido es el esposo! ¿Por qué no escribir un artículo en que se debe celebrar el matar y comer al esposo entre humanos? ¿No está de acuerdo, estimado lector? Pues, el amor es el amor. Sólo imagine una sociedad donde nos tratamos como animales. No lo tiene que imaginar tanto. Consideremos al holocausto judío del siglo pasado. Hay grupos de animales que aniquilan a otros y quieren un prado solamente para su grupo elegido. Concluir que el comportamiento animal puede ser el estándar para el comportamiento humano puede ser hablado entre grupos de intereses especiales, sin embargo, si se pusiera en práctica, sería imposible vivir en un mundo así.

UNO NACE GAY

El movimiento "nacido gay" llegó a su pináculo alrededor del siglo pasado. Desde la década de 1990 hasta los primeros años del siglo actual fue el lema de cantantes y de los medios. En su parecer, si se puede argumentar que uno nace gay, o sea, que el homosexualismo se determina por la genética, sería muy difícil argumentar en contra suya.

Durante las décadas que precedieron el presente movimiento, la homosexualidad se encontraba entre la lista de trastornos mentales del *Diagnostic and Statistical Manual* (Manual diagnóstico y estadístico) de los EEUU. No fue hasta 1987 que fue quitada por completo, según Psychology Today. Desde entonces, se ha acumulado una larga lista de "sexualidades" que incluía:

1. Heterosexualidad
2. Homosexualidad
3. Gay
4. Lesbiana
5. Bisexual
6. Asexual
7. Demisexual
8. Pansexual
9. Curioso[31]

Esta extensión de la revolución sexual a una ambigüedad de preferencias sexuales se promovió más por artistas y los medios que por la ciencia empírica. La famosa cantante Lady Gaga impactó la generación *millennial* de gran manera para apartarse de la idea supuestamente anticuada y discriminatoria de sus padres en su canción "Born This Way" (Nací así), que se estrenó en 2011. Una estrofa se traduce al español de esta manera:

---

31 Stacey Adams, "A list of sexualities: Defining your sexuality," *Entity Magazine*, 22 de junio, 2018, https://www.entitymag.com/define-list-sexualities/.

"No hay nada de malo en amar quien eres"
Dijo ella, "'Porque cariño, él te hizo perfecta"
Soy hermosa en mi propia manera
'Porque Dios no comete errores
Estoy en el camino correcto, cariño nací así
No te escondas en remordimiento
Simplemente ama quien eres y vas a estar bien
Estoy en el camino correcto,
cariño nací así.[32]

Anteriormente, en 2002 se estrenó una canción con un video musical llamada "Beautiful" (Hermoso) de Christina Aguilera. En una parte del video, hay dos hombres en una banca besándose mientras una pareja mayor de edad pasan con una mirada de disgusto mientras ella canta, "Soy hermosa, no importa lo que dicen". No descartemos la influencia de estas canciones ante la opinión popular. Al activista político de escocia, Andrew Fletcher (1655-1716), le es popularmente atribuido el dicho, "Permítanme escribir las canciones de una nación, no me importa quién escribe sus leyes". Siempre estamos a una década o dos de estar bajo un nuevo liderazgo influyente y legislativo. Los promotores de movimientos y revoluciones societarias saben que si pueden convencer a los jóvenes, especialmente por argumentos emocionales durante la temporada cuando su pensamiento crítico aún está en desarrollo, pronto el mundo se doblará -o al menos estará bajo el mando- de las premisas que postulan.

---

32 Lady Gaga, "Born This Way", https://www.billboard.com/articles/news/473360/lady-gaga-gives-new-born-this-way-lyrics-to-billboardcom, accedido el 10 de diciembre, 2020.

El siguiente gráfico muestra los resultados del Pew Research Center acerca de las opiniones cambiantes entre las generaciones. El porcentaje de los individuos entrevistados que representa a quienes creen que las relaciones sexuales entre el mismo sexo siempre están mal fue del 78% entre los que nacieron antes del 1928 al 43% entre los que nacieron en 1981 y después. Sin embargo, entre la generación Z, la más reciente, se proyecta que el porcentaje bajará a un mínimo.

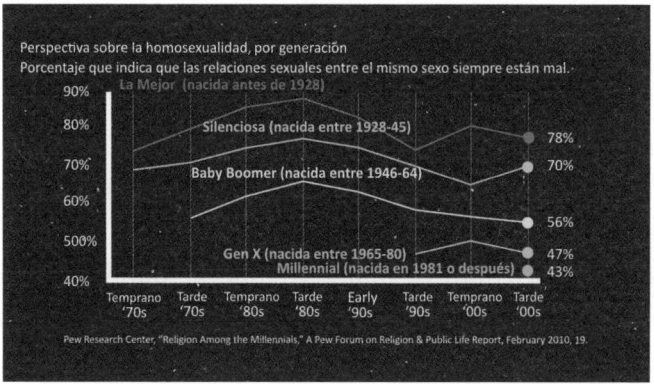

¿A qué se debe este declive si no es a la influencia de la revolución sexual a través de su marketing en canciones, los medios y los colegios? No es por nuevos hallazgos científicos, aunque se suele usar ese argumento.

Estudios fracasados

No fue hasta finales del siglo pasado que el mundo científico experimentó su mayor crecimiento de conocimiento sobre la genética. En 1953, se descubrió la estructura doble hélice del ADN como sustancia de herencia, y aunque Gregory Mendel había comenzado el estudio el siglo anterior a nivel macro basado en apariencias externas de chícharos, el entendimiento a nivel micro quedaba por descubrirse. Entre 1990-2003, se realizó el estudio del Human Genome Project (proyecto genoma humano) el cual nos ayudaría a entender a los humanos a nivel de la genética, lo cual abrió la posibilidad de escudriñar el genoma para comportamientos basados en él. Los siguientes estudios se realizaron con el fin de demostrar que la homosexualidad se basa en la anatomía, fisiología o en la genética.

Estudio de simon levay, 1991

Simon Levay fue un médico homosexual que formó la hipótesis de que el tercer núcleo intersticial del hipotálamo anterior, colocado en el cerebro, debe ser más pequeño entre los hombres homosexuales. No habría manera de abrir el cerebro de un voluntario para su investigación sin perder la vida en el proceso, por ende, eligió estudiar cadáveres.

Investigó a 35 cadáveres, entre ellos 19 habían tenido un estilo de vida homosexual y 16 heterosexual. Sin embargo, observó que algunos heterosexuales tenían el hipotálamo más pequeño y algunos homosexuales lo tenían más grande. No sólo eso, los estudios subsecuentes fueron aún más inconclusos. Lamentablemente -para Simon Levay- no pudo comprobar que el tamaño del hipotálamo determina las preferencias sexuales.

Estudio de deam hamer, 1993

Dean Hamer postuló su hipótesis en que debe haber correlación entre el marcador Xq28 en un cromosoma y la homosexualidad para personas de la misma familia. Su experimento trataba con muestras pequeñas, sólo 40 familias. Concluyó que "en 54 hermanos homosexuales, el 64% compartió la región Xq28 en el cromosoma X"[33]. Le faltó experimentar con una diversidad de grupos étnicos, ya que más del 92% fueron caucásicos, lo cual afecta los indicadores ya que grupos étnicos suelen compartir detalles en la genética. Además, en 1999, el estudio Rice no encontró una relación y, en el mismo año, el estudio Bailey tampoco encontró la relación.

ESTUDIO DE ALAN SANDERS, 2017

Alan Sanders postuló su hipótesis en que ciertas variaciones en las regiones de 2 genes (SLITRK6 y TSHR) se encuentran más a menudo en los hombres homosexuales. Estos son genes que tienen que ver con el desarrollo del cerebro y el metabolismo de la tiroides respectivamente. Su investigación subsecuente tuvo muestras pequeñas, afectando así negativamente la certidumbre de los resultados. Todos los participantes eran de descendencia europea. Alan Sanders finalmente concluye su estudio con una sobria confesión.

El estudio entre las dos regiones principales asociadas de estos genes más cercanos en los cromosomas 13 (SLITRK6) y 14 (TSHR), puede servir como ejemplo por

---

33 Cathy Scheraldi de Núñez y Miguel Núñez, *Revolución Sexual: Una exposición y un análisis médico*, B&H Publishing Group, Nashville, TN, 2018, pg 121-122, donde citó el estudio: Dean H. Hamer, S. Hu, Vicki Magnuson, N Hu, Angela M. L., Pattatucci, A linkage between DNA markers on the X chromosome and the male sexual orientation (Science, Vol. 261, No. 5119, 16 de Julio 1993), pp. 321-327 l DOI: 10.1126/science.8332896

sus interesantes y reveladoras características, pero aún en el mejor de los casos estas conexiones potenciales sólo se pueden caracterizar como especulación.[34]

ESTUDIO DE GEMELOS, 2018

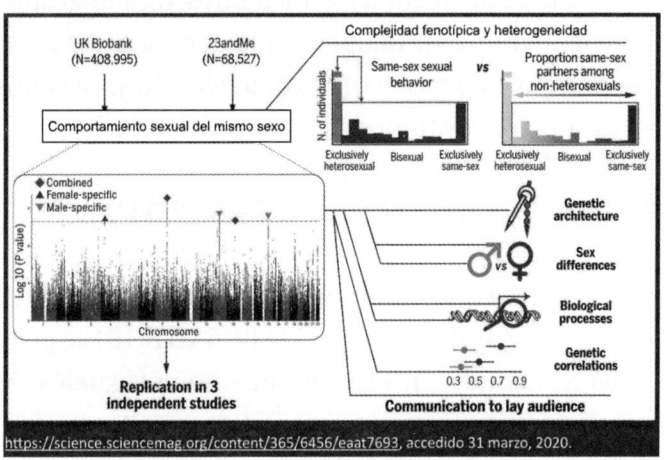

https://science.sciencemag.org/content/365/6456/eaat7693, accedido 31 marzo, 2020.

Este estudio buscaba una correlación genética entre gemelos y su comportamiento sexual. Observemos la conclusión:

> En los estudios hechos en gemelos, el orden de nacimiento, los grupos familiares y los genes sexuales tienen causas que han sido biológicamente apoyadas, tales como la vulnerabilidad prenatal a hormonas sexuales y factores genéticos para la DG. Estos estudios son escasos y los resultados a veces son inconsistentes. Por estas razones, dos estudios de revisión sobre la orientación sexual y el transexualismo (al igual que el homosexualis-

---

34 Alan R. Sanders, et al., "Genome-wide association study of male sexual orientation," *Scientific Reports* (Diciembre 2017) 7:16950.

mo) sugieren que hasta el momento no se ha observado una relación genética clara y distinta con el transexualismo y la orientación sexual.[35]

EL PROBLEMA EVOLUTIVO PARA LA SEXUALIDAD

Consideremos el postulado subyacente a toda la teoría evolutiva: reproducir y pasar los genes a la próxima generación. Si asumimos, por el bien del argumento, que la homosexualidad sea el resultado de la genética, ¿cómo se pasaba por tantas generaciones a través de reproducción sexual? Aunque algunas personas "homosexuales" puedan haber tenido relaciones con personas del sexo opuesto, a través de los doscientos mil años de supuesta existencia del *homo sapiens sapiens*, ¿por qué no se filtraron estos genes durante tanto tiempo? Cualquier comportamiento producido por la genética que estorba la reproducción (homosexualismo) debe quedar atrás. De hecho, en un artículo publicado en 2008 por la revista Psychology Today, el autor llega a la misma conclusión: "La existencia de la homosexualidad equivale a un profundo misterio evolutivo, ya que al no poder pasar sus genes significa que su aptitud genética es un cero rotundo."[36]

De hecho, evaluemos nuevamente lo que observamos en otro capítulo de este libro sobre lo que escribieron el Dr. Mi-

---

35 Mohammad Reza Mohammadi and Ali Khaleghi, "Transsexualism: A different viewpoint to brain changes," *Clinical Psychopharmacology and Neuroscience* (2018) 16(2):136-143.

36 Robert Kunzig, "Finding the Switch," *Psychology Today*, Mayo 2008, https://www.psychologytoday.com/us/articles/200805/finding-the-switch.

guel Núñez y su esposa, Dra. Cathy Sheraldi de Núñez sobre un estudio acerca de orientación sexual y la plasticidad cerebral.

El doctor N.E. Whitehead escribió un artículo titulado *Brain plasticity backs up orientation change* [La plasticidad cerebral respalda el cambio de orientación), en el que afirma que cualquier diferencia cerebral que pudiera encontrarse entre homosexuales y heterosexuales "probablemente es el resultado de la conducta homosexual más que la causa de ella" ...los pensamientos y las experiencias, sobre todo si son repetitivos, producen cambios a nivel de las neuronas cerebrales. Después de que una persona se expuso a la cultura homosexual por mucho tiempo, las redes de preferencia ya están formadas en el cerebro, y entonces le resulta difícil abandonarlas... el proceso de salir de estas redes de preferencia produce un período sumamente desagradable y difícil y, a menos que la persona continúe formando nuevas redes, puede llegar a creer que le será imposible.[37]

En resumen, la inclinación u orientación homosexual parece ser el resultado de estar expuesto a ella, no lo contrario. El movimiento "nacido gay" sólo es el resultado de los dogmas fatalistas del materialismo en los cuales, según Richard Dawkins, los genes determinan los caminos de nuestras vidas a la medida en que "bailamos a su ritmo". Sin embargo,

---

37 Cathy Scheraldi de Núñez y Miguel Núñez, Revolución Sexual: Una exposición y un análisis médico, B&H Publishing Group, Nashville, TN, 2018, pg 46. Citando: A. Tom Horvath, Ph.D., editado por C.E. Zupanick, Psy.D., *Addiction changes the brain's communicative pathways*

después de décadas de investigación, no se ha podido lograr empíricamente lo que un movimiento social había dado por sentado desde su génesis.

IDEOLOGÍA DE GÉNERO

¿Cuál es la diferencia entre las palabras "género" y "sexo"? La palabra "género" tiene varias definiciones, dependiendo de su respectiva categoría. En la taxonomía, *género* es el penúltimo nivel por encima de "especie". En la música y la literatura, *género* trata de una categoría en la que se encuentran ciertos detalles en común. Pero en la biología, la definición de *género* está en debate.

Primero consideremos la palabra "sexo" en cuanto a los designios de hombre o mujer. A nivel genético, en el núcleo de cada célula de los billones que nos componen a todos, existen 23 pares de cromosomas complementarios. De estos pares, 22 son autosomas, pero el par restante son los cromosomas sexuales. El par sexual contiene la combinación XX para mujer y XY para hombre.

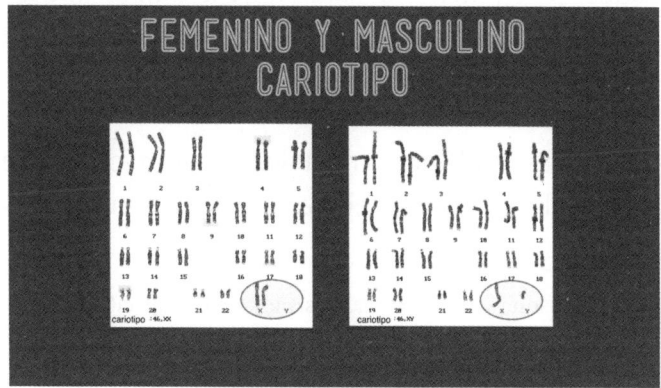

Además, lo que difiere el hombre de la mujer a un nivel bio-
lógico no se limita al micro nivel del cromosoma, tampoco
las obvias macro diferencias anatómicas y gonadales, sino
que también hay drásticas diferencias fisiológicas.

Las mujeres convierten la energía más a grasa; los hombres
a músculo. Los hombres tienen más glándulas de sudor y
disipan el calor más rápido; las mujeres tienen un tejido
subcutáneo grasoso más grueso que los hombres y tole-
ran mejor el frío. Los hombres tienen más glóbulos rojos
y mejor coagulación sanguínea. Las mujeres tienen mejor
almacenaje y circulación de los glóbulos blancos. Ellas producen anticuerpos más rápidos y son menos propensas a
enfermarse, y su tiempo de recuperación es más rápido.[38]

También respecto a las diferencias cerebrales:

Las mujeres hacen más conexiones entre los hemisfe-
rios y las células cerebrales. Entrelazan información de
múltiples fuentes mejor: "intuición de mujer" y *multi-
tasking*. Los cerebros de los hombres son más laterali-
zados; hacen menos conexiones. Piensan de una manera más directa y reaccionan rápidamente, son resueltos
y se distraen menos.[39]

Las diferencias fisiológicas, mentales y anatómicas son resultados de un diseño para funciones complementarias. El hom-

---

38   Gregg Johnson, "The biological basis for gender-specific behavior," In
      Recovering Biblical Manhood and Womanhood, John Piper & Wayne
      Gruden, eds. (Wheaton, Illinois: Crossway Books, 2006).
39   Ibid

bre se enfoca mayormente en una cosa a la vez. Este enfoque fomenta una aguda atención en detalles de construcción, cazar animales y protección para su familia. Como consecuencia de la caída, habrá necesidad de protegerse a sí mismo y a su familia ante la violencia, y también de luchar en guerras. Su rápida coagulación sanguínea salva la vida de muchos que han sufrido una herida de no morir por desangrarse en exceso. Las mujeres tienen el diseño para ser ayuda idónea y para ser mamás. Para ello, necesitan poder trabajar en muchos detalles a la vez (en lo personal, me da envidia que mi esposa lo hace de manera tan excelente). Ella tendría que cuidar a niños que se enferman y aún ella estando enferma, no tendrá el lujo de pasar una semana en cama. Ella se enfermará menos y su tiempo de recuperación tendría que ser breve para seguir cuidando de la familia. Hay tanto que se puede ver en las diferencias entre el hombre y la mujer; sin embargo, nos basta aquí con reconocerlas y apreciarlas como el resultado de un diseño complementario por nuestro Creador.

La palabra "género" históricamente ha sido un sinónimo de "sexo"; sin embargo, últimamente la revolución sexual ha buscado divorciarlo del "sexo" e inventar una nueva categoría. Pero así no ha sido el caso siempre. El diccionario médico *Taber's Cyclopedic Medical Dictionary* (2005) definía "sexo" y "género" como sinónimos. "Género – el sexo de una persona (ej. Hombre o mujer). Sexo – 1. La característica que distingue la mayoría de las plantas y animales como macho y hembra. 2. Género"[40].

---

40 *Taber's Cyclopedic Medical Dictionary*, 20th ed. (Philadelphia: F.A. Davis Company, 2005) traducido por el autor.

Otro diccionario médico, *Stedman's Medical Dictionary for the Health Professions and Nursing* (2006), define "sexo" y "género" como sinónimos también. "Género – basado en su sexo, es la categoría que una persona se asigna o le es asignada por otros. Compare con sexo. Sexo – la característica y cualidad biológica que distingue a los hombres de las mujeres que es expresada por el análisis de cromosomas y características hormonales, morfológicas y gonadales (internas y externas) de la persona. Compare con género."[41]

Sin embargo, últimamente se puede notar la separación de estos dos sinónimos. Si género ya no es simplemente otra manera de decir "sexo", la palabra se queda abierta a una definición ambigua por la sociedad. Notemos el nuevo cambio de definición en los siguientes artículos. El primero es de 2012:

> El sexo biológico tal vez sea el más directo de las tres variables que se encuentra justo en el corazón de la ciencia de la transexualidad. Todos tenemos un par de cromosomas sexuales que nos identifican genéticamente como hombre (XY) o mujer (XX). Esto nos lleva al concepto de género, el cual es significativamente diferente del sexo biológico. Identidad de género es un sentimiento subjetivo de "masculinidad" y "feminidad".[42]

---

41 *Stedman's Medical Dictionary*, 28th ed. (Philadelphia: Lippincott Williams & Wilkins, 2006) traducido por el autor.

42 Jesse Bering, "The third gender" [El tercer género], *Scientific American*, 1 de octubre, 2012, https://www.scientificamerican.com/article/the-third-gender-2012-10-23/#googDisableSync. Traducido por el autor.

El siguiente artículo de 2017 concuerda con el anterior:

> El sexo es una característica biológica determinada específicamente por los cromosomas sexuales heredados por los padres de uno... La gente tiene un sexo; los animales tienen un sexo; todo tejido, incluyendo la placenta del bebé, tiene un sexo; hasta las células individuales tienen un sexo. Por otro lado, el género es definido a nivel personal, social y cultural. Abarca cómo se ven ellos mismos (identidad de género), cómo otros los perciben y cómo esperan que se comporten (las normas del género) e interactúan con otros (relaciones de género).[43]

Las reglas han cambiado; y esto no se debe a nuevos hallazgos científicos, sino a que se someten a la subjetividad (usando las mismas palabras de los artículos) de sentimientos. La revolución sexual ha sido precisamente eso: una revolución. Su influencia ha podido forzar a artículos científicos sobre el sexo de una persona a que incluyan los sentimientos subjetivos de un mínimo porcentaje de personas. En una manera, nos obligaron a meter ambigüedad sentimental en la ciencia empírica.

Entonces, ¿qué es el género si no es el sexo de una persona? De acuerdo con esta nueva ideología, el sexo puede representarse en los cromosomas sexuales, pero el comportamiento, las atracciones, etc. de una persona se

---

43 Krista Conger, "Of mice, men and women" [De ratones, hombres y mujeres], *Sex, Gender and Medicine*, Primavera 2017, https://stanmed. stanford.edu/2017spring/how-sex-and-gender-which-are-not-the-same-thing-influence-our-health.html. Traducido por el autor.

tratan de una construcción social. Uno, aunque nació hombre o mujer, puede expresar un género de otro sexo, identificarse con otro género, sentirse físicamente atraído a otro género, y sentirse emocionalmente atraído a otro género[44]. ¿Es difícil entender? También lo es para mí. Por lo que parece, pretenden decir que las expectativas de comportamiento y atracciones sexuales para hombres y mujeres no son inherentes al diseño de un Creador, sino que son el producto de expectativas relativistas y societarias. Los cristianos debemos reconocer el lado espiritual del asunto: es la misma rebeldía del huerto. Dios expresa su voluntad para nosotros pero, si descartamos lo que ha revelado, quizá podemos ser como Dios y hacer de acuerdo a nuestros propios deseos.

(fuente: https://transstudent.org/gender/)

---

44 Trans Student Educational Resources, https://transstudent.org/gender/. Accedido el 10 de diciembre, 2020.

Un grupo lo explica así:

> Cuando se trata de la biología, la variación
> dad son la norma, no la excepción. Me gusta   ....es
> a las personas que, al igual que todas nuestras caras son
> únicas, así también es nuestra composición biológica.
> Además, clasificar a los que no encajan perfectamente
> en las casillas de "hombre" o "mujer" como "otro" implica
> que todas las personas intersexuales son iguales, lo que
> es una gran exageración. La intersexualidad es un térmi-
> no que abarca a cualquier persona con un amplio rango
> de características y experiencias de vida.[45]

¿Cuántos géneros existen y cómo se distinguen? No sé si se puede responder esta pregunta. Se han formado muchas listas, basadas en simples opiniones e imaginaciones desenfrenadas. ¡Una página enumera 112! Veamos algunos ejemplos de géneros para tener una idea de lo ambiguos que son.

- ► Ambonec: uno que se identifica como mujer y hombre, pero ninguno a la vez.
- ► Amicagénero: un género que cambia dependiendo de cuál amigo uno se encuentra.
- ► Anongénero: un género que es desconocido para ambos, Usted y para otros.
- ► Apconsugénero: un género en cual se sabe lo que no es, pero no lo que es; el género se está escondiendo dentro de ti.

---

45 The Gender Elephant, https://ccgsd-ccdgs.org/gender-elephant/. Accedido el 10 de diciembre, 2020.

- ► Astralgénero: un género que se siente conectado con los espacios exteriores.
- ► Autogénero: una experiencia de género que es profundamente personal para uno.
- ► Hidrogénero: un género que comparte características con el agua.
- ► Hemigénero: un género que es la mitad un género y la mitad otra cosa; una o las dos mitades pueden ser géneros identificables.
- ► Perigénero: se identifica con un género, pero no es un género.
- ► Surgénero: tener un género que es 100% solo un género, pero con más de otro género agregado por encima.
- ► Veragénero: un género que parece cambiar el momento que es identificado.[46]

Prometo que esto no es una broma de mi parte. Ni creo que lo es para la página Tumblr que produjo esta lista. Sinceramente, es la despedida oficial de la ciencia empírica por causa de un movimiento social en busca de autonomía. La autonomía no es un invento del Siglo XXI. Sus raíces se sembraron en Génesis 3 cuando nuestros primeros padres optaron por hacer lo que querían en vez de lo que Dios les ordenó. Y su patrón se hace obvio a través de los subsecuentes milenios.

> *En estos días no había rey en Israel; cada uno hacía lo que bien le parecía.*
>
> Jueces 21:25 RVR60

---

46 How Many Genders Are There in 2020?, https://dudeasks.com/how-many-genders-are-there-in-2020/, accedido el 10 de diciembre, 2020.

¿NO TIENEN DERECHO A SER FELICES?

La felicidad no es un derecho, sino que tenemos el derecho de no ser negados a la oportunidad de serlo, siempre y cuando no estorbe indebidamente a otros. No se puede legislar la felicidad, ni por obligación ni para privarla. Pero ¿de dónde vienen los derechos? Si ya hemos descartado una ley moral universal, los derechos son subjetivos al igual que la dignidad. Sin embargo, nadie quiere vivir como si eso fuese verdad. La sociedad toma prestado de la cosmovisión cristiana cuando quieren hablar de derechos y dignidad, sólo para descartarla cuando cambian de tópico.

A pesar de las inmensas incongruencias con un mundo materialista que sostiene estándares universales que sólo existen en una realidad teísta, tampoco creo que su idealismo sea práctico. Las cifras demuestran, una y otra vez, que las personas LGBTQ+ en general no son felices. La U.S. National Library of Medicine (Biblioteca Nacional de Medicina, EEUU) publica que:

> Las personas transexuales, después de recibir un cambio de sexo, corren un más alto riesgo de mortalidad, comportamiento suicida y morbilidad psicológica que el resto de la población. Nuestros resultados sugieren que el cambio de sexo, aunque alivie y calme la disforia de género, no es un tratamiento suficiente para el transexualismo.[47]

---

47 Cecilia Dhejne, et al., "Long-term follow-up of transsexual persons undergoing sex reassignment surgery: Cohort study in Sweden," *PLoS One* (2011) 6(2):e16885.

Además, no sólo las personas que se operan sufren. Brian Tashman, autor liberal, cede la validez de las altas cifras de suicidio entre todo el grupo LGBTQ+:

> El Centro de Recursos para la Prevención del Suicidio informó en 2008 que los jóvenes homosexuales, lesbianas y bisexuales "tienen entre una y media y tres veces más probabilidades de reportar ideas suicidas"...[48]

Si esta información no es discutida, ¿por qué nadie se atreve a confesar que estas personas tienen un problema mucho más profundo y que un comportamiento sexual que contradice su diseño no resuelve su problema, sino que lo magnifica? Lamentablemente, en vez de preocuparse por el bienestar de estas personas en peligro, muchos se aprovechan de estas cifras para atacar a grupos conservadores como los cristianos. Brian Tashman ha ofrecido un silogismo pero con una sola premisa (la citación anterior) y de ahí salta a una conclusión sin premisas que apoyan su argumento.

> [Las personas LGBTQ+ tienen] casi una y media a siete veces más probabilidades que los jóvenes no LGB informaron que habían intentado suicidarse señalando que "el estigma y la discriminación están directamente relacionados con los factores de riesgo de suicidio".[49]

---

48 Brian Tashman, "Michael Brown: Gays Use Youth Suicide Victims as Pawns," RightWingWatch.org, enero, 2012, 2013, http://tinyurl.com/o88mbwb , accedido el 31 de marzo, 2020, traducido por el autor.
49 Ibid.

No ofrece evidencia para su conclusión y prefiere culpar a otros en vez de ayudar a este grupo. De hecho, las cifras no muestran ninguna correlación entre los suicidios y la "discriminación". Los doctores Miguel Núñez y Cathy Sheraldi de Núñez reportan que "entre el 32% y el 50% de las personas transgénero cometen un intento de suicidio aun en lugares como Suiza, donde esta ideología es aceptada"[50]. Si los cristianos y conservadores son los culpables de intentos de suicidio entre la comunidad LGBTQ+, las cifras en Suiza deberían ser drásticamente menores, sin embargo, no lo son.

La felicidad no debe ser la meta para cualquier persona en esta vida porque es demasiado voluble. Depende al 100% de las circunstancias que rodean los eventos cotidianos de cualquier persona. Fuimos creados no para la felicidad, sino para el gozo en Cristo para la gloria del Padre. Y hasta que este mundo deje de buscar la felicidad fugaz en cisternas rotas y hasta que tome de la fuente eterna de Cristo, lamentablemente no sólo seguirán aumentando los suicidios, sino que cada vez más personas entrarán a la eternidad sin esperanza y sin la justicia de Cristo.

---

50 La Dra Scheradli de Núñez cita este estudio en la página 111 del libro *Revolución Sexual*: H.G. Virupaksha, Muralidhar y Jayashree Ramakrishna, Suicide and Suicidal Behavior among Transgender Persons; Indian J Psychol Med. 2016 nov-dic; 38(6): 505-509. DOI: 10.4103/0253-7176.194908

EL ESPERMATOZOIDE, EL CALENDARIO Y LA GEOGRAFÍA

Y de una sangre ha hecho todo el linaje de los hombres, para que habiten sobre toda la faz de la tierra; y les ha prefijado el orden de los tiempos, y los límites de su habitación.

Hechos 17:26 RVR60

El Apóstol Pablo expone ante los atenienses en la Roca de Ares acerca de cómo se despliega la eterna soberanía de Dios en la finitud del tiempo para llevar a cabo su voluntad. Pablo dice que Dios ha "hecho que habiten", significando que Dios planeó nuestras distintas habitaciones sobre el planeta Tierra. Cada uno de nosotros nacimos en el lugar prefijado por Dios desde la eternidad pasada. Nada es por coincidencia y tampoco es aleatorio. También exclamó que Dios "prefijó el tiempo" de su nacimiento y vida. Dios planeó hasta el milisegundo del día y del año en que todos naceríamos. Consideremos lo siguiente: ¿no cree que Dios también prefijó cuál espermatozoide (XX o XY) llegaría al óvulo de su madre para hacerle hombre o mujer? Solemos indignarnos por el racismo. La combinación genética para darnos nuestra tonalidad de piel es algo sagrado porque Dios nos entretejió en el vientre de nuestras madres a su gusto. Pero, ya que el ADN que determina nuestra tez también determina nuestro sexo, ¿por qué despreciar eso? Ser hombre o mujer no es meramente una cuestión biológica, fisiológica, anatómica o genética. Ser hombre o mujer conlleva una función en específico para la gloria de Dios en su creación.

LA ABUNDANCIA DE FALACIAS SON EL ÚLTIMO CLAMOR DE UN ARGUMENTO FALLIDO

Reconocer falacias en argumentos es un arte bastante despreciado en nuestros días y, si quiere mucha práctica para reconocerlas, sólo tiene que ver memes y debates en las redes sociales. Tanta argumentación, premisas y conclusiones se basan en obvias falacias, las cuales se desvían completamente del tópico.

Si tú religión te hace odiar a otro ser humano por su preferencia sexual, su color de piel o cualquier otra diferencia, mejor cambia de religión, Jesucristo te enseña que hay que vivir con amor, perdon y misericordia,no con odio y agresión.

NO ESTABA PERDIDA ME DIJERON QUE NO ERA BIENVENIDA.

Este meme ha gozado de mucha popularidad en los últimos años. Me pregunto cuántas personas han reconocido las falacias y suposiciones erróneas en él. Notemos primero: ¿a quiénes se refieren cuando dicen que tienen una religión que odia a otros por su preferencia sexual? La respuesta implícita es el cristianismo. Pero la gran mayoría de los cristianos no odian a las personas por su preferencia sexual. ¿Qué han visto que les hace llegar a esta conclusión? Implícita es la "intolerancia". Los cristianos toleramos personas, pero no mentiras. De hecho, sólo con compartir el arrepentimiento y el evangelio nos coloca en su definición entre aquellos que "odian" a las personas LGBTQ+. Sin embargo, ellos no los aman. He platicado en varias ocasiones y por mucho tiempo con personas en este estilo de vida. Debido a que los amo en Cristo, me atrevo a hablarles con la verdad porque quiero que sean perdonados como yo también he sido perdonado por mis pecados. El amor es hacer lo correcto, aun cuando no es popular y también aun cuando conlleva consecuencias. El amor no es, por cobardía y egoísmo, estimar la aprobación de la sociedad por encima de ayudar a alguien en peligro. De hecho, Dios es amor y Dios es verdad. Le animo a que lea 2 y 3 de Juan (son muy cortas) y que cuente las veces que Juan habla del amor en verdad. No hay amor sin verdad. Es por eso que la unidad de cualquier iglesia depende de la proclamación de la verdad y no sólo el deseo de tener unidad. Lo que une al pueblo redimido de Dios es la suma de la verdad de Cristo.

Pero me pregunto, ¿cuántas personas notaron la falacia más errante del meme? La ovejita le dice a Jesús que no estaba perdida, sino que le habían dicho que no era bienvenida. Esta es otra razón por la que me entristece cuando el mundo usa la Biblia para promover el pecado. No entienden ni siquiera lo más básico del mensaje bíblico. El punto de la parábola de la oveja perdida es que TODOS estamos perdidos en nuestros pecados. Los que respondían que no estaban perdidos, o ciegos, fueron los fariseos y, por ende, muchos perdieron la oportunidad de la salvación. En otras palabras, este meme condena a la ovejita en vez de ofrecerle perdón.

Quizá la falacia más común en el debate actual sobre la sexualidad es el famoso *ad hominem* (a la persona). Un *ad hominem* no siempre es una falacia. Por ejemplo, si yo le hablara de mis experiencias siendo criado en China, la respuesta suya debe tener un *ad hominem*, por ejemplo: "¿Cómo puedes compartir una experiencia que nunca tuviste, ya que te criaste en los EEUU y, hasta la fecha, nunca has pisado el suelo chino?". Sin embargo, *ad hominem* se convierte en una falacia cuando se usa para atacar o desacreditar a la persona en vez del argumento. Si un hombre dice que el aborto es asesinato, muchos responden que él no es mujer para saber cómo es cargar con un bebé y por ende no puede opinar. He aquí, la falacia del *ad hominem*. Es igual a decir que nosotros no tenemos el derecho de opinar de la matanza de los judíos en Alemania porque no somos alemanes que tienen que aguantar la presencia de ellos. Nosotros vivimos en sociedad, no en aislamiento, y nadie puede decidir todo de acuerdo con sus caprichos. Nuestras decisiones afectan a la sociedad, especialmente porque fuimos hechos mayordomos de la creación.

En mi experiencia, el *ad hominem* más común respecto al presente tópico es llamar a alguien "homofóbico" si no está de acuerdo con LGBTQ+. Veamos la siguiente afirmación: una familia con mamá y papá bajo Cristo es el mejor entorno y estructura para criar a una familia y formar una sociedad sostenible. En un mundo sensato, se pueden debatir los puntos en el mercado de ideas; sin embargo, la respuesta más común a afirmaciones parecidas es llamarlo a uno "homofóbico" o "hetero patriarca retrógrado". Pues ni siquiera ha ofrecido un solo dato para ayudar su argumento; sólo, de manera implícita, confiesa que no tiene argumento y prefiere pintarlo a uno como un ser odioso.

Los cristianos somos embajadores de Cristo, ministros de la reconciliación. Tenemos que pedir a Dios que nos ayude para no caer en ensuciarnos cuando seamos tratados así. Razonemos con la verdad, nunca avergonzándonos de la Palabra de Dios. Acuérdese que la meta es que estas personas reciban la misma gracia que hemos recibido en Cristo, y no es ganar un argumento. Finalmente, nuestra obligación es presentarles a nuestro Rey y Salvador. Fuera de Él, el mundo no tiene esperanza y es el único remedio que tenemos para la enfermedad mortal perteneciente a toda la raza humana.

¿Y QUÉ DE AQUELLOS QUE NACEN HOMBRE Y MUJER?

Para empezar, nadie ha nacido hombre y mujer. En otras palabras, nadie ha podido dejarse a sí mismo embarazado. Hay hombres y hay mujeres que padecen malformaciones.

Consideremos estos desafíos genéticos, si tienen correlación con el movimiento LGBTQ+ y lo que la Biblia dice al respecto. Primero, veamos esta lista que nos fue acumulada por la Dra. Georgia Purdom, PhD, genética molecular:

► *Hermafroditismo* o *intersexo* es lo que describe al bebé que nace con tejido ovárico y testicular. Pero en la gran mayoría de estos casos el bebé es genéticamente XX (mujer) o XY (varón), y no ambas cosas a la vez. Se desconoce la causa que subyace a la anormalidad física.

► *Hiperplasia suprarrenal congénita* es lo que resulta de esteroides sexuales insuficientes o excesivos, y que da como resultado un aspecto externo que puede ser el opuesto al de los cromosomas. También en este caso el bebé es genéticamente sólo XX o sólo XY.

► *Síndrome de insensibilidad andrógena,* es lo que ocurre en varones genéticos (XY) cuyos tejidos no responden a las hormonas masculinas, y parecen anatómicamente mujeres. (Los varones y mujeres normales tienen tanto testosterona como estrógeno/progesterona, pero los niveles de las hormonas y la respuesta de los tejidos varía, dependiendo de si son varón o mujer).

► *El síndrome de Turner* se da en mujeres que tienen sólo un cromosoma X (X0). Sus ovarios suelen degenerarse antes del nacimiento, por lo que no desarrollan características femeninas secundarias, y son infértiles.

► *El síndrome de Klinefelter* se da en varones que tienen dos cromosomas X y un cromosoma Y (XXY). Desarrollan características sexuales secundarias masculinas reducidas, y también suelen ser infértiles.

▶ *El varón XX* o *la mujer XY* se dan de manera muy infrecuente (menos del 0.005% de los nacimientos vivos). Es resultado de una translocación (desplazamiento) del gen SRY a un cromosoma X, o a la mutación del gen SRY, respectivamente. Son personas que no exhiben características sexuales secundarias, y son infértiles. El gen SRY si está presente, determina la anatomía masculina o la condición de ser "varón", (aunque la persona tenga dos cromosomas X); de no ser así, entonces la persona es hembra, "mujer" (aunque la persona tenga un cromosoma X y un cromosoma Y).[51]

Estas malformaciones afectan sólo a un mínimo porcentaje de la población humana. Se trata de un hombre que tiene tejidos masculinos y femeninos, o una mujer con tejidos masculinos y femeninos. Se trata de un hombre que tiene limitaciones gonadales. Se trata de una mujer que no puede tener una menstruación. No se trata de un hombre-mujer. De hecho, entre ellos, menos del 1% padece de confusión de género[52]. Los demás saben bien si son hombres o mujeres. Por ende, este argumento no tiene nada que ver con el movimiento LGBTQ+.

Pero, aunque representen un porcentaje mínimo de la población, la vida de cada uno de ellos tiene inmenso valor. Y,

51 Purdom, Georgia PhD., "The Biology of Gender". https://answersingenesis.org/family/gender/biology-gender/, accedido el 10 de diciembre, 2020.

52 Ken C. Pang et al., "Molecular Karyotyping in Children and Adolescents with Gender Dysphoria," *Transgender Health* 3.1 (2018):147–153.

debido a ello, no podemos descartarlos de nuestra conversación. Su situación se debe a la caída de Génesis 3. Desde entonces, el mundo no funciona como debe y muchos pagamos las consecuencias. Sin embargo, Dios tiene un plan en su reino para ellos al igual a que lo tiene para nosotros. La Biblia menciona en general estos casos.

> *Pues hay eunucos que nacieron así del vientre de su madre, y hay eunucos que son hechos eunucos por los hombres, y hay eunucos que a sí mismos se hicieron eunucos por causa del reino de los cielos. El que sea capaz de recibir esto, que lo reciba.*
>
> Mateo 19:12 RVR60

Hay eunucos que nacen así. Son considerados por Jesús y vemos en otros textos que son llamados a Cristo por el evangelio. Así que, si tenemos el placer de conocer a alguien que padece de estas circunstancias, cada caso tiene que ser distinto. Juntos pueden buscar la mejor manera en que pueden glorificar a Dios con su vida. Nuevamente, en vez de usarlos para marketing -como lo suelen hacer algunos para promover la depravación sexual- nosotros los podemos amar en Cristo y encaminarlos hacia un lugar fructuoso en el reino de Dios.

CONCLUSIÓN

> *¿No sabéis que los injustos no heredarán el reino de Dios? No erréis; ni los fornicarios, ni los idólatras, ni los adúlteros, ni los afeminados, ni los que se echan con varones, ni los ladrones, ni los avaros, ni los borrachos, ni los maldicientes, ni los estafadores, heredarán el reino de Dios. Y esto erais algunos; mas ya habéis sido*

lavados, ya habéis sido santificados, ya habéis sido justificados en
el nombre del Señor Jesús, y por el Espíritu de nuestro Dios.

1 Corintios 6:9-11 RVR60

Y esto erais algunos. Ya no lo son. Por el evangelio somos hechos nuevas criaturas en Cristo. Hemos sido lavados de la mancha vergonzosa del pecado, hemos sido santificados del poder del pecado, hemos sido declarados justos por la fe en Cristo Jesús, y todo esto fue efectuado por el Espíritu Santo. No hay mensaje semejante en el mundo, nunca lo ha habido ni lo habrá. No tenemos que usar a personas para promover una ideología y no necesitamos de la aprobación de la sociedad. Podemos amar en verdad a las personas que están esclavizadas por el pecado y, aunque muchos prefieren sus cadenas, no cesemos de ofrecer el evangelio en obediencia a nuestro Señor. Sólo Dios en Cristo los puede liberar. A nosotros nos toca hablar la verdad, defender la verdad, derrumbar argumentos que promueven la mentira, pero todo con gracia, y pidamos a Dios que alcance a nuestros amigos LGBTQ+.

Capítulo 10

UNA RESPUESTA BÍBLICA AL MOVIMIENTO CRISTIANO GAY

A lo largo de la historia ha surgido gran cantidad de movimientos que luego se fueron esfumando. Algunos tuvieron notable éxito. Incluso con sus eventuales altibajos, suelen dejar una estela de impacto. Ha habido algunos que fueron para bien y otros, no tanto. Es por eso que hoy la gente anda diciendo que hay que estar del lado correcto de la historia. No obstante, la historia de la iglesia ha pasado por la misma experiencia. Así como sucedió con la historia "secular", la iglesia no ha sido inmune a esos efectos que no causaron un impacto tan bueno. La Reforma Protestante fue, y sigue siendo, un intento de volver. Y tuvo algo de éxito. ¿Volver a qué?, te preguntarás. De volver a las Escrituras, por lo que afirman sobre la iglesia y lo que dicen sobre Dios y nosotros. Las Escrituras son la revelación inspirada por Dios a Su pueblo, con Su autoridad. A lo largo de la historia, la iglesia ha dado muchos pasos sutiles que restan cosas de la verdad bíblica y eso fue debido a una compleja matriz de razones, muchas de índole política. La orden del día en el siglo XXI para muchos consiste en encontrar el camino para reconciliar al movimiento LGBTQ con las Escrituras, apelando al aspecto de la "gracia", digamos. Se trata de un intento no tan sutil de torcer el rumbo, un peligro que muchos, que hoy se llaman seguidores de Cristo, no llegan a apreciar como tal. Este movimiento intenta enseñar que ser homosexual o gay es una identidad, y que Dios nos ama a todos tal como somos. Por eso Dios tiene que aprobar a la persona gay, porque Él no desalentaría a nadie para que negara su identidad. Así que si tal persona cree en Jesús, Dios aprueba el "matrimonio gay" siempre y cuando la relación se base en la confianza y la lealtad.

Habremos de pararnos sobre el lado correcto de la historia de la iglesia y la única manera de lograrlo es, por la gracia de Dios, volver siempre a la autoridad de las Escrituras. Que no tengamos que pasar por el cautiverio espiritual sólo para luego tener que arrepentirnos y buscar restauración por esta causa. Si hoy tenemos que responder a este movimiento (y es lo que debemos hacer) hemos de hacerlo con preparación, oración y respuesta cuidadosa. El apóstol Juan señaló de manera intencional lo importante que es la comunión de dos, apuntando a los atributos de Jesús que se hicieron evidentes en Su vida aquí en la tierra: lleno de gracia y verdad (Juan 1:14). Que nunca separemos aquello que en Cristo está unido. Recordemos eso siempre, y guardémoslo en nuestros corazones al responder a este movimiento con valentía.

Ante todo, una referencia a un error común. No existe tal cosa como el "cristiano gay" en el nivel epistemológico. Cristo murió por nosotros y Él nos "traslada" de un reino al otro. En este capítulo veremos los argumentos más comunes del creciente movimiento "cristiano gay", el cual pretende infiltrarse a la iglesia con argumentos basados primordialmente en sentimientos y después intenta utilizar las mismas Escrituras para apoyarse. Permítanme dar esta advertencia: los argumentos pueden llegar a ser un poco complicados y puede que el lector esté tentado a brincar partes; sin embargo, es necesario que nos preparemos para dicha infiltración porque es muy probable que ya ha encontrado una entrada en su iglesia, su hogar o su mismo corazón.

¿CRISTIANO GAY?

y no habrá más maldición; y el trono de Dios y del Cordero estará en ella, y sus siervos le servirán, y verán su rostro, y su nombre estará en sus frentes.

Apocalipsis 22:3-4 RVR60

Este texto no da indicios de que habrá otro nombre para los cristianos, y mucho menos un nombre que sea de pecado. Tenemos que recordar lo que le costó a Cristo comprarnos. Nuestra nueva identidad está únicamente en Él. El falso término "cristiano gay" ha estado insertado en el léxico de varios cristianos, especialmente entre las nuevas generaciones. Según el parecer de muchos, es inocente y complejo. Sin embargo, a Cristo le costó todo comprarnos. Él llevó la vergüenza, pena y castigo de nuestro pecado sobre sí mismo en la cruz. Ahora, en Cristo, no lo vamos a unir con dicho pecado. Sólo el nombre del Dios trino estará en nuestras frentes, y el trono de Dios no tiene cupo para un pecado. Nuestra única identidad está en Cristo y su justicia.

Con ello en mente, por favor recuerde que será de gran beneficio responder con contraargumentos inventados a partir de torcer las Escrituras cuando respondemos a estos argumentos. El cristiano siempre tiene que respetar el contexto bíblico incluso cuando contrarresta falsedades. Algunos de estos argumentos pueden resultar un tanto complejos, difíciles de desentrañar y de sacar a la luz como la falsedad que son, si no hemos hecho antes el trabajo que nos toca hacer. Y para lograrlo, lo que veremos aquí es un diálogo imaginario entre un promotor de los que se hacen llamar "cristiano gay" y un cristiano bíblico. Usamos el término "imaginario" con algo de sorna o sarcasmo, porque se trata de la conjunción no sólo de lo que he leído de sus apologistas, sino de varias conversaciones que he tenido con distintas personas a puertas cerradas y que se autodenominaban "cristianos gays", que dicen que Dios aprueba sus acciones siempre y cuando sean monógamos con su pareja del mismo sexo. Por favor, si tienes la impresión de que Dios aprueba tu homosexualidad o la de otras personas, te animo a leer hasta el final, no sólo este capítulo sino el libro completo. El autor del presente libro preferirá siempre verte en Cristo que del lado contrario del debate. La verdad sigue firme allí y podremos permanecer firmes a Su lado, o caer. Por favor, no caigas.

El diálogo

"Cristiano Gay" (a partir de ahora, identificado como G[53]): Creo que es voluntad de Dios que yo sea gay. ¿Quién eres tú para saber cuál es la voluntad de Dios para mí?

Cristiano bíblico (a partir de ahora, identificado como CB): ¿En qué forma crees que Dios nos revela Su voluntad cuando nuestros corazones son perversos? ¿Qué dicen las Escrituras?

---

53 Aquí prefiero no utilizar las iniciales CG porque no quiero normalizar este error epistemológico. En realidad, no existe tal cosa como el "cristiano gay". Cristo pagó el precio total por nosotros y no compartirá a Su novia comprada con sangre con un título que se usa para promover el pecado.

Así que, hermanos, os ruego por las misericordias de Dios, que presentéis vuestros cuerpos en sacrificio vivo, santo, agradable a Dios, que es vuestro culto racional. No os conforméis a este siglo, sino transformaos por medio de la renovación de vuestro entendimiento, para que comprobéis cuál sea la buena voluntad de Dios, agradable y perfecta.

Romanos 12:1-2

Toda la Escritura es inspirada por Dios, y útil para enseñar, para redargüir, para corregir, para instruir en justicia...

2 Timoteo 3:16

¿Con qué limpiará el joven su camino? Con guardar tu palabra.

Salmo 119:9

Lo primero es que Romanos 12:1-2 nos enseña que la vida cristiana tiene que ver con lo que habría sido antes un oxímoron: el sacrificio vivo. Antes de Cristo todo sacrificio debía matarse para que fuese un sacrificio. Cristo es el sacrificio supremo, único y definitivo que no sólo murió sino que además resucitó, así como ahora quienes están en Cristo resucitan a una nueva vida en Cristo. El viejo yo, el viejo tú, han sido crucificados con Cristo (Gálatas 2:20) y ahora ya no vivimos según los deseos de nuestra carne. Romanos 6 afirma que hemos muerto al pecado. Por eso, cada día hemos de tomar nuestros deseos de pecado y sacrificarlos para poder vivir por la fe en Cristo. El texto nos dice luego que esto nos lleva a la renovación de la mente, que es lo opuesto a que nos conformemos a este mundo. ¿Qué es lo que hoy constituye la mayor presión del mundo perdido respecto de la iglesia? Que nos volvamos conforme a su moral relativista. ¿Por qué motivo ahora le daría Dios la espalda a Su palabra usando este mundo muerto para revelarle Su verdad a la iglesia? No, Pablo nos recuerda que sólo al vivir esta vida como sacrificio vivo, con la renovación de la mente, sabremos cuál es la voluntad buena y aceptable de Dios. No hay experiencia ni sensación de aceptación que surja de emociones humanas que pueda ganarle a lo que Dios ha dicho en Su Palabra. El Espíritu Santo no es bipolar como para sostener una convicción hace un par de milenios, y decidir ahora que ha llegado el momento en que Él tiene que cambiar porque los tiempos cambian. Pablo también le enseña a Timoteo, con el eco del salmista en su segunda carta (ver más arriba) sobre la suficiencia de las Escrituras. Dios ha dado Su Palabra de tal manera que Su iglesia pueda conocer Su voluntad todo el tiempo hasta que regrese Jesús. No puede haber, ni habrá, ninguna revelación nueva. Y mucho menos a través de las emociones humanas. Nada puede deshacer lo que ha sido escrito. A lo largo de las Escrituras Dios ha dejado en claro en Su Palabra que la consumación del sexo jamás tuvo como propósito que la mantuvieran personas del mismo sexo:

No te echarás con varón como con mujer; es abominación.

Levítico 18:22

G: Las prohibiciones del Antiguo Testamento se refieren a la Ley, la cual era sólo para los sacerdotes[54], o bien para otros sectores, pero sólo los pertenecientes al pueblo israelita. Yo no estoy bajo la ley sino bajo la gracia. Mira tan sólo el capí-

---

54 http://themetchurch.org/about-us/homosexuality-the-bible, acceso 2 de marzo de 2020.

tulo siguiente a Levítico 18:22, Levítico 19:19 b "no te pondrás vestidos con mezcla de hilos". ¿Por qué no veo hoy a cristianos que citen este versículo en negativa referencia a la gente que usa poliéster y algodón?

CB: Ante todo, yo estoy citando las Escrituras y no hago referencia negativa ni condeno a nadie. Además, se trata de un paralelo injusto. Por favor considera que todo el argumento no se basa en Levítico 18, sino en un argumento consistente, de Génesis 1 a Apocalipsis 22. Dicho esto, creo que cometiste una falacia lógica que también suele llamarse "falacia del medio no distribuido". Por ejemplo: Johnny tiene orejas, y un elefante tiene orejas, y por eso Johnny tiene que ser un elefante. Tan sólo porque dos cosas tengan algo en común, no necesariamente hay que concluir que sean iguales. Volvamos al argumento que nos ocupa, y veremos que ante todo hay que darse cuenta de que toda la ley tiene implicaciones respecto a las ordenanzas de la creación. No mezclar hilos, de hecho, implica la necesidad de no ser como las otras naciones que mezclan toda clase de creencia y filosofía (sincretismo). Varios teólogos reconocen tres categorías diferentes de leyes, que mayormente se conocen como: Ley civil, Ley ceremonial, y Ley moral. Israel debía ser una nación. Y una nación necesita de la ley. La ley del "ojo por ojo" (Éxodo 21:14), las leyes sobre los préstamos, etc, eran leyes nacionales civiles. No son las leyes para un mundo ideal sino para una nación llena de pecadores como nosotros que necesitan protegerse de la codicia, la envidia, etc, de todos y cada uno con respecto a todos los demás. También hay Leyes ceremoniales sobre no mezclar hilos, reglas sobre la barba, reglas sobre la higiene, etc. Estas leyes tienen muchos usos, entre los cuales está el mostrar a la nación de Israel un entendimiento práctico de la santidad/el apartamiento. Finalmente, la ley moral. Estas leyes se ven mucho en el decálogo, como el amar a Dios, el no ser idólatras, el no ser adúlteros, etc.

En cuanto a la ley moral hay algo de debate en la iglesia al respecto, pero al menos echemos una mirada por lo menos sobre la que podamos hoy sacar una conclusión. La ley moral obra en los corazones de todos los seres humanos, sean israelitas o no.

> *Porque cuando los gentiles que no tienen ley, hacen por natura-*
> *leza lo que es de la ley, éstos, aunque no tengan ley, son ley para*
> *sí mismos, mostrando la obra de la ley escrita en sus corazones,*
> *dando testimonio su conciencia, y acusándoles o defendiéndoles*
> *sus razonamientos, en el día en que Dios juzgará por Jesucristo los*
> *secretos de los hombres, conforme a mi evangelio.*
>
> Romanos 2:14-16

Dejaremos para otro día el debate sobre si se trata de obras de la ley, o si ésta se encuentra escrita en los corazones de todas las personas. Lo que sí sabemos, sin embargo, es que hay un testigo de Dios en los corazones de todos los seres humanos en cuanto a la ley moral y las implicaciones respecto las ordenanzas de la creación en todas las leyes. Le da testimonio a su conciencia que luego les condenará si no están en Cristo. La sexualidad bíblica no tiene origen en una ley ceremonial o civil que se le dio a una nación en el desierto sin que afectara al resto del mundo. Es una ley moral con un origen de especial revelación en las ordenanzas de la creación de donde descendemos todos los seres humanos. Génesis 1 y 2 nos enseñan nuestros orígenes, y aprendemos allí que todos los humanos provenimos del diseño original de Dios para un hombre y una mujer para toda su vida, y allí es donde se les da el *imperativo* a todos los descendientes de la pareja original:

> *Por tanto, dejará el hombre a su padre y a su madre, y se unirá a su mujer, y serán una sola carne.*
>
> Génesis 2:24

En cuanto a la ley moral Dios juzga incluso a las naciones vecinas que no tienen por escrito la ley ceremonial, civil o moral. La sexualidad bíblica también es una ley que obra en el corazón del hombre por medio de su conciencia, y por ello vemos a Dios juzgando a otras naciones por no adherirse a dicha ley.

G: Bueno ¿no justificó David la homosexualidad con su amor gay por Jonatán? Mira tan sólo lo que dice 1 Samuel 18:1: "*Aconteció que cuando él hubo acabado de hablar con Saúl, el alma de Jonatán quedó ligada con la de David, y lo amó Jonatán como a sí mismo*". Y como si fuera poco, 2 Samuel 1:26: "*Angustia tengo por ti, hermano mío Jonatán, que me fuiste muy dulce. Más maravilloso me fue tu amor que el amor de las mujeres*". Vemos aquí que David amaba a Jonatán más que a una mujer.

CB: Ese es un argumento errado en varios aspectos. Ante todo, aquí la palabra que se traduce como "amor" no es un término típico que se use para las relaciones sexuales sino que tiene "connotaciones diplomáticas y políticas"[55] Por

---

55 Got Questions": https://www.gotquestions.org/David-and-Jonathan. html 26 de febrero de 2020.

ejemplo, veamos su uso en 1 Samuel 16:21: "*Y viniendo David a Saúl, estuvo delante de él; y él le amó mucho, y le hizo su paje de armas*". Y la misma palabra aparece de nuevo en 1 Reyes 5:1: "*Hiram rey de Tiro envió también sus siervos a Salomón, luego que oyó que lo habían ungido por rey en lugar de su padre; porque Hiram siempre había amado a David.*" ¿Querrías argumentar que el texto indica que Saúl e Hiram sentían atracción sexual por David?

También, el contexto del texto de 2 Samuel 1 es una endecha, o un lamento. Es una reacción ante la muerte. No es un poema de romance. ¡Allí radica la gran diferencia! Tan sólo echa una mirada a los versículos que anteceden y suceden a éste: "*¡Cómo han caído los valientes en medio de la batalla! ¡Jonatán, muerto en tus alturas!*" (v. 25) y "*¡Cómo han caído los valientes, han perecido las armas de guerra!*" (v. 27). El contexto es el llanto, el lamento de David por la muerte de alguien que constantemente en el pasado había preservado la vida de David, en especial protegiéndole de su padre Saúl. En el ámbito militar se forma una camaradería especial con la persona a quien le confías tu vida. Se construye un vínculo, un tipo de amor fraternal que durará toda la vida. Es una endecha escrita por un hombre heterosexual con familia e hijos a otro hombre heterosexual con familia e hijos. El tomar este contexto de lamento tras una batalla o guerra intentando extraer un único versículo para una interpretación romántica no es solamente mala exégesis, sino también una ingenuidad.

En tercer lugar, el argumento era que en este texto David *justifica* la homosexualidad. Pero incluso si uno fuese a conceder que el amor de David era atracción por el mismo sexo (y argumenté antes que no lo era) eso no indicaría que David lo estuviese justificando. Recuerda que aunque David era un pecador (como nosotros) jamás justificó el pecado. Se arrepintió cuando Natán lo confrontó (Salmo 51). David se deleitaba en la ley. El Salmo 119:16 dice: *"Me regocijaré en tus estatutos; No me olvidaré de tus palabras."* David escribió esto bajo inspiración del Espíritu Santo mucho tiempo después de que Dios diera Levítico 18.

Así, llegar a la conclusión de que David justificó la homosexualidad constituye no sólo lo más lejano al texto que puedas pensar. Recuerda que Proverbios 30:5-6 advierte: *"Toda palabra de Dios es limpia; Él es escudo a los que en Él esperan. No añadas a sus palabras, para que no te reprenda, y seas hallado mentiroso."*

G: Bien. Entonces ¿por qué Jesús nunca dijo nada en contra del matrimonio homosexual?

CB: Bueno, para empezar, Jesús enseñaba en Judea donde no existía tal cosa como el "matrimonio homosexual". Ese es un argumento anacrónico. Estás llevando allí un debate moderno y obligando a Cristo a hablar al futuro, precisamente en contra de ello. Incluso si argumentas sobre la pedofilia o las uniones gay en ciudades grecorromanas, Jesús en los evangelios no les estaba hablando directamente a ellos porque Él vino primero a las ovejas perdidas de Israel (Mateo 15:24).

También tenemos que ser cuidadosos y contrastar las palabras de Jesús citadas en los evangelios con el resto de la Biblia. Toda Escritura es Palabra de Dios.

Dios, habiendo hablado muchas veces y de muchas maneras en otro tiempo a los padres por los profetas, en estos postreros días nos ha hablado por el Hijo, a quien constituyó heredero de todo, y por quien asimismo hizo el universo.

Hebreos 1:1-2

Dios nos ha hablado en el Antiguo Testamento y ahora nos ha hablado a través de Su Hijo. Simplemente no podemos trazar jerarquías en la Palabra de Dios y contraponer algunas partes con otras. Si está en la Biblia, donde sea que esté, lo ha dicho Jesús. No obstante, ¡Jesús sí hablo de esto en los Evangelios!

Él, respondiendo, les dijo: ¿No habéis leído que el que los hizo al principio, varón y hembra los hizo, y dijo: 'Por esto el hombre dejará padre y madre, y se unirá a su mujer, y los dos serán una sola carne'? Así que no son ya más dos, sino una sola carne; por tanto, lo que Dios juntó, no lo separe el hombre.

Mateo 19:4-6

Encontramos otro fallido intento de los fariseos para refutar a Jesús. Ellos buscan las preguntas difíciles de responder, como la del divorcio. La respuesta de Jesús es sencillamente increíble, porque apela al designio de la creación (note que ya mencionamos esto en un párrafo anterior). Tras citar Génesis 1 y 2 Jesús afirma: "Lo que Dios juntó no lo separe el hombre".

Este versículo es uno de los favoritos para las bodas, pero como casi siempre sucede con las Escrituras que se utilizan de forma repetitiva para propósitos ceremoniales, podemos llegar a acostumbrarnos tanto a oírla que ya ni siquiera tomamos en cuenta cada detalle. Vamos a centrarnos en "lo que Dios juntó". El contexto nos dice qué es lo que Dios une: a un hombre y a una mujer, para toda la vida. Ahora, si esperas que Jesús se explaye enumerando todas las demás combinaciones posibles e imaginables para luego condenarlas, estarías ante algo tedioso y, por lo menos, ingenuo. Jesús no dice "por eso, ni un hombre con cincuenta mujeres, ni 23 mujeres con 4 hombres, ni 4 gatos con un hombre, ni 2 vacas con dos mujeres". Claro que no. Un hombre, una mujer. Toda otra combinación no es lo que une Dios. Recuerda que Jesús nunca enseñó en contra de la violación pero ¿quién hoy defendería al que viola porque Jesús no lo condenó específicamente? Hay un mandato bíblico para la consumación sexual, y todo lo que esté fuera de eso constituye pecado.

Incluso si intentara utilizar la poligamia del Antiguo Testamento también es una falacia, porque entonces tendrías que utilizar la descripción de hombres y mujeres pecadores como prescripción en las Escrituras. En verdad, podemos ver el detrimento de la poligamia en cada una de las personas que las Escrituras mencionan que la practicaban en el Antiguo Testamento. Siempre tenemos que recordar que se deben separar los relatos descriptivos históricos posteriores a la caída de la prescripción bíblica para la vida cristiana (1 Timoteo 3:2). Como lo describe el Dr. Peter Gentry:

Cuando la gente busca en la Biblia y mira casos de poligamia, no están distinguiendo entre lo que Dios manda y la historia de cómo Él trató a su pueblo y su pueblo lo trató a Él; y su pueblo no era fiel.[56]

G: Pero Dios nos ha dado el matrimonio para que seamos felices. No soy feliz sin alguien del mismo sexo.

CB: Ese es un error común. Es muy humanista... el extremo opuesto a ser bíblico. Por supuesto que no nos ha dado el matrimonio para hacernos felices. Eso es del deseo romántico de nuestro siglo del gran filósofo Walt Disney. Tan sólo pregúntales a las parejas casadas si su matrimonio en sí mismo ha sido suficiente como para darles felicidad perpetua. Si son sinceras, descubrirás que no es así.

Oro porque esta verdad libere a muchos de una mentira tan dañina. Hemos sido diseñados para encontrar gozo exuberante y eterno en Cristo.

> *Me mostrarás la senda de la vida; en tu presencia hay plenitud de gozo; Delicias a tu diestra para siempre.*
>
> Salmo 16:11

Un matrimonio en verdad pleno de gozo es aquel que ha encontrado su plenitud y satisfacción a la diestra de Dios, donde sabemos que reside Jesús. El gozo es tan completo y consumidor que fluye en derredor de ese matrimonio. Entre dos peca-

---

56 Gentry, Peter, "Why did God allow polygamy in the Bible, https://www.youtube.com/watch?v=io0iV84t-lw, (traducido por Richard Ramirez) accedido el 4 de febrero, 2021.

dores egoístas ¡no hay manantial de vida alguno! El único manantial está en Cristo (Juan 4:14). Por eso la felicidad en el matrimonio no es más que el efecto colateral del gozo en Cristo. No hay persona, sea del mismo sexo o del opuesto, que pueda satisfacer los anhelos del corazón humano. Eso sólo lo logra la obra redentora de Cristo por nosotros. De todos los propósitos y funciones del matrimonio, creo que el apóstol Pablo nos revela el propósito verdadero y principal del matrimonio:

"Por esto dejará el hombre a su padre y a su madre, y se unirá a su mujer, y los dos serán una sola carne. Grande es este misterio; mas yo digo esto respecto de Cristo y de la iglesia."
Efesios 5:31-32

Esta es una verdad muy profunda. No podemos hacer caso omiso de lo que el texto contiene en lo profundo. Ante todo, notemos que Pablo cita Génesis 2:24b. Junto con Jesús, apela a la ordenanza del matrimonio en la creación como revelación con autoridad para la iglesia. También, y como suele hacer Pablo, prevé[57] nuestra confusión ante un texto y pone énfasis antes de la interpretación, escribiendo "Grande es este misterio". El misterio del que habla Pablo no parece estar apuntando al hombre que deja a sus padres y se une a su esposa, ya que es algo común y no muy misterioso. El misterio parece estar en la forma en que dos partes separadas, un hombre y una mujer, pueden llegar a ser una sola carne. Luego Pablo revela el misterio: "yo digo esto respecto de Cristo

---

57 Recordemos que las Escrituras son *theopneuestos* o "inspiradas con el aliento de Dios", y que no las escribieron los profetas y apóstoles en algo parecido a un trance. Vemos las personalidades de los autores humanos en lo que han escrito.

y de la iglesia". Ahora, demos un paso atrás y dejemos que la fuerza de este texto penetre en nosotros. En esencia, Pablo está diciendo que la forma en que Dios creó al hombre y la forma en que Él creó a la mujer, la forma en que Él los une y la forma en que se hacen una sola carne, fue todo designio Suyo y con un objetivo: la condescendencia. Esa palabra se entiende vulgarmente como el trato hacia otros con actitud de superioridad. Pero en la teología es una verdad profunda y maravillosa. Es lo que hace de la fe cristiana un *blooper* romántico y sin sentido para otras religiones. Que un Dios trascendental, sin las limitaciones del tiempo y la creación -un Dios del universo- se incline, revele y se relacione ante seres humanos finitos es, cuando menos, un absurdo. En especial para la fe musulmana. Pero, por otra parte, allí radica la belleza de la fe cristiana: que Dios Mismo no sólo entrara en Su creación a través de la encarnación, sino que se relacione con nuestra debilidad, con nuestras ataduras temporales, nuestra finitud. Sin perder jamás la plenitud de Su deidad. Es demasiado para que lo pueda comprender la mente humana (y el corazón humano). Es maravilloso, increíble, inspira temor, pero al mismo tiempo es completamente indescriptible. Dios quería mostrar la forma en que ama Cristo, y la forma en que nos busca y Se entrega por la iglesia, al diseñar el matrimonio de manera que refleje todo eso. El pastor Javier Domínguez afirma en respuesta a este texto de Efesios: "El más elevado propósito del matrimonio es el de mostrar a los incrédulos la relación de gracia, amor, perdón y entrega entre Cristo y Su iglesia."[58]

---

58 https://www.facebook.com/regresando.org/photos/a.11411584931632
    8/373597160034861/?type=3&theater, acceso 2 de marzo de 2020.

Pensemos en lo siguiente: el matrimonio es *hetero-relacional*. Fue diseñado de esta forma para mostrar el pacto hetero-relacional entre Cristo y Su iglesia. No entre Cristo y Cristo, y tampoco entre la iglesia y la iglesia. De la misma manera, no es esposo con esposo, ni esposa con esposa, sino esposo con esposa. Dios podría habernos diseñado a todos como hombres, o a todos como mujeres, con la posibilidad de la consumación y la fertilización de forma diferente, pero no lo hizo y es por una razón. Si podemos llegar a la conclusión correcta, y creo que sí podemos, de que aquí las Escrituras en Efesios 5 nos revelan que el aspecto funcional del matrimonio (ver capítulos 1-2 de este libro) tiene por designio reflejar la relación entre Cristo y la iglesia, entonces el matrimonio en sí mismo es una forma de enseñanza. Tan sólo el caminar juntos como esposo y esposa por la calle, o incluso acompañarse el uno al otro a la consulta con el médico, reflejan de cierta manera ante un mundo perdido el amor de Cristo por Su iglesia. Esa es la enseñanza positiva de este texto. Pero ¿qué puede decirse del aspecto en negativo? ¡Mucho! Si el matrimonio heterosexual tiene por designio (y afirmo aquí que así es) el propósito de revelar el misterio de Cristo y Su iglesia[59] (soteriología: teología de la salvación), entonces cualquier otra combinación para la consumación enseñaría, simplemente, una forma errada de soteriología.

Un hombre en "matrimonio" con otro hombre proyectaría a Cristo en relación con Cristo. Lo cual podría prestarse a

---

59 Este misterio de Cristo y Su iglesia en el matrimonio formará parte de la Revelación General o Natural, y por ello no basta en sí mismo para revelar lo suficiente para la salvación. Dios ha determinado la salvación por vía de la predicación de la Revelación Especial (Romanos 10:17).

reflejar un tipo de deísmo y la proposición teísta en la que el creador (fuera cual fuere) no interactúa con su creación. Esta era una enseñanza problemática en la época de los puritanos, que ellos refutaron con argumentos en sus escritos.

Una mujer en "matrimonio" con otra mujer proyectaría a la iglesia en relación con la iglesia. Y consecuentemente, produciría el reflejo de la idolatría del hombre (Rom. 1) donde vemos creación con creación. Dicho reflejo es el resultado de una filosofía humanista (desarrollado en el siguiente punto).

> *Porque en él [Cristo] fueron creadas todas las cosas, las que hay en los cielos y las que hay en la tierra, visibles e invisibles; sean tronos, sean dominios, sean principados, sean potestades; todo fue creado por medio de él y para él.*
>
> Colosenses 1:16

Cuando llegamos a entender que todas las cosas fueron creadas por y para Cristo, tenemos que incluir al matrimonio. No podemos minar el mensaje de la redención destruyendo aquellas cosas que tienen como intención replicar ese mensaje.

G: No hay en el Nuevo Testamento prohibición en contra del matrimonio gay monógamo siempre y cuando haya amor. Más específicamente, una iglesia afirma lo siguiente en su sitio de internet:

...algunos líderes cristianos han afirmado que la Biblia condena la homosexualidad, basándose en seis versículos de la

Biblia (y ninguno de ellos describe la relación amorosa consentida entre dos personas del mismo sexo).[60]

CB: Hemos mirado algunos aspectos. Y ahora veremos el resto. Primero, consideremos Romanos 1. El contexto inmediato es que Pablo afirma que la humanidad conoce, gracias a la Revelación General, no sólo el hecho de que existe un Creador, sino también -al menos- dos de Sus atributos. Su "eterno poder y deidad" (20) pueden verse de tal modo en la creación que a humanidad incluso entiende (20) o conoce a Dios hasta cierto punto, sin acceso a ninguna Revelación Especial, y por tanto demuestra a la humanidad su responsabilidad. Porque aunque conoce a Dios el hombre tiene dos actitudes perjudiciales: como adorador se niega a adorar a Dios porque no es agradecido y no quiere glorificar a Dios. Así, como adorador por defecto, el hombre encuentra algo creado y lo adora (v. 23). Por eso Dios deja que siga aquello que su corazón le indica, y de allí sigue el acto homosexual. Y por cierto, ¡esto no es para defender la homosexualidad, en ningún aspecto!

G: Pero Pablo se refería a la costumbre común de pedofilia que predominaba en la sociedad grecorromana de su tiempo. Como el Profesor Robin Scroggs lo ha aclarado, "La homosexualidad a la que se opone el Nuevo Testamento es la pederastia de la cultura grecorromana; las actitudes hacia la pederastia y, en parte, el lenguaje utilizado para oponerse a ella, están informadas por el trasfondo judío."[61]

---

60 http://themetchurch.org/about-us/homosexuality-the-bible, acceso 20 de marzo de 2020.

61 http://themetchurch.org/about-us/homosexuality-the-bible, "Robin Scroggs, Professor of Biblical Theology, Union Theological Seminary, New York City." Accedido 30 de noviembre, 2020.

CB: Lamentablemente, uno sólo tiene que ver el texto en vez de especular sobre las intenciones. El texto explícitamente dicta *"los hombres*, dejando el uso natural de la mujer, se encendieron en su lascivia *unos con otros..."* El Apóstol Pablo se refiere aquí a hombres con hombres, no hombres con niños. Por supuesto que hombres con niños es una abominación; sin embargo, a eso no se dirige Pablo aquí.

G: Pero Pablo dice que los hombres "se encendieron en *su lascivia* unos con otros" y eso describe una forma de lujuria. Si dos hombres o dos mujeres se casan y viven juntos en lealtad y dedicación mutua, eso no es lujuria sino amor. Creo que aquí Pablo habla en contra de las relaciones de lujuria, no de las de pacto.

CB: No has ofrecido un ejemplo de prescripción bíblica en favor del matrimonio homosexual, sino que sólo calificaste cada versículo que habla en contra. No se podría basar en ello un argumento bíblico. Sin embargo, decir que hay actos homosexuales que no son lujuria equivale a la falacia de "urgir a la pregunta". Esta falacia ocurre cuando uno toma una suposición no bíblica de que Dios aprueba las relaciones y actos homosexuales siempre y cuando haya amor, dando entonces al hombre la pluma epistemológica para que escriba su propia definición del amor, separada de toda definición prescriptiva del amor que nos da Aquel que es el amor en Sí mismo (1 Juan 4:8). El apóstol Pablo aquí dice que todos los actos homosexuales son lujuriosos. Lo único que tenemos que hacer es mirar el desarrollo que presenta el texto. Primero: a causa de la caída de corazones humanos que se niegan a adorar a Dios, eligen adorar imágenes de la creación. Esta idolatría desenfrenada en una sociedad lleva a su población (hablando en términos generales) a un punto en el que parte de la gracia común de Dios se retira y así se elimina todo lo que les limitaba para impedir que se dañaran a sí mismos. Esto da lugar a que se cometan muchos pecados que ya estaban en sus corazones. Lo que resulta interesante para nuestra conversación es que lo que primero aparece en la lista de la anarquía hamartiológica es que los hombres y las mujeres cambian el uso natural de las relaciones sexuales (hétero) y se encienden en lascivia por gente de su mismo sexo, cometiendo así vergonzosos actos. El texto no dice que la lascivia en sí misma es el acto vergonzoso, aunque sabemos a partir de la enseñanza de Jesús (Mateo 5:28) que sí lo es. Dice que la lascivia antinatural hace que los hombres se acuesten con hombres y las mujeres, con mujeres. El contexto mayor de Romanos 1 nos dice que esto es mucho más que ir en contra del designio de Dios para la conducta sexual, y que resulta de una sociedad pagana.

Dios los entregó a pasiones vergonzosas..

NATURAL	CAUSA DEL CAMBIO	CONTRARIO A LA NATURALEZA
Gratitud y glorificar al Dios Creador	Suprimir el conocimiento de Dios con injusticia	Gratitud y glorificación *de* la creación misma (idolatría).
Un hombre con una mujer en pacto matrimonial	Dios finalmente los entrega a su lascivia desenfrenada	Mujeres cambiaron lo natural por lo antinatural - mujeres con mujeres Los hombres de la misma manera cambiaron lo natural por lo antinatural - hombres con hombres

En otras palabras, Romanos 1 nos ofrece una lista de causas y efectos (ver ilustración). Lo natural, siendo criaturas hechas a imagen del Creador, es tener gratitud y siendo hechos adoradores, adorarlo y glorificarlo. Sin embargo, debido a la supresión de nuestro pecado, hemos cambiado lo natural por lo que es contrario a la naturaleza. Siendo adoradores, hemos optado por adorar a la creación en vez del Creador. Debido a dicho intercambio entre lo natural y lo contrario a la naturaleza, hemos sido entregados a hacer lo mismo en el mundo material. Como hemos visto anteriormente, no se puede separar el mundo espiritual del material. Lo que hacemos, o no hacemos, por el diseño espiritual afectará, para bien o para mal, la vida material. El hombre tiene la función natural de unirse con una mujer por diseño, en pacto matrimonial. Pero, como ya habíamos cambiado a Dios por la creación, también somos entregados a nuestra lascivia y muchos cambian el uso natural de la mujer para lo que es contrario a la naturaleza (hombre con hombre y mujer con mujer). Y Pablo reitera que estos hechos son vergonzosos. Aquí hemos recibido la definición de "paganismo", el cual es cambiar lo natural (Dios en relación vertical y persona del sexo opuesto en relación horizontal) para lo que es contrario a la naturaleza.

El Dr. Owen Strachan, al hablar de este texto, advierte a la iglesia diciendo lo siguiente:

> La inclinación evangélica a separar el designio divino de la sexualidad sencillamente no funcionará en este pasaje. Pablo rastrea los orígenes de la homosexualidad hasta la subversión del orden creado. En otras palabras, no tenemos que pensar que el deseo homosexual es problemático sólo porque no es la intención de Dios en la expresión

sexual. La homosexualidad procede de lo que conocemos como paganismo, según el pensar apostólico.[62]

De allí que la sociedad pagana trata a lo vergonzoso y antinatural como natural. Deducir que existe una forma de relación sexual entre personas del mismo sexo que no incluye a la lujuria -casi como buscando un motivo para distanciarse de este pasaje- equivale a no darnos cuenta de que caemos así en la categoría de la sociedad pagana que también aprueba tal conducta (Romanos 1:32).

Creo, sin embargo, que el apóstol Pablo cierra esta cuestión para siempre en las epístolas.

Pero sabemos que la ley es buena, si uno la usa legítimamente; conociendo esto, que la ley no fue dada para el justo, sino para los transgresores y desobedientes, para los impíos y pecadores, para los irreverentes y profanos, para los parricidas y matricidas, para los homicidas, para los fornicarios, para los sodomitas, para los secuestradores, para los mentirosos y perjuros, y para cuanto se oponga a la sana doctrina, según el glorioso evangelio del Dios bendito, que a mí me ha sido encomendado.

1 Timoteo 1:8-11

¿No sabéis que los injustos no heredarán el reino de Dios? No erréis; ni los fornicarios, ni los idólatras, ni los adúlteros, ni los afeminados, ni los que se echan con varones, ni los ladrones, ni

---

62 Strachan, Owen & Peacock Gavin, The Grand Design, Male and Female He Made Them, Christian Focus Publications LTD, Great Britain, 2016, pages 136-137

los avaros, ni los borrachos, ni los maldicientes, ni los estafadores, heredarán el reino de Dios.

1 Corintios 6:9-10

En ambos casos Pablo habla directamente en contra de la homosexualidad. No has presentado un solo texto que en sentido positivo prescriba el matrimonio homosexual.

G: αρσενοκοίτης (Arsenokoites) es el término griego utilizado en ambos casos que, aunque se traduce como lo que hoy llamamos homosexualidad, en realidad sólo se refiere a los prostitutos varones de los templos griegos. Por eso no puede usarse en contra de una relación amorosa entre dos hombres o dos mujeres.

Arsenokoitai aparece una vez en 1 Corintios y otra vez en 1 Timoteo (1:10), pero en ningún otro lugar en otra literatura de la época. Proviene de dos palabras griegas, una que significa "machos" y la otra, "camas" que es un eufemismo referido a la relación sexual. Para hablar de la conducta homosexual se usaban comúnmente otras palabras griegas que no aparecen aquí. El contexto general de 1 Corintios 6 muestra a Pablo extremadamente preocupado por la prostitución, por lo que es muy posible que estuviera haciendo referencia a la prostitución masculina. Sin embargo hoy muchos expertos que intentan traducir estas palabras llegan a una simple conclusión: es incierto su significado preciso.[63]

---

63 Ibid.

De Matthew Vines:

> Las formas de conducta sexual entre personas del mismo sexo en la antigüedad eran mayormente el sexo entre amos y esclavos, el sexo entre hombres adultos con muchachos adolescentes, y la prostitución. En todos esos casos los varones utilizaban el sexo para expresar poder, dominio y lujuria, no auto-entrega y relación mutua. Las uniones comprometidas entre gente del mismo sexo que son iguales en la escala social representan valores muy diferentes a los tipos de conducta sexual con el mismo sexo en las que estaría pensando Pablo en 1 Corintios 6.[64]

Por eso, y como no tenemos otro texto griego como referencia, lo que sabemos es que Pablo inventó esta palabra. Pablo seguramente estaría hablando en contra de que los hombres fueran a los templos buscando prostitutos varones en este pasaje. El término está desconectado del debate que nos ocupa.

CB: Esta es una conclusión desafortunada que muchos adoptan, pero sencillamente no resiste como argumento. No hace falta que adivinemos lo que significa el término, y por cierto no hace referencia únicamente a la prostitución masculina. La respuesta está en la versión Septuaginta (LXX). Como cada vez hacía más falta que los judíos del segundo templo contaran con las Escrituras en griego, la versión LXX

---

64 https://www.nytimes.com/interactive/2015/06/05/us/samesex-scriptures.html, acceso 2 de marzo de 2020.

era la traducción de muchos documentos que incluían a las Escrituras del Antiguo Testamento. La traducción se inició en el siglo III a.C. en el norte de África y se completó cerca del año 123 a.C. Se llama *Septuaginto* o *Septuaginta* porque, según la tradición, la tradujeron 73 escribas en 73 días. Tal parece que Jesús y otros autores del Nuevo Testamento citaban con frecuencia esta versión (ver Mateo 2, 11, Lucas 7, 1 Corintios 6:9-10, Hebreos 2:5-10, por ejemplo).

Aquí Pablo cita la versión de la LXX y no se trata de una palabra inventada. Comparemos la prohibición de Levítico 18:22 del LXX: "καὶ μετὰ **ἄρσενος** οὐ κοιμηθήσῃ **κοίτην** γυναικος, βδέλυγμα γάρ εστιν.[65]" Para cualquier judío ortodoxo o heleno, sería algo fácil de entender porque desde su niñez lo sabría de memoria. No hace falta leer griego para entender. 1 Timoteo 1:8-11 y 1 Corintios 6:9-10 utilizan el término: αρσενοκοίτης (Arsenokoites). Comparémoslo con Lev. 18:22 del LXX: "ἄρσενος... κοίτην". Pablo, o el cuerpo rabínico de su tiempo, simplemente tomó el mandato de Levítico y usó una palabra compuesta a partir de los dos términos. Ahora, eso nos abre a un claro entendimiento de cuál es el mensaje de Pablo. Sólo tenemos que preguntarnos una cosa: ¿hay un término griego, en especial en la LXX, que se refiera al prostituto varón? Si no lo hay, tenemos que profundizar más en este argumento. Y si encontramos la palabra, el debate queda cerrado. Pablo no se refería sólo a los prostitutos varones en sus epístolas. Y, de hecho, sí hay un término griego en la LXX que refiere a los prostitutos varones:

---

65 Swete, H. B. (1909). *The Old Testament in Greek: According to the Septuagint* (Lv 18:22–23). Cambridge, UK: Cambridge University Press.

καὶ καθεῖλε τὸν οἶκον τῶν **καδησὶμ** (prostitutos varones)
τῶν ἐν τῷ οἴκῳ Κυρίου, οὗ αἱ γυναῖκες ὕφαινον ἐκεῖ Χεττιίν
τῷ ἄλσει (LXX)[66].

*Además derribó los lugares de prostitución idolátrica que estaban en
la casa de Jehová, en los cuales tejían las mujeres tiendas para Asera*
(2 Reyes 23:7)

Por tanto, decir que no podemos saber qué significa el término *Arsenokoites* es una afirmación deshonesta o ignorante. Si Pablo hubiese querido permitir el matrimonio entre personas del mismo sexo y prohibir la prostitución masculina, tenía palabras conocidas y comunes para expresarlo. Pero no lo hizo. Este no es más que otro caso de eiségesis, en el que se toma lo que uno quiere que diga el texto, y lo hace entrar por la fuerza en la interpretación.

G: Bien, el Espíritu Santo me ha dado un sentido de aprobación. No eres nadie para dictarle al Espíritu Santo qué es lo que Él puede hacer o no.

CB: Una vez más, por favor no opongas contra el Espíritu Santo la Palabra inspirada por el Espíritu Santo. Como ayuda para esta respuesta citaré parte de un debate entre el Dr. James White, de Ministerios Alpha y Omega, con el Pastor Dee Bradshaw.[67] El pastor Bradshaw es un "pastor" homo-

---

66 Swete, H. B. (1909). The Old Testament in Greek: According to the Septuagint (4 Kingdoms 23:6–7). Cambridge, UK: Cambridge University Press.
67 White, James Dr. Vs. Pastor Dee Bradshaw, Debate: Gay Marriage? https://www.youtube.com/watch?v=2I9zYCx7JJU, Esta sección del debate se reproduce con permiso de Ministerios Alpha y Omega, acceso 20 de marzo de 2020.

sexual que está "casado" con un hombre. En este debate, el final revela la verdadera naturaleza de la discusión.

James White: ¿Cómo pone a prueba que lo que siente es una revelación de Dios a usted?

Dee Bradshaw: Según lo que recuerdo de las Escrituras, el Espíritu nos da paz, gozo y calma, y no conflictos. Así que cuando me llegó esa revelación de que Jesús es el Cristo, mi Salvador, hubo paz, una calma que me hizo saber que en realidad eso era verdad. Cuando acepté al Señor como mi Salvador hubo una paz que entró en mi vida que fue diferente a lo que era antes, del conflicto de cuestionar, del conflicto de la duda. Y esa paz que entró en mi vida fue la misma que cuando fui ante el Señor en cuanto a mi sexualidad y el Señor me dijo que estaba bien: que yo era la misma persona que siempre había sido, sólo que ahora sabía quién era yo.

James White: ¿Qué le diría usted a una persona que se presenta ante el Señor y dice: 'Durante toda mi vida he lidiado con la codicia. Nunca estoy feliz porque jamás tengo lo suficiente. Trabajo 80 horas a la semana porque tengo que mantenerme al nivel de los Jones. Mi problema es la codicia. Fui ante el Señor y Él me dijo: así fue como te creé. Y entonces tuve paz. Tuve aceptación. Y ahora veo que todas las prohibiciones de las Escrituras contra la codicia en realidad no se refieren a mí como persona en la iglesia, sabiendo lo destructiva que es la codicia en la vida de alguien'. ¿Cómo respondería usted ante la afirmación de que el Espíritu le había respondido con gran paz y gozo, con respecto a que esos pasajes no se refieren a él?

Dee Bradshaw: Tendría que mirar qué fue lo que cambió. Qué cambio hubo en su vida. ¿Hubo algún cambio?

James White: ¿Si sigue siendo codicioso? Pero ahora simplemente siente: "eso no se aplica a mí porque los que codiciaban en ese pasaje eran gente que le había dado la espalda a Dios. Yo amo a Dios. Dios me hizo así como soy. Dios me hizo codicioso. Y el Espíritu Santo me ha dado testimonio de que así es como debo entender las Escrituras. ¿Qué le diría usted, dado que lo que ha dicho esta noche aquí es su autoridad suprema?

Dee Bradshaw: Tendría que decirle que no tiene sentido para mí, pero sabe... Desconozco con qué actitud se presentó... No lo sé... no lo sé.

Lo que el Sr. Bradshaw no está tomando en cuenta es la verdadera condición humana y el corazón. ¿Cómo es que podría usarse lo que sentimos a modo de brújula autorizada para mostrarnos la dirección de Dios para nuestras vidas?

Engañoso es el corazón más que todas las cosas, y perverso; ¿quién lo conocerá?

Jeremías 17:9

El Sr. Bradshaw termina el debate con una confesión de derrota: "No lo sé". Bueno ¡hay una buena noticia! ¡Sí podemos saberlo! Dios nos ha dado Su Palabra, y es clara. En Su Palabra Dios nos ha dado la relación de pacto del matrimonio para un hombre y una mujer, para toda la vida. No hay prescripción positiva para ninguna otra combinación marital. Allí está la maravilla del evangelio. Que lo que éramos ya no podemos serlo, sino sólo en Jesús. Pablo culmina esta lista de pecados que describen la vida de quienes no heredarán el Reino de Dios, ofreciendo esperanza.

Y ESTO ERAIS ALGUNOS...

y esto erais algunos; mas ya habéis sido lavados, ya habéis sido santificados, ya habéis sido justificados en el nombre del Señor Jesús, y por el Espíritu de nuestro Dios.

1 Corintios 6:11

La esperanza del evangelio en Jesucristo en Su obediencia activa como el último Adán y su pasiva obediencia en la cruz como sustituto de nosotros, nos brindan la oportunidad de una justificación que no proviene de nosotros. Él ha pagado el precio y la vergüenza por nuestros pecados hecho maldito (Gálatas 3:13) en el madero, y luego resucitando de entre los muertos triunfante, tres días más tarde, probando que Su sacrificio por muchos había sido aceptado por el Padre. En Cristo ya no somos lo que éramos. No tenemos que retorcer las Escrituras, como dando manotazos de ahogado, para encontrar algo que nos favorezca. Nuestro pecado no tiene que definirnos. Hemos nacido pecadores, y Cristo vino para salvarnos.

La nueva vida en Cristo no significa que la tentación se haya agotado. Cuando aprendemos a andar en Cristo necesitamos el discipulado de nuestra iglesia local para la rendición de cuentas y para que el Espíritu Santo obre a través de la iglesia para llevarnos a la plenitud de Cristo (Efesios 4:11-13). Por favor, hable con alguien de su iglesia. Si no va a ninguna iglesia, encuentre en su localidad una iglesia que crea en la Biblia, y pida ayuda. En Cristo son salvos muchos pecadores, que reciben una nueva vida. Acuda a Cristo. Sin demora.

Capítulo 11

UNA ESPERANZA VIVA EN CRISTO

La única respuesta verdadera y duradera para la maldad que plaga la sociedad es un remedio que trata con la maldad en nuestros propios corazones. La sociedad simplemente es un conjunto de personas que nos incluye a Usted y a mí. En el tiempo de la encarnación del Hijo de Dios, el mundo experimentaba declive moral tanto entre los judíos como en las demás naciones. Hubo grupos, como los fariseos que pretendían someter al pueblo a múltiples tradiciones humanas en un intento de conducir al pueblo a la Ley, y también los zelotes que buscaban cambio por medio de revolución política. No obstante, Jesús vino con otra misión y no se permitió desviarse por las presiones, quizá bien intencionadas, de estos grupos. Con Jesús vino la fase inicial del reino de Dios, cuya membresía está compuesta de corazones regenerados. El mensaje de Jesús trató con el individuo. La única paz duradera es la paz entre Dios y el humano.

No hay maleza societaria que no proceda de la falta de paz entre el pecador y el Señor de señores. De hecho, la maldad que pueda cometer un seguidor de Cristo sólo procede a partir de su carencia respecto a la formación de la imagen de Cristo (Romanos 8:29). Los problemas actuales como el aborto, ideología de género y censura global, parecen ser más inminentes y cercanos en necesidad de solución. Sin embargo, sólo son síntomas de enemistad con Dios. El poder del evangelio es subestimado entre muchos ante las presiones y luchas de nuestro siglo, debido a nuestro deseo de cambios palpables. Esto no significa que los cristianos no deben influenciar en legislación y en la sociedad. La gracia común de Dios en los seguidores de Cristo sazona al mundo entenebrecido. Pero, a la vez, es hora de que consideremos nuevamente el evangelio del reino de Dios.

LA CONTROVERSIA PRODUCE CLARIDAD

¿Nunca ha notado que el *evangelicalismo* de hoy carece de mucho contenido bíblico? Cuando vemos el evangelio explicado y enseñado por Cristo y los Apóstoles a la luz de nuestros dichos y lemas como "Dios te ama", "acepta a Jesús en tu corazón", debemos notar que no parecen ser iguales. Durante los primeros años caminando con Cristo, yo vivía con una constante frustración por el simplismo de lo que me enseñaban con respecto al evangelismo y la predicación, comparado con lo que estaba leyendo en las Escrituras. Nuestra falta de conocimiento sobre el alcance del evangelio es parte de lo que provoca movimientos como "cristiano gay", porque millares han recibido una pobre excusa del evangelio que deja puertas abiertas para el error.

Históricamente, la iglesia ha podido descubrir las doctrinas bíblicas mayormente a través de enfrentar el error. El impacto de figuras como Arrio y Pelagio obligaron a la iglesia durante sus primeros siglos a que escudriñasen más las Escrituras para descubrir lo que enseña Dios sobre cuestiones de la fe y la vida, y espero en Dios que estos movimientos antibíblicos de nuestros tiempos dejen el mismo efecto. Los días de rogar al final del servicio hasta que pase uno al altar y hacer una oración como garantía de la salvación tienen que parar. Hace algunos años una mujer, esposa de un diácono, me preguntó al final de mi prédica por consejos respecto a su hijo. Me dijo que su hijo vivía en homosexualidad y no sabía cómo ayudarle. Luego me dijo algo que captó mi atención: "Pues yo sé que es salvo porque a los 9 años pasó al altar, pero me imagino que necesita consejo para su vida cristiana". De hecho, se difundió una moda en los años 1990 que varios cristianos sólo habían aceptado a Cristo como su Salvador, pero no como su Señor. Quizá ellos tendrán menos premios, pero son salvos. Le respondí cuidadosamente pero con firmeza a esta hermana sobre su hijo. Le dije que lo que necesitaba su hijo era arrepentirse y creer en el evangelio. Noté que no le gustó tanto la respuesta, pero fue lo más bíblico que le pude responder.

> *Por lo cual también nosotros, desde el día que lo oímos, no cesamos de orar por vosotros, y de pedir que seáis llenos del conocimiento de su voluntad en toda sabiduría e inteligencia espiritual, para que andéis como es digno del Señor, agradándole en todo, llevando fruto en toda buena obra, y creciendo en el conocimiento de Dios; fortalecidos con todo poder, conforme a la potencia de su gloria, para toda paciencia y longanimidad; con gozo dando gracias al Padre que nos hizo aptos para participar de la herencia de los santos en luz; el cual nos ha librado de la potestad de las tinieblas, y trasladado al reino de su amado Hijo, en quien tenemos redención por su sangre, el perdón de pecados.*
>
> Colosenses 1:8-14 RVR60

En Cristo, somos trasladados del reino de las tinieblas al reino de Dios. Realmente nosotros no aceptamos a Cristo, sino que el Padre, en Cristo, nos aceptó en su reino. Juan 1:13 indica que recibimos a Cristo, no que lo habíamos "aceptado".

Cuando yo acepto a alguien, le doy mi aprobación o perdón, y Cristo nunca ha estado en una situación en la que necesitara de mi aprobación. El evangelio es algo que recibo que no pude hacer por mí mismo. No podemos perder de vista eso. Si seguimos con la idea anti bíblica de que yo acepto a Jesús como mi Salvador, ¿cuántos se creerán salvos con un permiso de vivir como quieran? Si amamos a estas personas, no podemos quedarnos callados mientras esperan el juicio de Dios.

Debido al trasfondo religioso en la mayoría de nuestras culturas, puede que reaccionemos a lo anteriormente dicho de forma indebida. Atrás nos quedan siglos de religiosidad que se basa en méritos y, por ende, todo fuera de simplemente hacer una oración nos puede parecer "salvación por obras". Pero ese no es el caso. La salvación es por gracia y el único mérito que nos posiciona ante Dios como justos es la obediencia activa y pasiva de Cristo (se explicarán mejor estos términos más adelante). Sin embargo, la salvación trata con la recepción de una nueva naturaleza y la continua obra de Dios en las vidas de quienes ha comprado. Es por eso por lo que Pablo nos advierte:

¿No sabéis que los injustos no heredarán el reino de Dios? No erréis; ni los fornicarios, ni los idólatras, ni los adúlteros, ni los afeminados, ni los que se echan con varones, ni los ladrones, ni los avaros, ni los borrachos, ni los maldicientes, ni los estafadores, heredarán el reino de Dios. Y esto erais algunos; mas ya habéis sido lavados, ya habéis sido santificados, ya habéis sido justificados en el nombre del Señor Jesús, y por el Espíritu de nuestro Dios.

1 Corintios 6:9-11 RVR60

Veamos este texto en orden contrario. Los que estamos en Cristo tenemos por gracia una nueva naturaleza. La salvación no es una simple declaración de que iremos al cielo. La salvación es ser hecho una nueva persona, adoptado por Dios como hijo, haber muerto al pecado por el poder del Espíritu Santo, ser trasladados de un reino cuyo dios es Satanás (2 Corintios 4:3-4) al reino del amado Hijo de Dios (por eso no hay salvación sin Cristo como Salvador y Señor) y tener la garantía de que Dios no cesará de pasarnos por la santificación mientras vivamos y que la terminará a perfección en la resurrección. Es algo que nos sucede, y no algo que podemos producir. Para los redimidos, "ya habéis sido lavados" ya que la sangre de Cristo nos ha lavado de la perversa mancha del pecado. Para los redimidos, "ya habéis sido santificados" o apartados/libertados del señorío o poder del pecado". Para los redimidos, "ya habéis sido justificados" o declarados justos judicial o posicionalmente de la culpa del pecado. Y todo eso se llevó a cabo en el nombre de Jesús, el Señor y por la obra del Espíritu Santo. Ahora bien, si pretendemos estar en Cristo, pero no hay evidencias en nuestras vidas, sólo puede significar una de dos cosas: Dios no pudo cumplir con su plan o Dios nunca nos lavó, santificó, ni justificó. Ya que Dios siempre lleva a cabo sus promesas, sólo nos quedamos con la segunda opción.

Antes de que reaccione, permítame explicar. Pablo dice anteriormente que no nos engañemos. Y lo mismo le digo ahora. No podemos darnos el lujo de cerrar la puerta a todo lo que desafía nuestros sistemas teológicos cuando las vidas están en la balanza. Por supuesto que todo cristiano peca. Pero aquí Pablo se refiere a personas que practican estos pecados como su estilo de vida. Tomemos el ejemplo dado por Pablo sobre los borrachos. Pablo dice que no heredarán el reino de Dios. Una cosa es un cristiano que ha salido de una vida marcada con abuso del alcohol y aún ha pasado por momentos débiles, sólo para arrepentirse después y buscar ayuda. Pero otra cosa es alguien que permanece bajo el mismo yugo alcohólico y, al ser exhortado, su respuesta es que ya aceptó a Cristo así que ¿quién es uno para "juzgarlo"?

No podemos escapar de lo que la Biblia sistemáticamente enseña sobre los efectos de lo que Dios hace en la redención y lo que continúa haciendo en la santificación.

> *¿Qué, pues, diremos? ¿Perseveraremos en el pecado para que la gracia abunde? En ninguna manera. Porque los que hemos muerto al pecado, ¿cómo viviremos aún en él?*
>
> Romanos 6:1-2 RVR60

Aunque la santificación es un proceso continuo para todos, el momento de la salvación produce un golpe instantáneo de santificación. La regeneración produce un cambio en la vida y no hay manera de negarlo. Todos seguimos luchando, pero el no regenerado se somete sin lucha ante el pecado. Su única renuencia ante el pecado se produce por presiones sociales y familiares y/o por evadir las consecuencias. No se trata de un temor a Dios porque el hombre carnal no puede agradar a Dios (Romanos 8:8) y, consecuentemente, no tiene en sí el temer a Dios y desear más la gloria de Dios en vez de glorificar al pecado.

Entre la lista dada por Pablo, hay dos palabras que ya hemos visto. Los afeminados (suaves) son los que toman el rol de la mujer cuando dos hombres se unen en un acto sexual, y los que se echan con hombres son aquellos que toman el rol del hombre en dicho acto sexual. Una cosa es estar en Cristo y luchar con el pecado sexual, especialmente después de salir de tal estilo de vida, y otra cosa es decir que Dios me acepta así con el fin de justificar este estilo de vida. No nos dejemos engañar. Si seguimos sirviendo al pecado continuamente y sin convicción, la eterna e inquebrantable Palabra de Dios nos advierte que no somos herederos del reino de Dios. Nosotros no empezamos la buena obra de redención en nosotros y tampoco está en nosotros terminarla. Dios lo hace y lo hará (Filipenses 1:6). En Cristo, todo lo que sucede tiene el fin de hacernos más a la imagen de Cristo (Romanos 8:28-29) y tales actitudes y posturas sobre la idea ilusoria de continuar viviendo en el pecado como si no lo fuera contradicen lo que Dios ha prometido hacer entre sus hijos adoptados.

EL EVANGELIO DEL REINO

Por años, los Testigos de Jehová tocaban las puertas con su lista de preguntas capciosas tanto para los evangélicos como los católicos romanos. Aunque unos siguen con esta táctica, en los últimos años han optado por poner puestos en la ciudad. Una de las preguntas más comunes que he escuchado entre varios encuentros con ellos trata con el reino de Dios. Ellos hacen esto porque es la mejor manera de callar y confundir, ya que el tópico del evangelio del reino tiene más de un siglo sin predicarse en muchas iglesias. Habíamos reducido el evangelio a pequeñas frases seguidas por una petición de hacer la "oración del pecador".

En 2007 o 2008 fui a la Ciudad de México con un grupo para apoyar en un proyecto de ir puerta a puerta repartiendo folletos que incluían los Salmos y el Evangelio de Juan. Mi grupo contaba con 5-7 personas y en el principio sólo escuchaba cómo ministraban. Cuando una persona abría su puerta, una persona del equipo les entregaba el folleto y preguntaba a la persona si pudiéramos orar por él o ella. Casi todos nos permitieron nuestras oraciones, pero la persona que oraba hizo algo que me dio escalofrío. "Señor, te pido por la salud de Fulana y que proveas para sus necesidades... Ok, Sra. Fulana, repita después de mí: 'Dios te pido perdón...Por mi pecado... Y acepto a Jesús como mi Salvador... Creo que murió en la cruz... Creo que resucitó entre los muertos... Gracias por salvarme, amén'". Al terminar la "oración" anotaban el nombre y dirección de la persona en una hoja por haber "hecho la decisión para Cristo". Pues, ¡todo el vecindario estaba por ser salvo! Pero sabía que no era así. Después de la tercera casa, con la misma "oración del pecador" me atreví a intervenir, cuidadosamente porque estuve ahí como invitado. Les expliqué el evangelio y les pedí que hiciéramos ajustes, y también les expliqué que Dios no pide manipulación para salvar a su pueblo. Lo más probable es que ninguna de estas personas fue salva. Gracias a Dios me hicieron caso pero, al final del proyecto, nuestro equipo fue el único que no pudo volver a la iglesia con un reporte de la conversión de barrios enteros. Esta historia es sólo una de cientos que he visto y experimentado a través de los años. Ha llegado la hora para otra reforma, o incluso que la reforma llegue por primera vez a varios lugares.

Cuando Jesús predicaba el evangelio, se enfocaba en el reino de Dios o el reino de los cielos. Algunas personas han intentado buscar un significado distinto entre los dos, pero realmente son dos maneras para decir lo mismo. El reino de los cielos es el eterno reino de Dios. Trata tanto con la existencia material como con la espiritual. Y es por eso por lo que nuestro enfoque en el cielo inclina la balanza del mensaje bíblico hacia un aspecto e ignora el otro. Los Testigos de Jehová correctamente han notado esta carencia y buscan aprovecharse de la laguna en nuestra enseñanza para ganar seguidores. La esperanza del evangelio no es flotar en las nubes con arpas, sino que es la esperanza de la resurrección, nuevos cielos y nueva tierra. La muerte física, como dice el Dr. Sam Waldron, "es la violenta y antinatural separación entre el cuerpo material y el espíritu"[68]. Los que duermen en Cristo antes de su segunda venida están en espíritu en gloria y se gozan de su presencia. Sin embargo, ¡no están completamente conformes ahí! ¿Cómo me atrevo a decir eso?

Cuando abrió el quinto sello, vi bajo el altar las almas de los que habían sido muertos por causa de la palabra de Dios y por el testimonio que tenían. Y clamaban a gran voz, diciendo: ¿Hasta cuándo, Señor, santo y verdadero, no juzgas y vengas nuestra sangre en los que moran en la tierra? Y se les dieron vestiduras blancas, y se les dijo que descansasen todavía un poco de tiempo, hasta que se completara el número de sus consiervos y sus hermanos, que también habían de ser muertos como ellos.

Apocalipsis 6:9-11 RVR60

---

68 El Dr. Waldron ha dicho esto en varias ocasiones durante sus clases en Covenant Baptist Theological Seminary, Owensboro, Kentucky, EE.UU.

Nuestros hermanos en Cristo que nos han precedido aún están en la espera de la reunión entre el espíritu y el cuerpo glorificado y el final de la injusticia. Ellos esperan la culminación del evangelio aun estando en gloria. Cristo trajo con Él el reino de Dios para su fase inaugural. Le animo a que estudie las parábolas de Mateo 13 donde Jesús enseña sobre las dos fases. La siguiente fase del reino es la segunda venida de Cristo y la consumación de todo. En la fase inaugural, aunque el reino está aquí, en el mundo crecerán la cizaña y el trigo juntos, pero sólo serán separados en la consumación. Durante la fase inaugural sabemos acerca del valor del tesoro escondido, pero no nos gozaremos de sus bienes hasta la consumación.

Entonces, el evangelio es que Dios, de acuerdo con su voluntad, ha decidido apartar un pueblo para Sí de entre hombres y mujeres que pertenecían al reino de Satanás. En Cristo, ha pagado la pena de su traición de dos maneras. Y para entender eso tenemos que volver a Adán.

EL PRIMER ADÁN

Adán fue creado moralmente perfecto, pero inmaduro, inestable y falible. Adán tendría que crecer en el conocimiento de Dios y cumplir con lo que muchos llaman el pacto de obras o el pacto de la creación. Otros no creen que hubo pacto aquí, pero dejaré ese debate para otra ocasión. El punto innegable es que Adán representó a toda la raza humana, fue falible, inestable e inmaduro (estos 3 atributos NO son pecaminosos, sólo significan que aún le hacía falta desarrollar una vida de obediencia). Como todos sabemos, Adán cayó en pecado y todos caímos de una forma u otra con él.

Por tanto, como el pecado entró en el mundo por un hombre, y por el pecado la muerte, así la muerte pasó a todos los hombres, por cuanto todos pecaron.

Romanos 5:12 RVR60

A simple vista uno podría fácilmente concluir que el pecado y la muerte entraron al mundo por el pecado de Adán y también la muerte pasa a nosotros porque nosotros pecamos en nuestras vidas. Sin embargo, Pablo explica este texto en las siguientes líneas.

Notemos la repetición de la interpretación para "por cuanto todos pecaron" del versículo 12: *porque si por la transgresión de aquel uno murieron los muchos* (v. 15), *ciertamente el juicio vino a causa de un solo pecado para condenación* (v. 16), *Pues si por la transgresión de uno solo reinó la muerte* (v. 17), *Así que, como por la transgresión de uno vino la condenación a todos los hombres* (v. 18), *Porque así como por la desobediencia de un hombre los muchos fueron constituidos pecadores* (v. 19).

No confundamos esto con la doctrina de los musulmanes. Ellos enseñan que todos tuvimos alguna clase de vida antes y habíamos pecado en esa existencia. No creo que Pablo pretenda decir eso, sino que Adán fue una forma de cabeza federal para toda la raza humana. Su pecado fue la caída de la humanidad, no sólo de Adán. Es de suma importancia entender a Adán para entender a Cristo. Adán no creció en conocimiento, no fue perfeccionado (hecho completo -no moralmente-) en obediencia hacia el cumplimiento del "pacto de obras", o como lo quiera llamar, para ser un perfecto portador de la imagen de Dios. Y es por eso que la encarnación fue necesaria para nuestra salvación.

EL POSTRER ADÁN

En un momento en el tiempo, de acuerdo con nuestro marco finito de existencia, la segunda Persona del Dios trino traspasó los límites entre la eternidad de una manera única. Toda la plenitud de Dios habitó en cuerpo (Colosenses 2:9). Jesús fue y es *vera homo* y *vera Deus* (verdaderamente hombre y verdaderamente Dios). A diferencia de Adán, creció en sabiduría/conocimiento (Lucas 2:52), fue perfeccionado por sus padecimientos (Hebreos 2:10) y vivió una vida humana en perfecta obediencia al Padre (Lucas 22:42, Juan 4:34; 5:19,30; 6:38; 12:49; 14:13, Romanos 5:19, Hebreos 5:8).

Pero ¿cómo es posible que Jesús tuvo que someterse al aprendizaje, preparación para el sufrimiento y perfecta obediencia, ya que es Dios hecho carne?

> *Haya, pues, en vosotros este sentir que hubo también en Cristo Jesús, el cual, siendo en forma de Dios, no estimó el ser igual a Dios como cosa a que aferrarse, sino que se despojó a sí mismo, tomando forma de siervo, hecho semejante a los hombres; y estando en la condición de hombre, se humilló a sí mismo, haciéndose obediente hasta la muerte, y muerte de cruz.*
>
> Filipenses 2:5-8 RVR60

Jesús no sólo murió para salvarnos, sino también vivió para salvarnos. Durante su vida en la tierra, en ninguna forma dejó de ser Dios, sino que de alguna forma se veló con el fin de cumplir con el rol del Postrer Adán. Cristo cumplió en todo donde Adán falló. Unos teólogos correctamente llaman a este aspecto su *obediencia activa*. Es por eso por lo que Juan el bautista se escandalizó cuando Jesús vino a él para el bautismo de arrepentimiento. ¿De qué tendría Jesús que arrepentirse? Y Jesús le responde, "Deja ahora, porque así conviene que cumplamos toda justicia" Mateo 3:15 RVR60. Jesús, la perfecta imagen de Dios, vino para darnos su justicia.

Cuando Jesús fue voluntariamente a la cruz, cumplió con la *obediencia pasiva*. En el Calvario, Jesús recibió la santa ira del Padre en contra del pecado de su pueblo. Isaías, entre varios profetas, anunció cómo el Mesías habría de dar su vida por el pecado.

> *Con todo eso, Jehová quiso quebrantarlo, sujetándole a padecimiento. Cuando haya puesto su vida en expiación por el pecado, verá linaje, vivirá por largos días, y la voluntad de Jehová será en su mano prosperada.*
>
> Isaías 53:10 RVR60

En el evangelio, nosotros recibimos la justicia del Postrer Adán, por lo que cumplió no sólo por cómo fallamos en Adán, sino por las transgresiones de nuestras vidas particulares (Romanos 5:16). Pero, en la cruz, Jesús tomó nuestro pecado en Adán y nuestras transgresiones particulares sobre Sí y sufrió como si Él fuera el culpable, aunque no lo fue.

Y gracias a Dios, el Padre aceptó su vida de obediencia y su sacrificio y lo resucitó al tercer día. Debido a la resurrección de Cristo, no estamos esperando, *per se*, la resurrección, sino que ya se inauguró.

> *Porque así como en Adán todos mueren, también en Cristo todos serán vivificados. Pero cada uno en su debido orden: Cristo, las primicias; luego los que son de Cristo,   en su venida.*
>
> 1 Corintios 15:22-23RVR60

> *...y él es la cabeza del cuerpo que es la iglesia, él que es el principio, el primogénito de entre los muertos, para que en todo tenga la preeminencia.*
>
> Colosenses 1:18 RVR60

> *Porque a los que antes conoció, también los predestinó para que fuesen hechos conformes a la imagen de su Hijo, para que él sea el primogénito entre muchos hermanos.*
>
> Romanos 8:29 RVR60

La resurrección de Cristo fue el comienzo de la resurrección, nuevos cielos y nueva tierra. Por ahora está en una clase de pausa hasta la culminación. Esta verdad es de mucho consuelo y victoria para el creyente. No estamos esperando para ver realmente lo que significan las promesas de la resurrección. El mundo ya las experimentó en su fase inaugural con Cristo. Será un evento real, literal y seguro porque así empezó hace dos mil años.

> *Porque no sujetó a los ángeles el mundo venidero, acerca del cual estamos hablando; pero alguien testificó en cierto lugar, diciendo: ¿Qué es el hombre, para que te acuerdes de él, O el hijo del hombre, para que le visites? Le hiciste un poco menor que los ángeles,*

Le coronaste de gloria y de honra, Y le pusiste sobre las obras de tus manos; Todo lo sujetaste bajo sus pies. Porque en cuanto le sujetó todas las cosas, nada dejó que no sea sujeto a él; pero todavía no vemos que todas las cosas le sean sujetas.

Pero vemos a aquel que fue hecho un poco menor que los ángeles, a Jesús, coronado de gloria y de honra, a causa del padecimiento de la muerte, para que por la gracia de Dios gustase la muerte por todos. Porque convenía a aquel por cuya causa son todas las cosas, y por quien todas las cosas subsisten, que habiendo de llevar muchos hijos a la gloria, perfeccionase por aflicciones al autor de la salvación de ellos.

Hebreos 2:5-10 RVR60

En Cristo somos herederos de toda la nueva creación y, mientras tanto, estamos siendo hechos conforme a la imagen de Cristo en la medida que, por gracia, caminamos en obediencia y verdad como lo hizo Cristo. Y, en la resurrección, el Padre perfeccionará lo que empezó en nosotros durante nuestras vidas terrenales. El autor de Hebreos, al igual que Jesús y los Apóstoles, usa la LXX (Septuaginta – traducción griega de lo que hoy llamamos Antiguo Testamento) cuando cita el Salmo 8. Los versículos que preceden nuestro texto mencionan el rol de los ángeles en la entrega de la Palabra de Dios en los tiempos del Antiguo Testamento. En el versículo 5 magnifica el papel que los redimidos tendrán por encima de los ángeles porque a ellos no sujetó los nuevos cielos y la nueva tierra. Para cimentar este punto cita el Salmo 8, y en el versículo 7 usa la traducción literal "por un poco de tiempo menor que los ángeles". Así vemos que el hombre (el Salmo no se refiere a Adán en la creación y antes de la caída como muchos creen porque, en el hebreo original, no usa la palabra *Adám* para el hombre, sino usa la palabra para hombre que sólo tiene usos al referirse al hombre mortal y corrupto). En otras palabras, el Salmo 8 presenta una paradoja al insistir que Dios ha sometido toda la creación bajo los pies del hombre, aunque en la actualidad se experimenta lo opuesto. El versículo 8 de Hebreos 2 concuerda con la paradoja, "pero todavía no vemos que todas las cosas le sean sujetas".

El autor de Hebreos nos presenta la respuesta en el versículo 9: "Pero vemos a aquel que fue hecho un poco menor que los ángeles, a Jesús, coronado de gloria y de honra, a causa del padecimiento de la muerte, para que por la gracia de Dios gustase la muerte por todos". Dios Hijo se sometió al estado humano de estar por un poco de tiempo hecho menor que los ángeles para que finalmente, a través de su padecimiento, llevara a muchos de nosotros a la gloria (v. 10).

El reino de Dios vendrá en su culminación para llevarnos a los nuevos cielos y nueva tierra, y serán sujetos a Cristo y nosotros como sus hermanos con respecto a la herencia (Romanos 8:29).

MIENTRAS TANTO

Dios ha comprado para Sí un pueblo y lo ha redimido en Cristo para su gloria. Les ha dado una nueva naturaleza y filiación divina al adoptarlos como hijos. Ahora los llama a un proceso de santificación, el cual no carece de gracia -si no, sería imposible vivir- en la que serán hechos cada vez más a la imagen de Cristo. Este pueblo ha sido crucificado con Cristo con respecto a su antigua filiación con el primer Adán, con todos sus deseos torcidos y justificaciones para seguir en su maldad. Nos ha llamado a pertenecer y participar tanto en la iglesia local como universal (ambas categorías se enseñan en el Nuevo Testamento) para adoración corporativa, adoración privada, edificación de los santos, comunión entre los santos, y luchar juntos para la promulgación del evangelio. Ellos desprecian lo que antes tenían por jactancia y aborrecen el pecado que tanto ofende a su Rey y Señor. Su mayor gozo es la gloria de Dios en la faz de Cristo y sus peores enemigos son los residuos de su naturaleza antigua y Satanás. Ellos se ocupan de su salvación con temor y temblor (en vez de vivir como quieren al apelar a un llamado al altar como justificación) para agradar a Dios con sus vidas, deseos, pensamientos, palabras y hechos. Ellos no han sido salvos por las obras; sin embargo, fueron salvos para las buenas obras que Dios predestinó para ellos. Su comida diaria es el sufrimiento. A veces sus lágrimas son su bebida y el rechazo es su comida, pero no se desaniman porque miran hacia las promesas de Dios y reconocen que están viviendo por el momento en territorio ajeno.

¿Cómo, entonces, se conformarán con su pecado? No deben y no pueden. El movimiento "cristiano gay" es simplemente una mentira de Satanás en un intento de retirar el arrepentimiento del evangelio. Tanto Jesús como Pedro y Pablo predicaban el arrepentimiento como parte del evangelio. Algunas personas han promovido una flácida teología en la que el arrepentimiento debe ser una obra, y por ende no es necesaria para la salvación. La Biblia, sin embargo, enseña que Dios concede el arrepentimiento, así que es un don por la gracia de Dios y de parte de Dios. Algunos objetan y dicen que, si el arrepentimiento fuese un don de Dios, ¿por qué exhortamos a la gente a que se arrepienta? Pues por lo mismo que les predicamos y exhortamos a que confíen en Cristo, aunque nadie viene al Hijo si el Padre no le trajere (Juan 6:44). Es la buena y perfecta voluntad de Dios otorgar el arrepentimiento y la salvación por medio de la predicación de su Palabra (Romanos 10:14-17). Dios es soberano tanto sobre los medios como los fines. El evangelio no es un seguro contra incendios, sino que es un cambio de reino. Toda la mugre en la que vivíamos y nuestra traidora lealtad al Enemigo de Dios, han sido perdonadas, y hemos sido libertados de su poder. Hemos muerto al viejo imperio y sus demandas sobre nosotros. Ahora, en Cristo, somos hechos hijos del eterno Rey.

Cualquier movimiento o enseñanza que pretende abrazar el pecado sólo puede proceder del reino de las tinieblas. El verdadero evangelio es que ya no tenemos que vivir huyendo de Dios y su santidad. Ya no tenemos que maquinar filosofías e ideologías en un intento de justificar nuestra doble moral. El Libertador llegó, vivió la vida que Adán y nosotros no hemos vivido en perfecta obediencia y murió la muerte que nosotros merecemos. Por gracia nos llama al arrepentimiento y la fe en Cristo.

Conclusión

En lo personal, ha sido lo más impactante en mi vida. No puedo creer que pasé tantos años (24) huyendo de Dios. El poeta Francis Thompson (1859-1907) tuvo una vida bastante difícil. Estudió medicina por alrededor de 9 años pero fue más por obligación. Su corazón anhelaba la literatura y la poesía. Debido a algunas circunstancias difíciles con respecto a su salud y por su mamá, se volvió adicto a opios y terminó viviendo por años en las calles. Fue cuidado por una prostituta y en este tiempo, Thompson empieza a entender al Dios de quien había huido por tantos años. En su renombrado poema "The Hound of Heaven" (El sabueso del cielo) explica magistralmente cómo pasó años huyendo de Dios. Pero, como en una escena retrospectiva, notó el comportamiento incansable de Dios de perseguirlo como el sabueso a su presa. El poema es bastante largo y complejo, pero aquí sólo veremos algunos puntos impactantes:[69]

Huía de Él noche y día
a través de los arcos de los años,
Huía de él por los caminos laberínticos de mi propia mente.
Y entre la niebla de lágrimas
Corriendo bajo la carcajada, me escondí de Él.

Thompson confiesa cómo huía de Dios noche y día. No hay reposo para el pecador cuando Dios lo persigue tanto du-

---

69 Thompson, Francis, http://centaurocabalgante.blogspot.com/2013/05/el-sabueso-del-cielo-de-francis-thompson.html, accedido el 14 de enero, 2021.

rante el día como en las noches. Ni siquiera los momentos dormidos ofrecen descanso. Su huida atravesó los arcos de los años, tiempo tras tiempo cíclico con promesas fallidas y esperanzas quebrantadas, sólo para terminar igual donde empezó. Imaginemos la vida del pecador como un laberinto. Corre hasta agotarse para llegar a otra salida, sólo para encontrarse en un callejón sin salida. Lo que parecía ser esperanza de libertad sólo nos obligó a volver y buscarlo por otro lado, desafiando cada vez más la fecha de caducidad para el destello de esperanza que tuvimos en este mundo caótico. Thompson se escondía de Dios y de su miseria con carcajadas que quizá convencieron a todos, menos a él.

> Para huir de los Pasos
> que me seguían detrás.
> Pero con una persecución sin prisa,
> imperturbable ritmo,
> inminencia prevista y sin contraste.
> Los oigo resonar... y aún más fuerte
> una Voz que me advierte:
> -"Todo se te escapa, porque escapaste de mí".

La constante fuga de Thompson se debía a su temor. Escuchaba los pasos persistentes del Soberano. Y nota que su persecución tenía un método porque le seguían sin prisa y con un ritmo premeditado. Dios tuvo un plan y Thompson, de manera poética, escribe que escucha la voz de Dios asegurarle que su miseria en la vida es auto afligida.

> Tenté a sus servidores,
> y sólo hallé mi propia traición en su constancia.

De su fe en él, su deslealtad para conmigo
Su veracidad traidora; su engaño leal.

Thompson buscó justificar su huida como tantos otros por
frecuentar a los seguidores de Dios. Se acercó con ellos con
el fin de demostrar su hipocresía. Por lo que parece, Thompson había pensado que los mismos seguidores de Dios no
creían realmente la fe que pronunciaban. Sin embargo, sólo
logró ver su propia traición en su lealtad a Dios.

Ya la persecución está lograda.
Y la Voz como un mar en torno fluye:
¿Crees que tu tierra gime destrozada, fragmento sobre
fragmento?
Todo te huye, porque tú huyes de mí.

Thompson reconoce finalmente que se encuentra entre la
espada y la pared. Dios lo alcanzó y ya no tiene a dónde huir.
La siguiente conversación es bastante reveladora para muchos que han vivido huyendo de Dios. Thompson había pasado por tragedias y pérdidas en su juventud. Como tantos
hoy, había edificado toda una apologética para su vida desenfrenada al victimizarse. Y en su poema, Dios le responde
preguntando si su mundo realmente está tan destrozado.
No es el mundo que le ha privado y perseguido, sino que
todo se le había ido en esta vida porque Thompson huía del
Creador de la vida.

¡Extraña, fútil cosa, miserable!
dime, ¿cómo podrías ser amada?;
¿no he hecho ya demasiado de tu nada

para hacerte sin mérito, aceptable?
Pizca de barro, ¿acaso tú no sabes
cuán poco digno de amor tú eres?
¿Quién hallarás que te ame?
¿Excepto yo, solamente yo?
Todo lo que tomé de ti, lo tomé
Pero no para hacerte daño
Sino sólo que lo buscaras en mis brazos
Todo lo que como niño pensaste haber perdido,
lo he guardado para ti en casa.

Thompson sigue su conversación ficticia al reconocer que no hay nada en él digno de ser amado. Y el único que lo amaría en verdad es Dios. Respecto a sus traumas y pérdidas en su infancia recibe una respuesta contundente. Todo lo que le fue quitado nunca fue para herirlo, sino para que buscara en Dios lo que había perdido.

Levántate, estrecha mi mano y ven.
Detén junto a mí esa pisada...

Ah, más tierno, más ciego, el más débil,
¡Soy el que tú buscas!
Tú echaste el amor de ti, él que me echó a mí.

El final del poema es épico. Dios lo invita a tomar su mano y seguir sus pasos. Y le revela que huía de Dios en busca de lo que sólo Dios puede dar. ¿Cuántos de nosotros buscamos consuelo, amor, identidad, gloria y placer como sustituto para seguir a Dios? No hay consuelo, amor, identidad, gloria y placer verdadero fuera de Dios. El evangelio es hermoso.

El evangelio es poderoso para quebrantar al más duro y renuente. Como suelo decir a mis hijos, este mundo no tiene nada más para ofrecerte que soledad entre su muchedumbre, dolor ante sus placeres, tristeza ante sus carcajadas, odio ante sus promesas de inclusión y, finalmente, la muerte ante sus promesas de vida abundante.

Jesús es el Camino porque andábamos errantes en el desierto de la muerte. Jesús es la Verdad, cuando estábamos creyendo toda mentira como si fuera veraz. Jesús es la Vida, en vez de la muerte segura y eterna que nos esperaba.

Por lo tanto, arrepiéntase y crea en el evangelio.

---

https://trianarts.com/robert-frost-el-camino-no-elegido/#sthash. zxzVjkMb.dpbs, accedido el 14 de enero, 2021.

Este uso de "siglo" no se refiere al Siglo XXI (o sea, los presentes cien años), sino por su uso en el Nuevo Testamento. La palabra αἰών, (aion),

NOTAS:

NOTAS:

 **Centro de Literatura Cristiana**

EDITORIAL CLC
Diagonal 61D Bis No. 24-50
Bogotá, D.C., Colombia
www.clccolombia.com